옷을 사지 않기로 했습니다

옷을 사지 않기로 했습니다

이소연

스타일도 환경도 놓치고 싶지 않은
5년 차 탈쇼핑중독자의 새 옷 없는

#ootd

여름이 왔음을 알리는 민소매

2021년 5월, 인천(무의도)

내가 활동하는 해양환경단체 시셰퍼드 활동가들은 한 달에 한 번씩 무의도라는 섬에 방문한다. 누군가에게는 백패킹으로 익숙한 곳이겠지만, 우리에게는 폐어망과 폐어구, 폭죽놀이에서 나온 탄피를 긁어내기 위해 뜨거운 모래를 헤쳐야 하는 곳으로 더 익숙하다. 하루는 해변 청소를 마치고 다음날까지 인천에 머물며 무의도 곳곳을 둘러봤는데, 여름이면 항상 꺼내 입는 검정색 민소매를 이날도 입었다. 2020년 즈음 당근에서 두 벌에 5000원에 거래해온 검정색 민소매.

빨간 립스틱과 가죽재킷

1998년 1월과 2021년 3월

엄마가 빨간색 립스틱에 가죽재킷을 입던 때가 있었어?" 엄마의 옷장을 뒤적이다 보면 옛 사진까지 들춰보게 되고, 그날 밤은 이야기가 꼬리에 꼬리를 물고 이어진다. 처음 엄마와 옷장을 함께 살펴보며 구석에 오래도록 잠들어 있던 이 가죽재킷을 발견했을 때는 표면에 곰팡이가 있어 입을 수 있으리라 기대하지 못했다. 하지만 세탁소에 가져가니 오히려 오래된 옷을 정말 잘 관리했다며 이런 건 행주에 기름을 묻혀 슥 닦아내면 된다고 하셨다. 그렇게 30년이 넘은 이 가죽재킷은 내 #ootd가 됐다. 워낙 오래된 탓에 언제 산 옷인지 기억조차 흐려진 가죽재킷이지만 여전히 윤기가 반짝반짝하다.

지속가능한 0의 생활

2022년 11월, 전주(전주시새활용센터 다시봄

전주에서 '지속가능한 0의 생활: 쇼핑중독자에서 4년째 옷을 사지 않기까지'라는 주제로 토크 콘서트를 진행했다. 지역 주민분들께서 옷을 사지 않기까지 내가 해온 고민들을 귀 기울여 들어주셨다. 강연 후 많은 분들과 이야기를 나눴는데, 환경에 관심이 많았어도 옷에 대해서는 생각해본 적 없다는 분들이 많았다. 행사가 끝난 뒤에는 전주 지역에서 이뤄지는 교환과 수선문화를 직접 체험했다.

늘어난 민소매는 운동복으로

2020년 3월

재고할인으로 0.99달러에 구매한 포에버21 청록색 민소매 상의. 원체 크게 나온 암홀이 빨래를 거듭할수록 걷잡을 수 없이 늘어났고, 결국 단독으로 입을 수 없을 지경이 됐다. 어떡하면 좋을지 고민하다가 운동할 때 겉옷으로 입으니 제격이었다. 헬스, 요가, 러닝 어느 운동을 하더라도 통풍이 잘 돼 딱이었다. 종종 바닷가에서 수영복 위에 입기도 한다. 이날은 클라이밍 복장으로 입었다.

특명, 오래된 옷을 찾아라!

2022년 8월, 일산(EBS 스튜디오)

EBS FM 「전효성의 공존일기」에 출연해 제로 웨이스트에 관한 이야기를 나눴다. 나는 산 옷 중 가장 오래된 11년짜리 포에버21 티셔츠를, 효성 님도 8년 된 체크셔츠를 입고 방송을 했다. "이 옷이 그렇게 오래된 거라고요?" 서로의 옷을 만져보며 동시에 감탄하던 순간이 생각난다. 지난여름 샀다고 해도 믿을 만큼 충분히 예쁘고 탄탄하던 옷들.

바다가 죽으면 우리도 죽는다

처음 시셰퍼드 코리아 활동가로 함께했을 때 시
셰퍼드 활동가임을 드러내줄 굿즈를 사고 싶어
영문 웹사이트를 들락거렸다. 하지만 해외배송
이 내가 지키고자 하는 바다의 안위에 전혀 좋
지 않다는 걸 잘 알고 있었기에, 결국 1년이 지
나 심사숙고 끝에 공동구매로 반소매 티셔츠를
하나 주문했다.

이지의 빨간 원피스

2022년 3월, 리스본

래도록 함께한 회사를 떠나기로 결심하고, 싱숭생숭한 마음을 달래기 위해 유럽 여행을 떠났다. 코나19로 약 4년 만에 떠나는 해외여행이었는데, 그 사이 내 캐리어의 모습도 많이 달라져 있었다. 에는 가벼운 캐리어로 떠나 저렴한 패스트패션 브랜드의 옷을 채워 돌아오곤 했는데, 이제는 새 옷 사지 않으니 그럴 수가 없게 된 것이다. 캐리어는 조합하기 쉬운 베이직한 아이템으로 챙기되, 특 전 회사 동료들에게 선물받은 옷들을 많이 챙겼다. 그중 다리가 시원하게 트인 세이지의 빨간 원 스는 유럽 바다에 잘 어울릴 것 같다는 생각에 1등으로 캐리어의 한자리를 차지했다. 동료에게 선 받은 옷을 입고 낯선 곳을 여행한다니, 이보다 특별한 퇴사여행이 또 있을까?

어디에나 받쳐입기 좋은 분홍색 셔츠 **2022년 6월, 리스**

당근에서 구한 분홍색 셔츠는 2주간의 유럽 여행에서 찍은 거의 모든 사진에 등장한다. 바닷가에 뜨거운 햇살을 피할 때, 일교차가 큰 저녁에 몸이 싸늘할 때, 언제든 가방에 쏙 넣어 가지고 다니기 았다. 마침 리스본 플리마켓에서 단추가 떨어진 랩스커트를 구매했는데, 이 스커트와도 잘 어울렸다

두가 눈여겨보던 바로 그 옷 2022년 8월, 서울 종로(동락가)

프로 파티에서 가져갈 수 있는 최대 수량의 옷 다섯 벌을 손에 쥔 상태에서 마주친 검정색 민소매. 특한 모양과 탄탄한 재질에 자꾸만 옷 근처를 어슬렁거렸다. 행사를 돕는 스태프 한 분께서 말씀하길, 이 옷을 두고 고민한 사람들 대부분이 민소매에 결국 구매를 단념했다고 했다. 과감한 스타일 나 역시 고민이 됐는데, 시간이 한참 지난 후에도 계속 마음에 남아 결국 이 옷을 데려왔다. "결국 인을 찾았네요!" 스태프 한 분이 이렇게 말씀하셨는데, 그 말에 책임을 다하기 위해 여름 내내 열히 활용했다. 전 주인의 메시지가 담긴 태그에는 청바지 위에 커버하라는 조언이 있었지만, 아무래 일상복으로 소화하기가 어려워 수영복을 입을 때 매치하니 딱이었다.

하얀색 셔츠와의 짧은 조우 **2022년 8월, 서울 종로(동락**

중고거래나 빈티지숍에서 흰색 옷은 쉽게 만나기 어려운 존재다. 누구나 무난하게 입을 수 있고 오 되거나 색이 바랠 때까지 입기 때문에 중고시장에 잘 나오지 않는다. 그래서 이날 흰색 셔츠를 봤을 반가운 마음이 앞서 덜컥 집었다가, 흰색 셔츠를 내가 잘 입지 않는다는 사실을 깨닫고는 제자리에 려뒀다. 입고 있는 검정색 원피스는 친구 H의 것이다.

프로 파티

22년 8월, 서울 종로(동락가)

고의류를 나누는 행사인 '21프로 파티'에는 통 새로운 친구를 데려간다. 한 명이라도 이 문화에 더 익숙해지길 바라는 마음에서다. 구는 '언젠가 입겠지.'라는 막연한 생각으로 녀만 두던 운동복과 망사 티셔츠를 가져왔다. 고만 있으면서 가장 질이 좋은 옷들을 고른 이었다. 바리바리 싸온 옷을 떠나보내며 한 한 줄 꼼꼼하게 사연을 적는 친구의 옷들.

쥬쥬 귀걸이

2022년 6월, 서울 합정(무대륙)

21프로 파티에서 사랑스러운 귀걸이와 마주쳤다. 이름은 쥬쥬. 귀걸이를 떠나보낸 이의 바람과 달리 나는 공주풍을 잘 소화해내는 스타일은 아니었지만, 포인트를 줄 수 있는 화려한 귀걸이에 관심이 생겼다. 찰떡 같은 사랑스러운 이름 덕분에 더 마음이 갔는지도 모른다.

마라라의 초록 원피스 **2022년 11월, 푸꾸**

아이보리 배경색에 초록색 꽃이 잘 어우러진 마라라의 원피스는 받자마자 푸른 해변가를 거닐 때 입고 싶다고 생각했다. 코로나19가 끝나고 다시 찾은 동남아시아 여행 내내 함께 했다. 물가가 저 한 나라에 가면 더욱 이성을 잃고 쇼핑하기 쉽다. 휴양지에서 한번 입고 버릴 요량으로 시장에서 을 구매하는 사람들도 많다. 나도 7~8년 전 동남아 여행 중에 아무런 거리낌 없이 물건을 이것저 산 적이 있다. 그런데 손노동으로 정교하게 만들어진 모자들이 호텔 로비 쓰레기통에 아무렇게나 려져 있는 모습을 목격하고는 차마 아무것도 버리지 못하고 한국까지 들고 왔다. 덕분에 다시 오랜 에 동남아를 찾았을 때도 옛날에 샀던 옷들만으로 여행할 수 있었다.

ㅏ와 함께 하는 첫 유럽 여행에 엄마 옷을 빠뜨릴 수 없지 **2023년 6월, 파리**

행을 떠나기 전, 많고 많은 엄마 옷 중 무얼 챙길지 고민이 됐다. 오랜 비행 중에도 몸이 편안해야 했 짐만 보관한 채 곧바로 돌아볼 에펠탑 앞에서도 클래식함을 뽐낼 수 있어야 했다. 그렇게 심사숙고 ᅦ 고른 옷은 엄마의 검정색 줄무늬 민소매. 유럽에까지 엄마 옷을 입고 돌아다니는 내 모습을 바라 ᅥ 엄마는 괜히 연신 투정 같은 말을 했다. "하이고, 이게 얼마나 오래된 건데 왜 엄마 옷을 여기까지 ᅩ 와서……." 그럴 때면 엄마는 당신의 팔로 내 팔을 부드럽게 감싸며 팔짱을 끼곤 했다. 모든 게 낯 유럽에서, 엄마의 젊은 시절 옷들을 입은 채 나란히 팔짱을 끼고 돌아다니는 순간은 오래오래 잊지 ᅡ 것 같다.

당신은 오늘
어떤 옷을 입나요?
당근이세요?

차례

프롤로그 옷이라는 이름의 날개

2019년 4월, 그날은 초여름이었지만 얇은 민소매 원피스 아래로 땀방울이 등허리를 타고 숨죽여 흘러내리는 게 느껴질 만큼 더웠다. 매장 유리창 너머에는 털이 풍성한 겨울옷이 가득했다. 끈적한 땀이 옷 먼지와 엉겨 붙었고 마침내 마음에 쏙 드는 패딩을 하나 발견했다. 부드러운 솜털과 깃이 가득한 패딩. 가격표를 뒤집어 확인해보니 1.5달러였다. 우리나라 돈으로 2000원도 안 되는 가격이었다.

1.5달러. 1.5달러. 1.5달러. 1.5달러. 1.5달러. 1.5달러. 1.5달러. 1.5달러. 1.5달러. 갑자기 1.5달러라는 숫자에 어마어마한 속도로 빨려 들었다. 옷이 뿜어내는 먼지 가득한 공기, 무덤처럼 쌓인 옷을 파헤치는 사람들, 내 어깨에 축 처진 채 매달려 있는 '건진' 옷들. 내가 여기에 올 때 지하철 교통카드에 3.5달러 정도가 찍혔는데, 넌 어떻게 지하철 요금보다 싼값으로 여기에 온 거니? 이게 가능한가? 옷이 날개라고 했던가. 섬유 조각을 덕지덕지 엮은 밀랍 날개는 뜨거운 열기에 다가갈수록 흉하게 녹아 바다로 떨어질 게 뻔했다.

딱 1초. 1초였다. 화려해 보이던 내 날개가 가짜라는 걸 깨달았던 순간. 가짜 날개를 기꺼이 불태워야 더 높이 날 수 있다는 걸 어렴풋이 알게 된 순간. 옷을 사지 않기로 결심했던 4년 전 그 순간.

옷가게 매대 커튼 뒤 겹겹이 쌓인 옷들. 그 모습을 꼭 빼닮은 내 옷장. 그 안에 있는 진실을 들여다보게 된 그날, 나는 거대한 패션산업을 처음 인지하고 이전과 전혀 다른 새로운 삶을 시작하게 됐다. 집에 돌아와 두세 시간 남짓 인터넷 화면을 들여다본 것만으로 어렵지 않게 값싼 패스트패션 산업에 숨겨진 충격적인 이면을 알 수 있었다. 고작 그 짧은 시간 안에 알 수 있는 것들을 나는 그동안 왜 보지 못했던가. 옷이 나를 감싸듯 패션산업은 내 일상을 감싸고 있었다.

팔짱을 낀 채 값싼 옷을 파는 패스트패션 기업을 비난하는 것은 쉽다. 그 기업의 쇼핑백을 들고 귀가하는 소비자(특히 여성)를 손가락질하는 것도 쉽다. 하지만 그보다 더 큰 산업의 그림자, 나아가 이 모든 것을 지탱하고 있는 자본주의와 소비의 진면모를 마주하는 일은 어렵다. 그래서 뭐 어쩌자는 건데? 걷잡을 수 없는 허무함과 절망감에 사로잡힐 수도 있다. 애처롭게 퍼덕이는 날개 위로 어둡게 드리운 그림자의 정체는 무엇일까. 이 책은 그 그림자를 뒤쫓는 험난한 여정의 기록이다.

그러나 이 책이 소수의 패스트패션 기업만을 겨냥하는 건 아니다. 코로나19 같은 비상사태를 거치며 왜 각국 정부는 한결같이 소비 증진을 조장했는지, 소위 '명품'이라고 불리는 하이엔드 사치품 브랜드는 왜 해마다 새로운 색을, 계절마다 새로운 디자인을 찍어내며 끊임없는 생산과 소비를 부추기는지, 그러면서도 그렇지 않은 척 극도로 제어된 환경 위에서 솜털 하나 없는 매끈한 다리를 뽐내고 앉아 있는지, 그렇다면 쇼핑과 소비를 멈추기로 한 우리가 할 수 있는 것은 무엇인지, 개인의 노력만이 전부인지 등을 하나씩 살펴볼 것이다.

착취 없는 멋부림을 위하여

1.5달러짜리 오리털 패딩에서 모종의 각성을 경험한 이후로 나는 햇수로 5년째 새 옷을 사지 않고 있다. 안 입는 옷을 친구들과 바꿔 입거나 오래된 엄마 옷을 물려 입으며 매일 '옷 안 사기'에 도전한다. 이런 소소한 결심이 무동력 보트를 타고 바다를 건너는 것만큼 대단하고 근사한 일은 아니다. 그저 평범했던 일상을 하나씩 바꿔나가는 작은 도전일 뿐이다. 그런데 이런, 갑자기 책을 써보자는 제안이 왔다. 다른 이들의 원고를 편집하고 엮어 책을 내던 에디터인 내가 작가로서 직접 글을 써야 하는 제안이 오다니. 분명 감사하고 소중한 기회임에도 선뜻 수락하기가 망설여졌다. 어디 내놓아도 부끄러울 것만 같은, 나의 욕심이 가득 담긴 정리 안 된 옷장을 보고 있노라면 미간에 주름이 생기며 고개가 절로 내저어졌다. 옷을 사지 않을 방법을 고민하며 이런저런 키워드를 검색해보면, 20년째 옷을 사고 있지 않은 사람, 바느질과 뜨개질로 옷을 직접 재단해 만들어 입는 구루, 제로웨이스트를 위해 버려진 옷으로 업사이클링 제품을 만드는 사람이 줄줄이 나왔다. 이들에 비하

면 나는 한없이 부족하고 초라한 실천을 하고 있는 것 같았다. 과연 내게 책을 쓸 자격이 있을까?

나는 옷을 사지 않는다고 하면서도 여전히 새로운 옷이 진열된 쇼핑몰에서 시선을 떼지 못한다. 언제고 유행에서 자유로울 수 있는 베이지색, 검은색, 카키색의 옷은 영 내 취향이 아닌 것처럼 느껴진다. 진분홍, 코발트블루의 화려한 색감을, 목과 귀, 손가락을 화려하게 수놓는 액세서리와 네일아트를 좋아한다. 손수 뜨개질해 옷을 만들어보겠다고 다짐한 지 반년이 지났지만 두꺼운 털실을 꿴 코바늘이 서랍에 그대로 모셔져 있다. 여전히 마음에 꼭 드는 옷을 입을 때면 마치 옷이 한 올 한 올 살아 움직여 내 몸을 어루만져주는 것처럼 기분이 좋아진다.

국내에도 미니멀리즘이라는 라이프스타일이 유행처럼 널리 알려졌지만, 나는 미니멀리즘과는 거리가 한참 먼 맥시멀리스트다. 10년이 넘는 시간 동안 옷을 집착적으로 사 모으며 한번 산 옷은 버리지 못해 옷장 안은 물론 옷장 위에까지 차곡차곡 쑤셔 넣곤 했다. 이런 내가 '노 쇼핑 챌린지'를 주제로 글을 쓴다고? 그럼에도 마침내 나는 책을 펼친 여러분들과 글 너머로 마주하고 있다. 봄과 가을이 점차 사라지고 여름과 겨울만이 덩그러니 남아 매해 새로운 재난을 갱신하고 있음에도 변함없이 화려한 무대를 올리는 S/S, F/W 시즌 패션쇼를 가만히 보고 있을 수 없기 때문이다.

옷을 사는 것이 잘못됐다는 말을 하려는 게 아니다. 옷을 살 때마다 죄책감에 시달리라고 종용하려는 것도 아니다. 다만 누군가의 잘못이라고 손가락질하기보다 우리 모두에게 책임과 소망이 있으니 작은 노력부터 함께 시작해보자고 손을 내미는 것이다. 어차피 혼자서 쇼핑을 멈추는 것만으로는 기후위기와 재난으로 범벅이 된 세상을 바꾸지 못한다. 그 대신 모두가 열 벌씩 사던 옷을 한 벌이라도 줄인다면, 또 온라인 쇼핑 택배를 받아보는 대신 중고품에서 내 것을 찾는 기쁨을 알게 된다면, 우리는 스스로 눈치채지 못하는 사이에 전례 없이 커다란 변화를 만들어낼 수 있을 거라고 확신한다.

쇼핑을 멈추는 건 생각보다 큰일이다. 기분이 안 좋을 땐 뭐라도 사라고, 기분이 좋으면 그에 맞게 쇼핑을 하라고, 그게 네가 존재하는 방식이자 이유라고 온 세상이 외치고 있으니 말이다. 그 요란한 목소리를 외면하는 건 어려운 일이다. 지속가능성 문제를 고민하다 보면 왜 시민들 개개인이 죄책감을 느끼고 신념을 포기해야 하는지 의문이 들곤 한다. 라면을 먹으려 해도 비닐봉지를 최소한 세 장은 버려야 하는데, 커다란 매대를 온갖 종류의 라면으로 채운 대형마트에서는 오히려 소비자를 향해 비닐봉지 사용을 줄이자고 외친다. 개인과 가정에서보다 기업에서 배출하는 비닐쓰레기가 압도적으로 많은데도 말이다. 그래서 걱정도 됐다. 이런 현실에서 사람들에게 더 이상 옷을 사지 말자고 이야기하는 게 무의미하고 무기력한 말처럼 들릴 것 같았다.

하지만 '내가 바뀐다고 돼? 기업이 바뀌어야지!'라며 언제까지고 가만히 손 놓고 있을 수만도 없다. 아무리 개인들이 더 이상 쇼핑을 하지 않겠다고 선언한들 이는 기업이나 정부가 기후위기에 대처해야 할 책임에서 손을 떼도 된다는 뜻이 아니다. 지구에 배출되는 탄소 가운데 10퍼센트가 패스트패션 산업에서 나오는 마당에 이들 기업이 면죄부를 받는다는 건 말이 안 된다. 다만 그런 기업이 제공하는 제품과 서비스를 통해 안락함을 누리고 살아가는 개개인으로서의 우리에게도 엄연한 책임이 있다. 편안한 자동차, 낭만적인 해외여행, 시원한 에어컨으로부터 쾌적함과 즐거움을 만끽한 적이 있다면 당신도 이 문제에서 자유로울 수 없다.

옷을 사지 않기로 마음먹은 뒤로 한동안 평범했던 일상에 미세한 균열이 생기기 시작했다. 처음에는 그 변화가 다소 불편하게 느껴졌지만, 그 불편함을 점차 기꺼이 감수하고 싶어졌다. 날씨가 유난히 추웠던 어느 날, 집 앞에 있는 가게들은 약속이라도 한 듯 일제히 문을 닫았다. 찬장을 몇 번이고 열어봐도 언젠가 먹고 남긴 소면과 조미료만 덩그러니 남아 있었다. 기분이 꿀꿀했고, 떡볶이가 그렇게도 먹고 싶었다. 침대에 누워 1분 만에 결제하고, 맨발로 뛰쳐나가 뜨끈한 플라스틱 그릇을 받아 오고 싶었다. 제로웨이스트에 실패했다는 죄책감과 찜찜함쯤은 쫄깃한 떡과 함께 목구멍으로 넘겨버리고 싶었다. 하지만 그럴 수는 없었다. 옷을 사지 않기로 하고, 내 삶은 조금씩 바뀌어가고 있었다.

혹시 이미 옷이나 물건 등 소비를 많이 하지 않기로 다짐

한 독자라면, 누군가로부터 이런 이야기를 들었을지도 모른다. '그러다 경제 다 망한다!' '그런다고 세상이 바뀌겠니? 다 의미 없어.' 그렇다면 하나씩 살펴보자. 새 옷을 사지 않으면 경제가 진짜 망하는지, 혹은 어떤 멋진 변화가 시작되는지.

내가 입고 싶은 것이 무엇인지 알고 제대로 사고 제대로 입는 것. 나아가 어떻게 살아갈지 나만의 길을 찾아가는 것. 이 책은 그에 대한 답을 찾아가는 과정이자 변화를 촉구하는 외침이다. 우리는 무엇을 입고 싶어 하는가? 어떤 옷이 어떤 이유로 필요한가? 10년 후, 20년 후 옷장에 어떤 옷과 가방이 매일 아침 우리를 반겨주길 바라는가? 어떤 세상에서 어떤 모습으로 살아가고 싶은가?

내가 진정으로 가지고 싶어 하는 것을 알아채는 것. 그 안에서 기쁨과 아름다움, 소중함을 찾는 것. '돈'이라는 쉽고 간편한 수단으로 나의 기쁨, 슬픔, 분노의 감정을 함부로 치환하지 않는 것. 앞으로 더 높이, 더 멀리 날아가보자. 그러면 빛나는 태양 빛에도 녹지 않는 진짜 날개를 가질 수 있을 테니까.

옷장 속 빈 공간만큼 우린 행복할 거야

「세상에 이런 일이」에 쓰레기를 모아 파는 할아버지가 나온 적이 있다. 할아버지는 길을 걷다가 쓸 만한 물건이 버려져 있을 때마다 걸음을 멈췄다. "아이고, 이 멀쩡한 걸." 시큰한 무릎을 굽히며 물건에 쌓인 먼지를 털어내, 이미 물건이 가득한 수레에 실었다. 할아버지는 그런 당신의 생활이 행복하다고 웃으며 말했다. 하지만 이윽고 한 정신건강 전문가가 등장해 심각한 눈빛으로 할아버지의 모습이 담긴 VCR을 살피더니, 그가 애정결핍과 우울증으로 인한 저장강박 장애, 즉 일종의 정신질환을 겪고 있다고 진단했다.

멀쩡한 물건을 모아 이를 필요로 하는 사람에게 파는 행동을 정신질환으로 규정한다면, 궁금하다. 입지도 않을 옷을 심지어 돈을 주고 사와서는 옷장에 처박아둔 채, 심지어 행복하지도 않았던 나는 어떤 진단을 받으려나.

병명 대신 검색 결과로 받아본 것은 쇼핑치료(retail therapy)에 대한 논문이다. 옷을 살 때 나오는 도파민 덕분에 심리적 위로감을 얻게 된다는 것이다. 쇼핑은 단순히 기능적 역할뿐만 아니라 자아 감각과 자기만족감을 높이고 자기개선에까지 영향을 주는 등 심리학적으로 순기능을 할 수도 있다는 설명도 덧붙어 있다.

분명 맞는 말이다. 나도 정확히 같은 이유로, 그러니까 더 행복해지기 위해 슬플 때는 슬퍼서, 기쁠 때는 기뻐서 옷을 샀다. 하지만 쇼핑센터에서 새 옷을 사 들고 집에 돌아와도 옷장 앞에 서면 나는 늘 작아졌고 불안했고 불행했다. 거울 앞에서 새 옷을 입은 내 모습을 둘러보는 순간에도 트렌드는 시시각각 바뀌고 있었다. 새 옷에 만족하는 유효기간은 턱없이 짧았다. 어쩌면 옷이 많을수록 더 화가 났는지도 모른다. 옷이 이렇게 많은데 입을 옷은 없다니? 쇼핑은 일상적이고 보편적인 방식으로 내 삶을 고립시켰다.

'산다'보다 '모은다'는 표현이 더 어울릴 만큼 옷을 쓸어 담지만, 매해 계절이 바뀔 때마다 '작년에는 도대체 뭘 입고 다닌 거야?'라는 말을 반복한다. 이런 한탄이 일종의 유행어가 될 정도다. 실제로 맨체스터대학교의 사회학자 소피 우드워드의 연구에 따르면,[1] 연구에 참여한 여성들은 평균적으로 옷장에 보관 중인 옷 가운데 12퍼센트를 입지 않았다. 국내에서 패션산업의 악영향을 연구하는 다시입다연구소의 설문조사에서도 사람들은 옷장에 있는 옷 가운데 20퍼센트가량을 더 이상 입지 않는다고 답했다.

옷을 입지 못하게 되는 건 대부분 시간의 문제다. 비유적 표현이 아니라 말 그대로 '시간' 문제다. 패션 트렌드가 빨라도 너무 빠르게 변하기 때문이다. 이런 속도전의 주인공은 누굴까? 국내에서 여전히 패스트패션의 대명사로 통하는 H&M, 자라(Zara), 유니클로를 떠올렸다면 그마저도 과거지사가 됐다. 자라는 일주일에 두 번 신제품을 내놓지만, '울트라패스트패션(ultra-fast fashion)'의 선발주자로 2013년부터 글로벌 기업으로 거듭난 영국 쇼핑몰 아소스(ASOS)는 매주 4500여 개의 신제품을 내놓는다.[2] 중국 쇼핑몰 쉬인(Shein)은 2021년 하반기에만 최대 1만 개의 새로운 디자인을 선보였다.[3] 같은 기간 H&M과 자라가 내놓은 새 디자인을 합친 것보다 20배 많은 수준이다.

유행을 시시각각 따라잡는다는 건 애초에 불가능하다. 유행에 발맞추려면 아무리 단순히 계산해도 매주 자라 기준으로 두 벌, 아소스 기준으로 4500벌의 옷을 살펴보며 구입 품목을 추려야 한다. 유행은 카드 영수증이 인쇄되는 와중에도 시시각각 바뀐다. 옷장 속의 옷들은 가만히 제자리를 지키고 있었다는 이유만으로 유죄 신세가 된다. 어쩌면 아소스에서 일주일간 4500벌을 산 사람조차 다음날 아침에는 옷장 문을 열며 이렇게 중얼거릴지 모른다. "아, 오늘 뭐 입지……."

이런 상황에서 아예 벗어나지 않는 이상 우리는 더욱 빠른 속도로 불행해질 수밖에 없다. 따라서 환경을 위해서라도, 어딜 가도 옷 걱정부터 하고 보는 우리를 위해라서도, 패스트 패션이 양산해내는 유행이라는 굴레로부터 영구적으로 탈주하려는 시도는 충분한 가치가 있다.

안타깝게도 '옷장 앞 한숨' 경험은 안 해본 사람을 찾기 어려울 만큼 너무나도 흔해서 「세상에 이런 일이」에 출연하기는 커녕 제보할 거리조차 못 된다. 친구들에게 이런 일을 털어놓는다면 '야, 너두? 야, 나두!' 하고 웃어넘길 게 뻔하다.

퇴근 후 쇼핑하는 20대 여성의 모습, 얼마나 평범한가. 쇼핑하지 않으면 손이 떨리고 식욕을 잃는 것까지는 아니니, 정신건강 전문가가 내 모습을 보더라도 쓰레기를 수집하는 할아버지를 볼 때처럼 심각한 표정은 아닐 것이라고 예상해본다. 시간, 장소, 상황(TPO, time, place, occasion)에 맞게 멋진 옷을 척척 꺼내 입고 빛나는 머릿결을 휘날리며 '자기관리'를 하는 여성의 모습은 오히려 선망의 대상처럼 소비된다.

쇼핑은 내게 크고 확실한 행복이었다. 반짝이는 스팽글이 박힌 스커트를 꺼내 입고, 그에 어울리는(아끼느라 한 해에 몇 번 꺼내지도 않는) 구두까지 맞춰 신었을 때, 내 기분은 주유하자마자 차오르는 자동차의 계기판처럼 급속도로 활력을 되찾곤 했다. 신체적 단점을 보완해주면서 피부색과 체형, 분위기에 딱 어울리는 옷을 찾았을 때의 그 쾌감. 옷을 사지 않기로 결심한 지 5년이 지났어도 그 감각이 생생하다. 사실 더 정확히 말하면 생생한 게 아니고 현재 진행형이다. 이 책을 쓰러 카페에 가는 길에도, 내 시선은 걸음의 속도를 따라잡지 못한 채 지나쳐온 쇼윈도 마네킹의 옷에 머물러 있었다. 갈퀴에라도 걸린 듯이 한 매장 걸러 한 매장마다 전시된 형형색색 옷들에 시선이 걸렸다. 나를 더 당당하게 만들어주는 저렴하고도 화려한 옷들. 옷은 분명 내게 기쁨이었다.

나는 스스로를 합리적인 소비자라 여기기도 했다. 필요한 물건이 있으면 인터넷에 가격과 후기를 철저히 따져 최저가로 물건을 샀고, 환경에 꽤나 관심 있는 '요즘 애'답게 가죽 같은 동물성 재료로 만들어진 제품은 사지 않았다. 하지만 '합리적 소비'란 애초에 존재하지 않는 것이었다. 퀭한 눈빛으로 슬롯머신의 손잡이를 잡아당겨 원하는 숫자가 화면에 뜨기만을 기다리는 카지노 방문객처럼, 나는 옷 안에 숨어 있는 가격표를 뒤집으며 그저 황홀하도록 싼 가격과 빨간색 글자로 'SALE'이라 적힌 스티커가 나오기만을 바랄 뿐이었다.

쿠폰 사용, 포인트 적립, 리뷰 작성 등의 수단을 빠짐없이 동원해 실구매가를 최대한 떨어뜨리는 집요한 과정은 분명 중독에 가까웠다. 당시에는 '가격이 싸다'는 사실만 중요했을 뿐 어떻게 그 가격이 나올 수 있는지는 생각해본 적이 없었다는 점에서 내 사고방식은 전혀 '합리적이지' 않았다. 나는 그저 싼 값을 좋아하는 소비자 고객으로서만 존재하고 있었다.

미국에서 분리배출과 재활용 실태를 연구하던 시절에도 퇴근길 쇼핑센터의 '재고 처리 80퍼센트 세일'은 그냥 지나칠 수 없었다. 환경에 대한 염려와 유행하는 옷에 대한 관심. 이 둘은 전혀 다른 종류의 마음이지만, 나는 둘 모두에 진심이었다. 진심으로 한결 지속가능한 지구를 고민하면서도 예쁜 새 옷을 입고 싶었다. 일과 중에는 사무실에 앉아 미국의 재활용 실태를 골똘히 고민하다가, 이내 퇴근 시간이 되면 대형 쇼핑몰의 자동문 사이로 빨려 들어가곤 했다. 나름 환경 문제에 관심 좀 있다고 말하고 다녔던 나의 이성이 오로지 '싼 가격'에 마비된 사이, 그 값싼 옷가지들은 조금 먼 개발도상국에 살아가는 내 또래의 여성 노동자들의 삶에, 내가 그토록 지키고자 했던 바다 생태계의 삶에, 목화를 키우는 농부의 삶에 지대한 영향을 주고 있었다.

고백한다. 난 언제나 옷을 샀다. 매일 옷을 샀다고는 말할 순 없어도, 적어도 매일 옷을 사려고 시도했다.(통장 여건만 괜찮았다면 매일 샀으리라.) 유별난 일처럼 받아들여지지 않을 것 같아 다시 강조해본다. 난 '언제나' 옷을 샀다. 길을 걷다 껌 한 통을 사는 것만큼 옷을 사는 게 쉬웠다. 하지만 끝내 행복해지지 못했다. 나만의 개성을 찾지도 못했다. 그저 하루살이처럼 매일 업데이트되는 쇼핑몰의 저렴한 물건을 근근이 주워 담을 뿐이었다. 갈수록 빨라지는 패션을 따라가기 위해 부단히 노력하는 사이, 내 행복은 옷장 속 어딘가에 파묻혀 가쁘게 숨을 몰아쉬며 생명을 잃어갔다.

100% secondhand

1

옷을 산다는 것의 진짜 의미

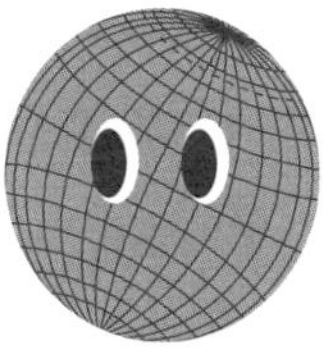

쓰레기는 버려지지 않는다

"옷이 몇억 톤씩 버려진대."

"세상에, 큰일이네. 그런데 우리 이번 주말에 뭐 하지? '더 현대'나 다녀올까?"

"그래! 아, 뭐 입고 가지? 입을 거 없어."

가늠하기 어려운 큰 숫자들은 때로 문제 상황에 대한 인식을 오히려 방해하고 사실을 흐린다. 당장 눈에 보이지 않던 위기는 신용카드 부채뿐 아니라 과시적 소비를 따르는 사람과 그렇지 못한 사람들의 불안을 거쳐 지구를 돌아 결국 우리 자신에게 화살을 겨눈다.

우리나라 환경부 환경통계포털 자료에 따르면, 국내 사업장에서 배출하는 섬유폐기물은 2010년 112만여 톤에서 2018년 451만여 톤으로 8년 만에 약 네 배 증가했다. 하지만 이런 수치가 가리키는 현실을 우리는 얼마나 피부로 체감하고 있을까? '어느 주식 종목이 8년 동안 네 배 성장했다.'고 하면 눈에 불을 켜고 원인을 찾으려 들었겠지만 '섬유쓰레기가 네 배 늘어났다.'는 이야기에 우리는 (심지어 눈에 보이고 발에 밟히는 물리적인 변화임에도 불구하고) 영 심드렁하다.

그런데 누군가 내가 갖고 있는 걸 네 배로 불려준다면 어떨까? 먹던 마카롱 한 개를 네 개로, 연차 1일을 4일로, 월급 200만 원을 800만 원으로 올려준다면 말이다. 월급이 네 배 늘어났다는 상상만으로 미소가 지어졌다면, 그 상상력을 이용해 자택에서 배출되는 쓰레기가 네 배 늘었다고 상상해보라! 일주일에 한 번씩 모아 버리던 쓰레기를 이틀에 한 번꼴로 내다 버려야 한다는 뜻이자, 이전에는 4주에 걸쳐 모일 쓰레기의 양이 1주 만에 모인다는 뜻이기도 하다. 매일같이 업데이트되는 '신상'들은 몇 번 입히지도 못한 채 수백 년간 남을 쓰레기로 되돌아온다. 심지어 그 양은 나날이 기하급수적으로 늘고 있다. 패션의 대중화와 함께 쓰레기가 그야말로 폭발한 것이다.

패스트패션의 오염 규모를 가늠하는 데 참고할 만한 큰 숫자는 또 있다. 세계 물 소비량의 20퍼센트가 옷을 만드는 데 사용된다. 매년 의류 제조에 물 93조 리터가 쓰이는데, 이는 무려 500만 명이 생존에 쓸 수 있는 양이다. 서울 시민의 절반이 1년간 마실 수 있다. 국제 환경단체 그린피스에 따르면 청바지 한 벌을 만드는 데 물이 약 7000리터, 티셔츠 한 장을 만드는 데는 약 2700리터가 필요하다.[1] 청바지와 흰색 면 티셔츠는 각각 한 사람이 9년간, 3년간 마실 물을 집어삼키는 셈이다.

탄소배출량도 어마어마하다. 세계 각국에서는 정부 차원에서 해마다 탄소와의 전쟁을 선포하고 있는데, 지구 전역에서 배출되는 탄소의 약 10퍼센트가 패션 분야에서 나온다. 이는 항공 및 해운 분야의 탄소배출량을 합친 것보다 더 많은 수

치다. 합성섬유의 한 종류인 폴리에스테르를 생산하는 과정에서 배출되는 온실가스의 양은 우리나라에서 한 해 동안 배출되는 온실가스와 맞먹는다. 유엔 산하의 세계은행은 온라인 쇼핑을 통한 판매의 성장세를 보면 2030년까지 전 세계 의류 판매가 최대 65퍼센트까지 증가할 수 있다고 지적했다.

개인이 체감할 수 없을 만큼 큰 규모의 오염을 일상으로 자리 잡게 한 '패스트패션'. 이 단어는 1989년 《뉴욕 타임스》가 스페인의 자라를 소개할 때 처음 등장했다.[2] "패션쇼 런웨이에 오른 제품을 무려 15일 안에 대량공급할 수 있습니다!" 이전에는 패션업체에서 새 옷을 기획하고 디자인해 제조·유통·출시하기까지 약 6개월이 걸렸지만, 자라는 이 모든 일을 2주 안에 해내는 혁명을 일으켰다. 하지만 이는 폭발적인 자원 낭비와 오염의 시작을 알리는 신호탄이기도 했다.

패스트패션의 대명사로 여겨지는 스페인의 자라, 스웨덴의 H&M, 미국의 갭(GAP)은 모두 'SPA' 브랜드다. SPA란 전문점(speciality retailer), 자사 상표(private label), 의류(apparel)의 첫 글자를 합쳐 만든 단어로, 의류 기획 및 디자인, 생산·제조, 유통·판매까지 전 과정을 직접 담당하는 의류 제조사를 말한다. 디자인에서 판매까지 걸리는 시간을 리드타임(lead time)이라고 하는데, SPA의 관리 감독 방식으로 리드타임이 패스트푸드처럼 빠르고 획기적으로 줄었다는 의미에서 '패스트패션'이라는 이름이 붙었다.

SPA 브랜드는 백화점 등 비용이 많이 드는 유통을 피해 대형 직영매장을 운영하고 비용을 줄여 싼 가격에 제품을 공급한다. 빠른 생산 주기 덕분에 소비자의 요구를 정확하고 빠르게 상품에 적용하기도 한다. 자라는 매주 두 번씩 새로운 제품을 매장에 선보인다. 빅데이터와 알고리즘을 활용한 기술 덕분에 제품 스케치부터 실제 제품이 매장에 걸리는 데 2~3주밖에 걸리지 않는다.

그럼에도 패스트패션조차 금세 따라잡혔다. 2010년대 후반부터 울트라패스트패션,[3] 리얼타임패션이 등장하며 패스트패션의 속도조차 금세 옛것이 됐다. 아소스, 부후(boohoo), 쉬인처럼 새롭게 등장한 브랜드에서 더 빠른 속도로 옷을 찍어내며 자라와 H&M의 자리를 위협한 것이다. 아소스는 자체 제작 상품을 만드는 데 2주가, 쉬인은 디자인, 생산, 제작, 유통까지 딱 5일이 걸린다. 아소스는 매주 5000종 이상을 출시하고,[4] 쉬인은 하루에만 6000종을 만든다.[5]

리드타임을 줄이는 것은 곧 경쟁력을 의미했고, 시장의 경쟁에 불이 붙을수록 노동자의 안전과 환경보호 제도는 뒷전이 됐다. 매일같이 쏟아지는 주문을 처리하기 위해 노동자들은 하루도 쉴 틈 없이 공장으로 향해야 했고, 폐수와 폐기물은 지구 곳곳에 자신의 흔적을 남기며 쌓여갔다.

섬유쓰레기는 패스트패션시장 규모와 비례해서 늘어나고 있다.[6] 섬유폐기물이 네 배 증가하는 동안 패스트패션시장도 거의 동일한 폭으로 네 배가량 성장했다. 패스트패션이 성장할수록, 그러니까 우리가 그물 모양 장바구니를 어깨에 메고 옷 사이사이를 돌아다니며 행복한 고민에 빠져 있을수록 사업장에서 버려지는 폐기물의 양도 비례해 증가한 것이다. 놀랄 것 없는 정직한 계산이자 결과다. 유행의 속도만큼 쓰레기가 나온다. 섬유쓰레기가 곧 패스트패션의 그림자라는 표현은 더 이상 은유적인 표현이 아니다. 성장하는 패션산업의 규모만큼 검은 잿빛으로 태워지는 쓰레기의 규모도 커진다.

더 절망적인 것은 오늘 생기는 쓰레기가 앞으로 생길 쓰레기 중 가장 적은 양이 될 것이라는 예측이다. 사람들은 갈수록 옷을 짧게 입고 더 많이 더 자주 산다. 미국에서는 매년 한 사람당 약 70개의 옷과 신발 등을 버린다.[7] 그러는 사이 소비자 한 명이 구매하는 옷의 양은 15년 전보다 60퍼센트 더 늘었고, 미국은 의류폐기물 발생량이 20년 만에 700만 톤에서 1400만 톤으로 두 배 증가했다. 전 세계 인구가 1년 동안 구매하는 옷의 양은 5600만 톤에 달한다.[8]

2020년 기준, 전 세계적으로 매년 5600만 톤의 옷이 팔리고 있다. 2030년이면 9300만 톤으로, 2050년에는 1억 6000만 톤으로 늘어날 전망이다. 동시에 매년 섬유쓰레기 9200만 톤이 발생하고 있다. 매초 쓰레기 트럭 한 대 분량의 옷이 버려진다. 지금 이 문장을 읽고 있는 1초, 또 읽고 있는 이 1초 사이에 트럭 한 대만큼의 쓰레기가 어딘가로 향하고 있다는 뜻이다. 2030년쯤이면 버려지는 직물의 총량이 연간 1억 3400만 톤을 넘어설 전망이다. 쓰레기의 증가는 활활 타는 나무집을 바라보는 것만큼이나 뻔한 일이다.

그러니 우리가 아무리 버려진 페트병이나 방수천으로 만들어진 티셔츠나 가방을 사며 '지구를 위하고 있다.'는 심리적 위로감에 젖는다 해도, 브레이크가 고장난 8톤 트럭처럼 속도를 붙이는 패스트패션과 트렌드의 궤도를 벗어나지 않는다면 그런 친환경적 소비는 무용지물일 뿐이다. 유행과 소비의 텀이 빠르게 돌아가는 한 '제로웨이스트 패션'이나 '의식 있는 소비(conscious consumption)' 따위는 맥을 추리지 못한다. 이에 대한 자세한 이야기는 6장에서 이어가도록 하자.

새 옷 냄새의 정체

유튜브에 쇼핑 하울 영상이 차고 넘친다. "옷 100만 원어치 샀습니다."라는 식의 영상 대부분이 여섯 자릿수 이상의 조회수를 훈장처럼 달고 있다. 하울(haul)은 '흥청망청하기', '사치 부리기' 정도로 해석할 수 있는데, 리뷰(review)도 언박싱(unboxing)도 아닌 '하울'이라는 단어가 유행어로 자리 잡은 것도 아이러니한 일이다.

"값이 싸서 평소에 안 입던 스타일도 도전해봤어요." 한 뷰티 유튜버는 비닐에 겹겹이 쌓인 옷들을 하나씩 꺼내 보였다. "이건 그냥 궁금해서 시켜 봤는데…… 절대 입진 못하겠네요." 이렇게 소개된 옷은 1초 만에 우스꽝스러운 효과음과 함께 영상에서 사라졌다. 그는 영상 중간중간 음료수를 마시며 텀블러에 메탈 빨대를 쓰는 섬세함을 잊지 않았다. 또 다른 자기소개 영상에서는 "저는 플라스틱 빨대는 안 써요."라고 말하며 눈을 굴렸다.(하울 영상에서는 보통 택배 박스에 붙은 테이프를 꼭 커터 칼로 뜯는다. 드라마에서 의사가 환자의 배를 고요하게 갈라내듯, 새빨간 테이프를 반으로 가른다. 심지어 오직 택배 상자를 뜯는 용도의 8만 원짜리 칼을 따로 구매하기도 한다. 하지만 박스에 붙은 테이프를 칼로 잘라내면, 분리배출 시에 테이프를 일일이 뜯기 더 어려워진다. 혼합된 폐자원은 재활용된 제품의 질을 낮출 수 있으니 부디 손으로 찢어내길 바란다. 물론 박스테이프에 겹겹이 둘러싸여 배송되는 해외 쇼핑은 하지 않는 편이 가장 좋다.)

2015년 여름, 한 생물학자의 유튜브 채널에 역사적인 영상이 하나 올라왔다.[9] 눈을 깜빡이며 고통스러워하던 바다거북의 콧구멍에는 새끼손톱보다 작은 하얀 물체가 삐죽 튀어나와 있었다. 끝을 집게로 겨우 잡아 힘을 주자 12센티미터 길이의 플라스틱 빨대와 함께 거북이의 콧구멍에서 피가 쏟아져 나왔다. 눈을 질끈 감고 피를 흘리는 바다거북의 모습은 유튜브 사용자의 눈을 사로잡아 '인기 급상승'하기에 충분했고, 그 여파로 플라스틱 빨대는 '숙청'의 대상이 됐다. 2018년 7월 미국 워싱턴주 시애틀시를 시작으로 뉴욕주를 비롯해 플라스틱 일회용 빨대 사용을 법으로 규제하려는 움직임이 미국 곳곳에서 나오기 시작한 것이다. 영향은 전 세계로 퍼져갔다. 2019년 캐나다 밴쿠버시는 플라스틱 빨대와 스티로폼 컵 사용을 금지했고, 영국은 2020년 플라스틱 빨대뿐 아니라 플라스틱 커피스틱, 플라스틱 면봉(왜 하필 면봉이 추가됐을까? 뭐라고 하긴 해야겠는데, 덜컥 커다란 물건부터 금지하기엔 부담이었을까?) 사용을 금지하는 방안을 추진했다. 우리나라도 2022년 11월 24일부터 식당·카페 등에서 플라스틱 빨대 사용이 금지됐다.

하지만 플라스틱 숙청에도 특이점이 찾아왔다. 빨대 없이 컵에 입을 대고 음료를 마실 수 있게 해주는 일회용 플라스틱 뚜껑이 친환경 제품이라는 이름으로 홍보되는 지경에 이른 것이다. 사람들은 플라스틱 빨대를 철저하게 미워했고 따돌렸다. 그렇게만 한다면 마치 모든 문제가 해결될 것이라는 듯이. 그러는 동안 세계 플라스틱 생산량은 세계 경제보다 두 배나 빠른 속도로 비약적으로 늘어나고 있었다. 2021년 전 세계 플라스틱 생산량은 3억 9000만 톤에 달했다.[10] 이대로라면 플라스틱 생산량은 2015년에 비해 2030~2035년에 두 배, 2050년에는 세 배로 증가할 것으로 추정된다.

그런데 잠깐, 옷 이야기를 하는 듯하더니 갑자기 웬 플라스틱 쓰레기 이야기냐고? 우리가 입는 옷 대부분이 플라스틱으로 만들어지기 때문이다. 당신은 플라스틱 쓰레기를 만들지 않으려고 열심히 텀블러를 들고 다녔을지 모르지만, 사놓고도 입지 않고 금세 버린 옷은 결국 '500년간 썩지 않는' 플라스틱 쓰레기가 되어 지천을 떠돌 것이다. 합성섬유는 연간 플라스틱 생산량의 약 15퍼센트를 차지한다.

한번 맡으면 잊히지 않는 강력한 새 옷 냄새가 석유의 그것임을 우리의 코는 기억하고 있다. 옷을 사고 투명비닐을 뜯어내면 새 옷 냄새가 코를 찔렀다. 값이 저렴할수록 냄새는 심했다. 납작하게 접힌 채 공기도 통하지 않는 창고에 얼마나 오래 있었을지 이 옷의 생애가 눈앞에 그려지는 듯했다. 냄새를 없애기 위해 베란다에 새 옷이나 신발, 가방을 며칠씩 걸어둔 적도 있지만, 악취는 쉽사리 빠지지 않았다. 이 고약한 냄새의 정체는 바로 석유다. 플라스틱으로 만들어진 옷, 어쩌면 모르는 게 아니라 애써 모른 척하고 있었는지도 모른다.

우리가 입는 옷 대부분은 석유로 만들어진다. 석유, 석탄 등에서 추출한 고분자물질을 화학적으로 합성해 만든 섬유, 즉 합성섬유로 옷을 짓는 것이다. 합성섬유의 포함 정도에 따라 옷에서 나는 석유 냄새도 달라진다. 과거에는 누에나 목화를 길러 옷감을 마련했지만, 여기에는 많은 시간과 노력이 필요했다. 자연의 속도보다 더 빠르게 옷을 찍어내기 위해서는 무언가 다른 게 필요했는데, 마침 혜성처럼 합성섬유가 세상에 등장했다. 합성섬유는 원유에서 추출되는 기초 원료인 나프타로 만들어지는데, 이것이 바로 새 옷에서 나는 석유 냄새의 근원지다. 합성섬유는 생성 과정에서 마찰과 탄성이 강해지는 성질이 있는데, 그래서 인공섬유인 합성섬유가 많은 옷을 생산하는 데 사용된다.

3대 합성섬유인 폴리에스테르, 나일론, 아크릴은 전 세계 합성섬유 생산량의 약 98퍼센트를 차지한다. 합성섬유의 이름은 언뜻 낯선 화학 용어처럼 들리지만, 옷감 안쪽 태그에 선명하게 이름이 적혀 있는 이 섬유들은 지금도 당신의 피부와 맞닿아 있을 것이다.

그중에서도 폴리에스테르는 패스트패션이 폭발적으로 성장한 핵심 동력이다. 2017년 기준 전 세계에서 생산된 섬유의 70퍼센트는 합성섬유고, 합성섬유의 80퍼센트는 폴리에스테르다. 세탁 후에 쉽게 마르고 형체안정성이 좋아 구김이나 변형에 강한 덕분에 니트류부터 겉옷, 커튼이나 카펫을 만드는 데도 사용된다.

값싸고 구하기도 쉽다 보니 오늘날 생산되는 섬유의 무려 60퍼센트가 폴리에스테르로 만들어진다. 옷장에 있는 옷 열 벌 가운데 여섯 벌은 폴리에스테르라는 뜻이다. 하지만 폴리에스테르는 제조 과정에서 화석 연료를 훨씬 많이 쓰기 때문에 면섬유보다 약 세 배 많은 탄소를 배출시킨다.(그렇다고 해서 면섬유의 옷도 친환경적이지 않은데, 이 문제는 뒤에서 자세히 살펴보겠다.)

나일론은 20세기 합성섬유의 시대를 연 주인공이자 최고의 발명품으로 여겨지기도 한다.[11] 나일론이 등장하기 전에는 빳빳한 돼지털을 칫솔모로 사용했으니, 합성섬유가 등장하지 않았다면 오늘날에도 돼지를 죽여 양치를 해야 했을지도 모르는 일이다. 하지만 합성섬유는 탄소를 막대하게 배출할 뿐 아니라 썩지 않는 쓰레기를 남긴다. 오늘날 패션산업이 환경오염을 가장 많이 일으키는 업종이 된 것도 합성섬유의 역할이 지대했다.

실수로 새하얀 바지에 커피를 쏟기라도 하면, 우리는 영역을 확장하듯 바지에 재빨리 스며드는 갈색 흔적을 속수무책으로 바라보는 수밖에 없다. 손수건에 물을 묻혀 아무리 닦아내도, 옆으로 번지기만 할 뿐이다. 합성섬유가 만들어내는 미세플라스틱과 공정 과정의 오염 역시 마찬가지다. 패션산업에서 섬유를 만들 때 사용하는 화학물질만 1만 5000여 종이다. 유럽의 한 패션업체는 직물 1킬로그램당 화학물질 466그램을 사용한다고 밝혔다. 손바닥만 한 두부 한 모가 대략 300그램이니, 옷 1킬로그램을 만들 때마다 두부 1.5개 분량의 화학물질이 방류되는 셈이다.

이런 오염물질을 없애보려는 시도도 딱히 실효를 거두고 있지 못하다. 기후위기 시대의 대안으로 등장한 '생분해 가능(하다고 기대되는) 바이오 플라스틱' 섬유는 패션산업에서 극히 일부만을 차지하고 있다. 향후 10년간 연간 폴리에스테르 섬유 생산량은 47퍼센트 증가한 9200만 톤을 초과할 것으로 예상되고, 시장 규모 역시 2022년 1060억 달러에서 2032년 1747억 달러로 170퍼센트 성장할 것으로 보인다.[12]

매립지에 옷이 묻혀 썩는 동안에는 자동차 730만 대가 도로를 지날 때와 맞먹는 가스가 배출된다. 이 가스는 이산화탄소와 메탄이 포함된 유독물질로 지구온난화의 원인으로 꼽힌다.[13] 또 합성섬유는 그 특성상 섬유가 덩어리로 남아 자연적으로 분해되기까지 수십에서 수백 년이 걸린다. 하지만 이렇게까지 오래도록 썩지 않는 섬유로 만든 옷들은 왜 정작 빨리 해지고 버리게 될까? 이 문제는 이어지는 2장에서 좀 더 자세히 살펴보겠다.

플라스틱 빨대는 덜 나쁘고, 패스트패션 섬유쓰레기가 더 나쁘다는 말을 하려는 건 아니다. 다만 빨대가 흐르고 흘러 바다에 들어가 바다거북의 코를 막듯, 우리가 입다 버리는 옷도 누군가의 숨통을 막는다는 것을 인지할 필요가 있다.

우리는 형형색색의 예쁜 옷을 그토록 자주 사면서도 그 옷에서 새까맣고 끈적한 원유의 이미지는 떠올리지 못한다. 정제하지 않은 원유의 점도 높은 끈적끈적한 녹갈색은 화려한 스팽글이 달린 진분홍색의 크롭 민소매와 아무래도 어울리지 않는다. 나 역시 그동안 숱하게 사 모은 옷을 한두 번 입고(혹은 한 번도 못 입고) 버리면서 '플라스틱을 버린다.'고 생각한 적은 없었다. 왜일까? '노 플라스틱'을 외치며 꼬박꼬박 텀블러와 장바구니를 들고 다니면서도 왜 나는 한 번도 옷이 플라스틱 쓰레기라고 인지하지 못했을까? 우리는 우리가 '사는(buy)' 세계에 대해 제대로 교육받은 적이 없다. 어떤 물건이 어떤 재료로 어떻게 만들어져 우리에게 오는지, 또 우리의 옷장에 조용히 처박혀 있다가 초록색 의류수거함으로 들어간 옷들이(마법처럼 나타났다 뿅 사라지는 게 아니라면) 도대체 어디로 향하는지 한 번도 배운 적이 없다.

초록색 헌 옷 수거함의 함정

우리는 아주 어렸을 때부터 복잡하게 구획된 쓰레기장 앞에서 번거롭게 분리배출을 하는 수고를 기꺼이 떠안았다. 그곳에는 아무렇게나 쓰레기를 버리려는 사람의 양심을 압박하기 위해 이런 문구가 적혀 있었다. '양심이 지켜보고 있습니다.' 하지만 여러 재질이 혼합된 합성섬유 옷은 어디에 버려야 할까? 언젠가 나는 내 키보다 큰 초록 수거함에 합성섬유로 만들어진 옷을 쑤셔 넣으면서도 별다른 생각이 없었다. 옷은 그렇게 아주 손쉽게 분리배출 대상에서 빠져나간다.

매일 신상품이 들어오는 패스트패션 브랜드에서 팔리지 않은 수많은 옷들, 옷장 속에 처박혀 있다가 몇 년 후에야 햇빛을 처음 보고 초록색 '헌 옷 수거함'에 버려지는 옷과 신발의 여정을 따라가본다. 끝내 소진에 실패한 재고와 수거함에 버려진 중고품들은 우선 전국 곳곳의 중고의류 수거업체로 향한다. 국내의 한 수거업체는 하루에만 5톤 분량의 섬유쓰레기가 들어온다고 한다. 전국에 이런 수거업체가 약 100여 개 정도 있다. 꽉꽉 눌러 쌓아 네모반듯하게 만든 5톤의 섬유 덩어리는 그때부터 이미 옷처럼 보이지도 않는다. 100여 명에 달하는 직원이 컨베이어벨트에 밀려 나오는 옷을 일일이 살피며 1차 분류를 한다. 그중 국내 빈티지 매장 등으로 유통되는 옷은 전체의 5퍼센트다. 나머지 95퍼센트는 인도, 캄보디아, 필리핀, 칠레, 케냐 등 아시아와 아프리카의 개발도상국으로 수출된다.

수입된 섬유쓰레기는 소수의 '다시 입을 수 있는 옷'과 대부분의 '훼손된 옷'으로 분류된다. '다시 입을 수 있는 옷'을 취급하려면 정부의 허가증이 필요하다. 하지만 대부분은 '훼손된 옷'으로 분류되고, 이를 다룰 때는 당연히 별도의 허가증이 필요하지 않다.(쓰레기니까!) 누구나 원한다면 훼손된 옷을 사갈 수 있고, 그 이후로는 각 민간 업체의 소관이 된다.

문제는 어마어마한 옷의 양이 민간 업체에서 감당하기 어려운 수준이라는 것이다. 방치된 옷들은 한 마을뿐 아니라 주변 지역의 생태계를 황폐하게 만든다. 쓰레기 처리에는 돈, 설비, 기술이 모두 필요하지만, 쓰레기를 자원으로 활용하는 개발도상국은 안타깝게도 쓰레기 관리와 통제에 필요한 체계가 잘 구축돼 있지 않다. 세계은행에 따르면, 지방 자치 예산의 최대 50퍼센트를 할애해야 할 만큼 폐기물을 효과적으로 관리하는 데는 많은 비용이 든다.

인도는 미국이나 유럽으로 수출되는 옷을 만드는 5대 의류 생산지이자 동시에 매년 100만 톤 이상의 직물이 버려지는 곳이다. 인도의 고체쓰레기 중 섬유폐기물은 세 번째로 큰 규모를 차지한다.

하지만 인도는 2022년 환경성과지수(EPI, Environmental Sustainability Index)에서 폐기물 관리 부문 151위, 기후 정책 부문 165위로 최하위를 기록했다. 인도 정부는 환경 문제에 대한 인식 부족, 예산 부족, 재정적 실행 가능성 및 인프라 부족의 문제도 심각하다. 법치주의, 부패 통제, 효율성 측면에서도 낮은 점수를 받은 인도 정부가 섬유폐기물 문제를 빠른 시일 내에 해결하기를 기대하기는 어려워 보인다. 게다가 국제 사회에서는 인도에서 이토록 대규모의 폐기물이 발생한다는 명백한 사실을 뻔히 묵인하고 있다. 사실상 인도에 옷을 파는 게 아니라 떠넘기고 있는 것이다.

떠넘겨진 옷들은 어디로 가는지 케냐의 사례를 살펴보자. 케냐는 세계 5대 헌 옷 수입국 중 하나다. 수도 나이로비에 있는 기콤바시장에는 헌 옷이 쏟아져 들어온다. 그중 절반가량이 사용할 수 없거나 시장 가치가 없는 제품이다. '자원'이라는 이름이 무색하다. 처리하기 어려운 쓰레기에 더 가깝다. 매일 약 150~200톤의 섬유폐기물(트럭 60~75대 분량)이 쓰레기장으로 향한다. 그린피스 캠페이너 비올라 볼케무트(Viola Wohlgemuth)는 기콤바시장에서 나이로비강까지 강둑을 따라 걷다가 문득 길 위에 쌓여 있는 섬유폐기물 위를 걷고 있었음을 알게 됐다고 털어놨다. '수입'해간 옷들이 길바닥에 아무렇게나 버려져 있던 것이다.

남미 대륙의 가장 왼쪽에 길게 붙어 있는 칠레도 상황이 비슷하다. 칠레는 '중고의류의 허브'라는 좋은 감투를 얻었다. 해마다 6만 톤가량의 옷이 들어온다. 버려진 옷을 건축 패널을 만들 때 단열재로 사용하거나 실이나 공책 등으로 재탄생시키려는 움직임도 있지만, 빠른 속도로 쌓여가는 의류폐기물을 소화하기엔 역부족이다. 결국 헌 옷 3만 9000톤가량이 사막에 방치된 채 버려지는데, 극빈층의 시민들이 자녀들과 함께 큰 가방을 메고 사막을 찾아와 그중에서 쓸 만한 옷을 다시 골라 내 입거나 내다 판다.

가나의 수도 아크라에 펼쳐진 장면은 더욱 충격적이다. 강변에 대대로 살아온 소떼들은 이제 뼈만 남은 몰골로 옷 더미 위에 올라 여물 대신 옷을 잘근잘근 씹는다. 소들이 옷을 씹고 있는 곳 옆에서는 불이 나고 있다. 합성섬유가 햇빛에 장기간 노출돼 있다가 불이 붙은 것이다. 때로는 감당할 수 없이 커져가는 '쓰레기 옷 산'을 감당하지 못한 주민들이 직접 불을 붙이기도 한다. 플라스틱 소각은 난연성 플라스틱 폐기물을 처리하는 데 가장 유해한 방법으로 꼽힌다. 소각 과정에서 다이옥신, 푸란, 납, 수은, 산성 가스 등의 독성물질이 방출되기 때문이다. 헌 옷 수거함의 초록빛 낭만과 달리, 대기와 수질, 토양에는 막대한 오염만이 남는다.

혀를 차며 먼 나라 사정에 안타까워할 여유는 없다. 플라스틱은 자외선과 풍화 작용에 의해 5밀리미터보다 작은 크기로 쪼개진다. 옷에서 나온 미세플라스틱은 세탁기와 건조기, 하수구를 거쳐 이미 지구 곳곳의 바다로 유입된 지 오래다. 현재 전 세계 바다 생태계에 퍼져 있는 미세플라스틱 조각은 5조 개가 넘는 걸로 추산된다. 미세플라스틱은 '쿨하게' 플로깅을 뛰며 주울 수도 없다. 현미경 없이는 보이지도 않는 크기의 플라스틱은 해양 먹이사슬의 가장 낮은 단계에 있는 플랑크톤에게 먹힌다. 그리고 먹이사슬을 거쳐 축적과 이동을 반복하다 결국은 당신의 식탁 위 접시에 올라갈 것이다.

한편 KBS「환경스페셜」 제작진과 서울시립대학교 환경공학부 연구진이 직접 한강 하류, 중류, 상류에서 강물을 채취해 미세플라스틱 농도를 측정한 결과, 물 20리터당 하류에서 57개, 중류에서 40개, 상류에서 26개의 미세플라스틱이 검출됐다. 플라스틱 종류는 대부분 합성섬유, 즉 옷과 관련된 물질이었다. 김현욱 서울시립대학교 환경공학부 교수는 "미세플라스틱 중 50퍼센트 이상이 섬유에서 기인"했다며 "세탁을 통해 하수로 유입되는 양이 많을 것"이라고 했다. 연간 플라스틱 폐기물의 20퍼센트가 패션산업에서 나온다.

버려지거나 세탁될 때까지 기다리지 않더라도, 옷은 제조과정에서부터 심각한 환경오염을 일으킨다. 합성섬유로 만든 옷 5킬로그램을 세탁하면, 옷에서 떨어져 나온 미세플라스틱 600만 개가 세탁수를 통해 유출된다. 일반 가정에서 사용하는 세탁기의 규격이 주로 10킬로그램임을 감안하면, 한 번 세탁할 때마다 미세플라스틱이 1000만 개씩 나오는 셈이다. 옆집, 우리 동, 아파트 전체, 단지, 그리고 전국의 세대 수를 생각해보면 얼마나 심각한 문제인지 금방 실감할 수 있을 것이다. 엄지손가락 하나로 스마트폰 화면을 끌어내리며 업데이트된 신상품을 손쉽게 훑어보면서도 금세 싫증을 느끼는 우리의 인스턴트식 패션 취향의 대가는 머나먼 바다 건너 개발도상국뿐 아니라 이미 우리의 삶과 생태계를 위협하고 있다.

버려진 옷들은 지역 경제에도 그림자를 드리운다. 가나의 칸타만토시장에는 일주일에 한 번씩 섬유쓰레기를 꾹꾹 눌러 담은 컨테이너가 도착한다. 헌 옷은 칸타만토시장에서 주요하게 거래되는 품목이다. 문제는 가나 인구가 3000만 명인데, 인구의 절반에 달하는 옷 1500만 벌이 '매주' 이곳에 들어온다는 것이다. 2주면 인구에 준하는 수의 옷들이, 1년이면 인구의 열두 배를 능가하는 수의 옷들이 쌓이고 있다.

이렇게 쌓이는 옷들을 방치, 소각 외의 방법으로 해결할 수 있을까? 방법이 없는 건 아니다. 우선 '입기'가 있다. 우간다인 80퍼센트, 가나인 90퍼센트가 수입된 구제 옷을 입는다. 넘쳐나니까 옷을 만들 이유도 없고, 관련 기업이나 사업이 성장할 수도 없다. 개발도상국 내국인들은 전 세계를 돌고 돌아 버려진(기부된) 옷을 처리하느라 내수 경제를 성장시키기 어려운 환경에 처했다. 2022년을 기준으로 한국의 패션시장 규모는 45조 7787억 원에 달하고, 세계에서 열네 번째로 큰 규모를 자랑한다. 하지만 우간다와 가나는 성장을 꾀할 기회조차 없다. '공짜 옷'이 들어오면서 패션산업의 내수 기반이 붕괴됐기 때문이다. 케냐의 경우, 섬유산업 일자리가 50만 개에서 2만 개로 줄었다. 동아프리카공동체(EAC, East African Community)는 지역 제조업을 살리고 일자리를 만들기 위해 2019년까지 중고의류 및 신발 수입을 금지하도록 결의하기도 했다. 패스트패션 기업들은 옷을 생산해 이윤을 독차지하면서 쓰레기는 개발도상국에 전가한다. 개발도상국은 발전의 기회를 더더욱 박탈당하고, 이들 국가의 국민들은 하청 의뢰를 받은 공장에서 값싼 노동력을 제공하는 데 그친다.

개발도상국이 헌 옷을 수입하며 생기는 문제는 단언컨대 더욱 악화될 여지만 남았다. 패스트패션 물결이 일기 시작하며 인도 내부에서 소비하는 패션 수요의 규모도 점점 커지고 있기 때문이다. 인도상공회의소에서 발행한 보고서에 따르면, 2023년까지 모든 사람이 옷에 6400루피(약 10만 원)를 쓸 것으로 추정하는데, 2018년에 3900루피(약 6만 2000원)를 썼던 것에 비하면 빠른 속도로 옷 소비가 늘어나고 있는 것이다. 매킨지 보고서는 향후 몇 년간 300여 곳의 국제 브랜드가 인도에 매장을 열 것이라고 예측했다. 인도는 한때 미국과 유럽에 납품하는 옷을 만들거나 세계를 떠돌던 헌 옷 쓰레기를 받아들이는 신세였지만, 이제는 스스로 패스트패션 판매와 소비의 또 다른 중심지가 되어가고 있다. 그 쓰레기들은 이제 또 어디로 가고 어디로 버려질까.

분리배출이 안 되는 쓰레기, 패스트패션

떡볶이를 배달시켜 먹고 난 후 일회용 플라스틱 용기 사이사이에 낀 미끄덩한 기름띠를 보고 있노라면 죄책감이 밀려온다. 아무리 용기를 깨끗이 씻고 말려서 비닐을 제거해 배출해도 그렇다. 그런데 떡볶이를 배달한 뒤에 남는 쓰레기보다 더 답이 없는 건 떡볶이 코트다. 내게는 8년간 입어온 떡볶이 코트가 있었다. 어릴 때 싼값에 구매했던 코트가 그새 나이가 들어서인지 천근만근 무겁게 느껴지기도 했거니와 떡볶이 코트의 상징인 떡볶이 단추마저 두 개나 떨어져서 눈물을 머금고 작별을 결심했다. 그런데 떡볶이 코트를 버리려고 살펴보니, 겉은 모직 재질이지만 안감은 보온이 되는 누빔이었고, 그 안을 뜯어보니 납작하게 눌린 누런 솜이 종이처럼 뻣뻣하게 굳어 있었다. 단추는 플라스틱이었고, 단추와 코트를 이어주는 실은 지푸라기 모양새를 한 뻣뻣한 인조섬유였다.

전 세계 의류 소재의 재활용 비율은 12퍼센트 정도다.[14] 미국에서는 종이, 유리, 플라스틱 페트병이 각각 66퍼센트, 27퍼센트, 29퍼센트로 재활용되는데, 이들에 비하면 의류의 재활용 비율은 상당히 낮은 편이다. 이마저도 어떤 절차까지를 '재활용'으로 정의했는지를 꼼꼼히 살펴봐야 하는데, 너무 느슨한 기준으로 잡은 수치는 아닐지 합리적 의심을 해본다. 예컨대 옷이 수거되고 재활용 업체까지 간 것을 재활용이라고 할지, 소재별로 분리한 것을 재활용이라고 할지 합의된 기준이 없다. 12퍼센트라는 재활용률은 그 자체로도 너무 낮은 수치지만, 실상은 그것에조차 미치지 못할 가능성이 농후하다.

지금 입고 있는 옷을 헌 옷 수거함에 넣지 않고 일일이 분리배출한다고 생각해보자. 옷은 단일 천으로만 이뤄져 있지 않다. 섬유, 접착제, 지퍼, 단추 등 갖가지 부속의 조합이다. 정교하고 비싼 옷일수록 여러 재질이 섞여 있는 경우가 많다. 면 100퍼센트의 티셔츠, 데님 원단 하나만 사용한다는 청바지도 폴리에스테르 봉제실을 사용해 라벨을 붙인다. 옷을 든 당신은 분리배출함 앞에서 어떤 선택을 할 수 있을까?

옷을 재활용하려면 이렇듯 옷을 구성하는 여러 혼합된 소재를 하나하나 분리해야 하는데, 이는 쉽지 않은 작업이다. 매년 옷이 1000억 벌씩 쏟아져 나오는 마당에 옷을 재활용하기 위해 인력을 투입해 소재를 각각 분리해내는 것은 현실적 해결 방안이 아니다. 노동력을 들여 분리한다 해도, 문제는 여전히 남는다.

섬유를 재활용하는 기술은 크게 기계적 재활용과 화학적 재활용으로 구분되는데, 양쪽 모두 한계가 있다. 영국 러프버러대학교에서 지속가능한 섬유에 대해 연구하는 체트나 프라자파티는 BBC와의 인터뷰를 통해 "여러 직물이 섞인 혼합 직물은 잘게 쪼개서 짧은 섬유로 바꾸는 기계적 재활용에 가장 적합하다."라고 말했다.[15] 섬유 길이가 짧아지면 질과 강도가 낮아져 의류를 만들 수 없고 카펫 등에 활용된다. 옷이 옷으로 재탄생하는 순환경제는 일어날 수 없는 것이다.

가장 좋은 시나리오로만 따지면, 폴리에스테르나 나일론처럼 단일 유형의 섬유가 많이 들어간 직물을 화학적으로 재활용하는 것이다. 하지만 복잡한 공정을 여러 차례 거치고 화학물질도 추가해야 비로소 재활용할 수 있기에 많은 비용이 든다. 옷에 섞인 천연섬유와 합성섬유를 효과적으로 분리해 각각을 살릴 수 있는 기술이 나오기는 했다. 하지만 아직은 산업 규모로 확장할 만큼 고도화되지는 않아서 여전히 개선이 필요하다. 쏟아져 나오는 섬유쓰레기를 해결하지 못한 이 시점에도 새로운 옷은 자꾸만 세상에 등장하고 있다.

인도 북부 하리아나주의 파니팟이라는 마을에서는 흔치 않은 풍경이 일상화돼 있다. 이곳 사람들은 칼을 들고 옷을 갈기갈기 찢는다. 보통 야채를 다질 때 쓰는 칼을 사용해 티셔츠, 재킷, 청바지 등 각종 의류에 달린 지퍼, 체인, 단추 등을 꼼꼼하게 발라낸다. 10대 청소년도 작업에 투입돼 합성섬유를 나무 그루터기에 찧는 일을 담당한다.[16]

일찍이 파니팟에는 '헌 옷의 수도(cast-off capital)'라는 이름이 붙었다. 미국, 캐나다, 영국, 일본, 한국 같은 선진국에서 온 옷가지들이 재판매, 재활용, 재사용이라는 (큰) 꿈을 꾸며 이 마을에 몰려든다는 의미에서 붙은 별칭이다. 마을 밖에는 옷을 실은 트럭들이 줄을 서 있고, 마을 창고에는 금방이라도 쏟아질 듯한 옷들이 아슬아슬하게 서로 뒤엉켜 있다. 지하상가에서 볼 수 있는 옷부터 명품 브랜드까지 치마, 바지, 모자, 교복 할 것 없이 온갖 옷들이 천장까지 쌓여 있다.

기꺼이 나서서 전 세계의 버려진 옷을 모으고 분류하는 이유는 옷을 잘라 실을 만들고 그 실로 담요 등을 만들기 위함이다. 파니팟의 공장들은 재활용 섬유를 이용한 면화 카펫, 담요 등을 만드는 기계 설비를 갖추고 있다. 다른 나라에서 버려진 수천, 수억 벌의 옷을 들여와 재활용된 옷감으로 바꾸는 일에 마을 전체가 종사하고 있다고 해도 과언이 아니다.

요즘 유행하는 말을 빌리자면 '업사이클링 마을' 정도로 표현해볼 수 있는 곳이다. 하지만 안타깝게도 이 마을의 미래에는 희망이 보이지 않는다. 체계적 조직·절차·규제를 갖추지 않은 채로 섬유폐기물을 다루고 재활용하는 데는 한계가 있다. 여성들이 매일 하루 약 100킬로그램의 옷을 찢어 버는 돈은 120루피, 우리 돈으로 약 2000원에 불과하다. 10대 아이들이 노동에 참여하는 것도 문제다. 무엇보다 엉성한 재활용 방식으로 제품을 만드는 데는 노동력이 많이 들어가는데, 그에 비해 질이 매우 떨어져 시장에서 환영받지 못한다. 업사이클링 제품이라는 이유만으로는 값싼 중국산 인조 양털의 자리를 쉽게 대신할 수 없다.

그리하여 손이 많이 가고 질이 떨어지는 재활용품은 시장에서 외면받는 신세가 됐다. 쏟아지는 헌 옷 쓰레기를 이용해 재활용품을 팔던 마을은 아이러니하게도 갈수록 저렴해지는 새 옷 때문에 결국 쇠퇴하고 있다. 이제 파니팟 마을에 헌 옷의 수도라는 말은 어울리지 않는다. 공장들은 문을 닫았고, 한 달에 개당 약 25톤의 무게의 옷이 들어오던 컨테이너도 800여 개에서 300여 개로 줄었다.[17] 전문가들은 파니팟 마을의 재활용 사업이 10년도 안 되어 중단될 것이라고 예측했다.

가격 경쟁력을 잃은 재활용 마을이 문을 닫으면 쓰레기가 갈 곳도 사라진다. 재활용 마을을 쇠퇴시킨 값싼 중국산 인조 양털 제품은 또 다른 쓰레기가 될 것이다. '질 좋은 물건을 싸게' 구입하는 소비 방식은 강둑에 쌓여 썩을 기미도 보이지 않는 섬유쓰레기에 아무런 해결책을 주지 않는다.

검은색 옷을 사는 게 여덟 배 이득인 이유

종종 바다에 들어간다. 내 손가락보다 두꺼운 슈트는 입는 것만으로도 땀이 뻘뻘 난다. 내 것이 아닌 두툼한 누군가의 피부를 벗겨, 내 위에 억지로 입히는 것만 같은 불쾌한 느낌까지 든다. 나를 숨 쉬게 할 공기통과 내 몸을 뜨지 못하게 하는 무게추까지 달면 점심에 먹은 비빔밥이 역류해 올라올 것만 같다. 이번에는 토하지 않으리라! 무거운 바닷속으로 가라앉기 위해 폐에 남아 있는 공기 한 방울마저 후후 쥐어짜내는 데 집중하다 보면, 해묵은 어망과 폐어구가 잔뜩 얽힌 심해에 당도한다.

그들은 이리저리 떠돌아다니며 덩치를 키우고 있다. 버려진 폐어구가 바닷속 생물들의 목숨을 위협하는 것, 유령처럼 떠돌아다니다 목숨을 앗아간다는 의미에서 이른바 고스트피싱(ghost fishing)이라 불린다. 운이 좋으면 폐어구에 갇혀 있던 문어, 쥐노래미 같은 바다 생물을 살려줄 수도 있고, 운이 나쁘면 흐물거리는 살갗만 남은 시체들의 썩은 살이 두둥실 떠오르는 광경을 목격해야 한다. 그렇게 심해에서 바다 생물을 구조한 후 수거할 수 있는 쓰레기를 최대한 챙겨 바다 위로 올라온다. 나와 동료들은 쓰레기를 이고 진 채 그야말로 해적처럼 움직이는데, 저마다 입고 있는 옷에 새겨진 '시셰퍼드(Sea Shepherd)'의 까만 로고가 눈에 들어오면 그야말로 가슴이 웅장해진다.

하루는 섬유회사에 다니는 한 친구와 오랜만에 술자리를 가졌다. 친구는 내게 물었다. “너 시셰퍼드인가 뭔가 하지 않냐? 그런데 바다 환경 보호하려면 너희 단체 색부터 바꾸는 게 좋을걸. 검정 옷 만드는 데 폐수가 얼마나 많이 나오는데.” 그러고는 이내 농담처럼 덧붙였다. “얘들아, 똑같은 값이면 까만 옷 사. 검은색으로 만드는 게 돈이 많이 들거든. 여덟 배 비싸니까 여덟 배 이득이야.” 섬유를 검은색으로 염색하는 게 다른 색보다 훨씬 비싸고 오래 걸리니, 생산가가 비싼 검은색 옷을 사는 게 이득이라는 기적의 논리였다.

전 세계 시셰퍼드 활동가들은 어떠한 보상도 없이 자발적으로 모이고 행동하며 변화를 이끌어낸다. 불법 포경에 맞서 싸울 때도, 탄피를 줍기 위해 해수욕장의 모래사장을 헤칠 때도, 펄럭이는 새까만 깃발 속 해골 모양 아래에서 우리는 하나로 단단히 묶여 있다. 검은색 옷을 사는 게 이득이 되는 이 요상한 세상에서, 시셰퍼드 코리아의 활동가로 함께 한다는 건 실로 자랑스럽고 영광스러운 일이다. 하지만 친구의 도발에 발끈하는 데 그치지 않고, 한 치의 빈틈없이 꽉 찬 ‘검은색’에 대해 한 번 더 생각해보는 편이 우리를 더 나은 한 걸음으로 이끄는 데 도움이 될 것이라고 생각했다.

처음 활동가로 함께했을 때 몇 날 며칠 시셰퍼드 웹사이트를 들락거리며 굿즈를 고르던 기억이 있다. 시셰퍼드 활동가임을 드러내줄 굿즈를 사고 싶은데, 해외배송씩이나 해서 물건을 받아보는 행동이 내가 지키고자 하는 바다의 안위에 전혀 좋지 않다는 걸 잘 알고 있기에 고민을 거듭한 것이다. 중고 매물이라도 찾아보고자 당근(구 당근마켓)에 '시셰퍼드'라는 키워드로 알림 설정도 해뒀지만, 강아지 '셰퍼드'에 대한 게시물만 받아보다가 구매 시기를 놓쳤다. 결국 1년이 지나 공동구매가 새로 열린 뒤에야 심사숙고 끝에 반소매 티셔츠를 하나 주문했다. 그런데 특정 색이 다른 색에 비해 더 심각한 오염을 야기하리라곤 생각해본 적이 없었다.

옷을 염색하는 과정은 화학물질 사용의 향연이다. 원사를 염색하려면 가로 실과 세로 실을 엮는 과정에서부터 별도의 공정이 필요한데, 그 후에도 표백, 광택, 염색, 혹은 필요에 따라 부분적으로 염색하기 위한 날염과 발염 과정까지 거치며 다양한 보조제, 고분자 화합물, 중금속이 첨가된다. 염색 후 걸러진 폐수에는 각종 염료 성분과 조염제, 계면활성제, 휘발성 유기용제 등 난분해성 물질이 많이 남아 있다.

폐수의 처리 과정에서 부유물질이 가라앉아 생긴 침전물을 '슬러지'라고 하는데, 전문가들은 폐수와 직물 염색 슬러지가 인류 산업 발전의 역사를 통틀어 가장 오염된 물질 중 하나라고 지적한다. 이는 바다 생물에 영향을 미치고 수중 유기체의 유전 구조를 뒤바꿔 결국 먹이사슬의 가장 위에 있는 인간에게도 직접적인 해를 끼칠 수 있다.

염색 폐수를 처리할 수 있는 일정한 필터 프로세스를 만들기도 어렵다. 옷을 염색하는 공정 방식이 다양한 만큼 그 과정에서 잔류 또는 방출되는 오염물질도 제각각이고, 어떤 색의 옷이 유행하느냐에 따라 공정도 바뀌기 때문이다. 염료 가공 공정의 특성상 폐수에는 분해하기 어려운 물질이 많이 함유돼 있고, 일원화된 처리 공정으로는 매번 특성이 변하는 폐수를 배출 허용 기준 이내로 처리하기가 쉽지 않다. 전 세계에서 발생하는 산업용수 폐수 중 20퍼센트가 직류 처리와 염색 과정에서 발생한다. 폐수가 얼마나 심각한지 의류 염색공장이 많은 동남아시아나 중국에서는 공장 인근의 강물이 그해 유행하는 색으로 물든다는 이야기도 있다.[18]

물 낭비도 심각하다. 세계자원연구소는 세계적으로 매년 물 5조 리터가 직물 염색에 사용된다고 지적했는데, 이는 올림픽 수영장 200만 개를 채우는 양이다. 섬유 생산을 제외한 나머지 과정을 살펴보면, 전체 물 사용량의 80퍼센트는 염색과 마감에 쓰인다.[19]

물론 꽃과 나무, 풀 등 자연 재료만으로 염색하는 자연염색이나 약품 없이 전통 방식으로 진행되는 천연염색, 완성된 섬유 제품에 잉크젯 방식으로 색을 입히는 디지털나염도 있다. 하지만 한계는 여전하다. 이종남천연염색연구소 이종남 소장은 "염색의 양이 많으면 자연정화 능력이 떨어진다."라며 천연염색 역시 환경오염을 피할 수 없다고 지적한다.[20]

누에와 할머니

양말의 손톱만 한 구멍을 꿰매는 사람, 그게 바로 나다. 양말이 담겨 있는 서랍을 열면 바둑돌처럼 보이기도 한다. 오로지 검은색 아니면 흰색. 가끔 색이 들어간 양말은 선물 받은 수면 양말 정도다. 나의 소중한 흑백 양말 한쪽에 구멍이 나면 언니와 나의 눈치 싸움이 시작된다. "그냥 버려! 1000원짜리 하나 사면 되지." 멀쩡한 양말 한쪽마저 집어 쓰레기통에 버리려는 언니. "그렇다고 멀쩡한 걸 버려?" 쓰레기통에서 슬쩍 꺼내 구멍을 꿰맨 후 몰래 양말함에 다시 넣어놓는 나. 그렇게 자매의 신경전이 시작되는 것이다.

바늘에 손가락 끝을 따끔따끔 찔려가며 양말을 꿰맬 때면, 엄마가 바느질할 때 쓰는 손가락 골무가 생각난다. 본가에는 오랜 역사를 자랑하는 반짇고리가 있다. 각양각색 실이 가득하고, 바늘도 용도에 따라 여러 종류가 있다. 색이 같더라도 두께와 질감은 다른 실이 서너 종류씩 구비돼 있다. 반짇고리에 서너 개씩 들어가 있는, 손이 바늘에 찔리지 않게 도와주는 골무는 할머니가 손수 만든 것이다. 고운 초록색 비단결의 골무는 손때가 타 반질반질해졌고, 엄지손톱보다 자그마하지만 촘촘한 자수로 무늬까지 새겨져 있다. 하지만 자취하는 2인 가구에 그런 역사적인 반짇고리는 사치다. 나는 언젠가 투숙했던 호텔에서 소잉키트(sewing kit)를 챙겨와 몇 년째 실만 보충해가며 쓰고 있다.(집안일로부터 해방될 수 있는 호텔 여행에서 바느질을 하는 사람이 얼마나 있을지 좀 궁금하다.)

내가 어릴 적 엄마는 옷에 구멍이 나더라도 능숙하게 슥슥 바느질해 옷을 뚝딱 수선해줬다. 엄마가 반짇고리를 열어 솜씨를 뽐낼 때면 나는 가까이 앉아 그 모습을 구경했는데, 그럴 때마다 엄마는 "할머니가 정말 잘하시는데."라며 당신의 솜씨를 부끄러워하곤 했다.

할머니의 손재주는 정말 뛰어났다. TV 드라마에서 눈을 떼지 않으면서도 목도리와 스웨터를 척척 만들어내던 모습이 아직도 선명하다. 글을 쓰기 위해 할머니에게 슬쩍 물었다. "할머니가 우리 동네에서 손재주 제일 좋았다고 써도 돼?" 그러자 할머니는 단호하게 답했다. "떼잇, 그런 말 말어. 그 당시에 손재주 안 좋은 사람이 어딨어." 올해로 91세가 된 할머니는 치매 증상으로 "할머니, 내가 누구 딸이야?"라는 나의 질문에 대답 대신 소녀 같은 미소만을 내보이지만, 꼭 잊지 않고 반복해서 하는 말이 몇 마디 있다. 추운 날 온 가족이 열차 위에 매달려 이불 한 장 뒤집어쓰고 남쪽으로 내려온 이야기, 학교 문턱도 안 밟아본 당신이 주민등록번호를 모두 읊자 주민센터 직원이 놀라 박수를 쳤다는 이야기, 그리고 우리 누에가 항상 특등, 수등을 맞았다는 이야기다.

엄마와 나는 '특등', '수등'을 1등급 같은 의미로 해석했다. 엄마가 어렸을 시절에는, 지금은 창고가 된 방이 누에방으로 쓰였다. 꽤 넓은 방 양쪽에는 층층이 선반이 있었고, 각 층에는 무명실을 열심히 뽑아대는 누에가 가득했다고 한다. 엄마는 학교가 끝나면 뽕잎을 따야 했다. "비가 후두둑 떨어지면 얼른 튀어 나가 이불을 걷었지. 그다음에는 밭으로 달려가 뽕잎을 따야 했어. 비 오는 동안 누에가 굶으면 안 되니까. 뽕잎을 넣어주면 사각사각 누에가 뽕잎을 갉아먹는 소리가 방에 가득 찼어."

삼시 세끼를 꼬박꼬박 잘 챙겨 먹은 할머니네 누에들은 보답이라도 하듯 도톰하고 풍성한 실로 누에고치를 만들었다. 누에고치는 시장에서 값이 꽤 나갔다. 할머니는 그 돈으로 살림에 필요한 걸 샀고, 엄마와 삼촌, 이모들의 학비까지 댔다며 십수 년이 지난 지금까지도 그 시절을 추억한다. 하지만 누에가 뽕잎을 사각사각 먹는 소리도 이제는 역사 속으로 사라지고 있다. 누에치기가 역사 저편으로 사라진 전통문화 취급을 받는 사이 그 빈 자리는 인조섬유, 화학섬유, 그리고 광활한 목화밭 재배로 얻은 면섬유 등이 대신하고 있다.

과거에는 동물의 피부나 털 등을 직접 붙여 입거나 털을 실처럼 엮어 옷을 만들었다. 이런 털의 종류, 그러니까 '미세한 실 모양의 물질'을 섬유라고 불렀다. 예컨대 할머니가 키운 누에고치로 실을 뽑는 방식에는 비단이나 실크라는 이름이, 마를 이용한 옷은 리넨, 대마를 이용한 옷은 삼베라는 이름이 붙었다. 최근에는 옥수수나 콩, 심지어 닭의 깃털을 이용한 새로운 섬유 소재도 등장하고 있다.[21]

이처럼 동식물을 이용해 만든 섬유를 천연섬유라고 하는데, 그중에서도 대량생산이 가능한 최강자가 있다. 바로 내 흑백 양말에 쓰이는, 목화솜에서 추출한 면섬유(cotton)다. 양말은 대부분 면으로 만들어진다. 옷, 손수건 등 부드러운 천에 '순면', '100% cotton'이라고 쓰여 있으면 목화 재배를 통해 만들어졌다는 뜻이다. 하지만 목화에서 뽑아 만들었다고 반드시 자연적이라거나 친환경적인 것은 아니다.

면은 세계 전체 천연 섬유 생산량의 85퍼센트를 차지하며 옷, 양말, 기저귀 등 일상생활 곳곳에 스며들었다. 목화는 흔히 친환경 섬유로 여겨졌다. 식물에서 생산되기에 재배 과정에서 이산화탄소를 흡수하며 버려진 뒤에도 쉽게 생분해가 용이하다고 생각됐기 때문이다. 하지만 더 이상 면은 친환경 작물이 아니다. 바로 막대한 생산량 때문이다. 면은 낮은 생산 단가와 편리한 가공 방식으로 세계 원단시장을 장악했다.

공급량을 감당하기 위해 오늘날 농부들은 전혀 '자연스럽지 않은' 방식으로 목화를 기른다. 이때 필요한 건 농약과 살충제다. 전 세계에서 쓰는 농약의 10퍼센트, 살충제의 25퍼센트가 목화 재배에 사용된다. 미국에서는 농업에 사용하는 화학물질의 10퍼센트가, 전체 농업 면적의 1퍼센트만을 차지하는 목화를 기르는 데 쓰인다. 물론 옥수수나 쌀을 재배할 때도 화학물질이 어느 정도 사용되지만, 목화는 식품법이 아닌 섬유법에 따라 관리되기 때문에 식용 작물보다 농약과 살충제를 더 많이 사용해도 법적으로 문제되지 않는다.

밥은 대충 먹어도 쇼핑은 빼먹지 않던 지난날의 내 모습을 생각해보면 오히려 옷에 대한 농약과 살충제를 더 규제해야 하는 것 아닌가 싶은 생각도 든다. 목화를 기를 때 사용하는 알디카브 살충제는 피부에 한 방울만 흡수돼도 성인을 죽일 수 있을 정도로 치명적이다. 2003년 미국에서는 목화를 생산하는 데 알디카브 1000톤 이상이 쓰였고, 여전히 전 세계 25개국에서 목화 재배에 알디카브를 사용 중이다.

목화를 재배하는 농장으로 떠나본다. 먼저 씨앗을 살펴보자. 목화 종자에는 짧은 솜털이 나 있고 솜털에는 하얀 밀납질이 달려 있다. 그런데 종자에 난 솜털이 서로 엉켜 있으니, 농부 입장에서 씨를 뿌리기가 여간 불편한 게 아니다. 밀납질은 씨앗이 수분을 흡수하는 데 방해가 되기도 하니, 이것부터 없애기 위해 황산 처리를 한다. 황산을 물에 타 잘 씻어내 씨앗의 표면을 벗겨내는 것이다. 일정한 거리를 두고 씨를 뿌리고 적당한 온도와 습도, 영양분을 공급한다. 이제 마지막 코스가 남았다. 수고스럽게 재배한 목화가 고스란히 목화진딧물, 목화명나방의 먹잇감이 되지 않도록 농약을 살포해야 한다.

내가 농부라면 어떻게 넓은 목화밭에 다량의 농약을 빠르게 살포할 수 있을까? 하늘에서 농약을 뿌렸다가는 내 몸은 물론 근처에 사는 고양이, 강아지, 말, 소, 땅에 퍼질까 봐 선뜻 택하지 못할 것 같지만, 목화 농장에서 가장 많이 쓰이는 방식은 결국 헬기를 이용한 농약 살포다. 주변 생태계에 악영향을 끼치지 않고 농약을 퍼뜨릴 반전의 카드 따윈 없다.

살포 과정에서 농부들의 몸은 농약에 고스란히 노출된다. 파타고니아가 내놓은 보고서에 따르면, 세계 대부분의 목화 재배지에서는 농약을 사용할 때 최소한의 보호 장비도 착용하지 않는 경우가 많다.[22] 많은 농민이 글을 읽지 못해 제대로 된 안전수칙을 따를 수 없거나 경제적으로 궁핍해 장비를 구비할 수 없기 때문이다. 아프리카의 목화 생산지 열 곳을 연구한 결과, 이곳의 농부 대부분은 두통과 어지러움을 경험했고, 다섯 명 중 한 명꼴로 구역질, 구토, 시야 장애 등을 겪었다. 심한 경우 기절이나 침 분비 과다 등의 증상이 나타나기도 했다. 제초제, 고엽제, 합성 화학비료 등 각종 합성 화학물질은 공기를 오염시키고 인근 마을에까지 퍼진다.

양말 장수 몬산토

지하철 출구 앞에는 종종 '한 묶음에 5000원'이라는 글귀를 써 붙인 양말 장사 트럭이 왔다. 그때마다 나는 꼭 양말을 샀다. 양말은 몇 번만 신어도 엄지에 쉽게 구멍이 나거나 뒤꿈치를 꽉 붙들어 매야 할 고무줄이 제 할 일을 하지 못한 채 슬그머니 발바닥 가운데에 드러눕곤 했다. 작고 부드러운 양말. 손바닥만 한 작은 사이즈의 양말 때문에 누군가가 죽음에 이르게 되리라곤 생각해보지 못했다. 하지만 목화를 재배하다 죽은 사람은 인도에서만 20만 명에 달한다. 농약으로 건강상의 문제가 생겨 죽었냐고? 그런 이들도 있긴 하지만 소수다. 대부분은 집안 전체가 빚더미에 빠져 자살했다.

목화 재배가 자살로 귀결된 이야기의 중심에는 세계 최대의 농업생물공학업체 몬산토가 있다. 몬산토는 1990년대 후반 유전자조작 목화를 들고 인도에 진출했다. 해충을 죽이는 독소를 작물에 이식시킨 Bt목화였다. 쉽게 설명하자면, 일반 목화는 심으면 농약을 마구 쳐야 하는 데 반해, Bt목화는 자체적으로 독성물질을 분비하게 만들어 해충이 접근하지 못한다는 것이었다. 몬산토는 자사의 Bt면화가 병충해에 강하므로 이 종자를 사서 심으면 살충제가 거의 필요하지 않다고 인도 농민들을 설득했다. 인도인들에게 몬산토 측의 설명은 매력적으로 다가왔다. 당장은 조금 더 비싼 값을 내더라도, 앞으로는 살충제를 아예 사지 않아도 된다는 뜻이었으니 말이다.

하지만 현실은 달랐다. 비싼 씨앗 값을 내고 Bt면화 농사를 지었지만 해충은 줄지 않았다. 오히려 Bt면화에 내성이 생긴 해충이 새로 등장했다. 이 해충들은 웬만한 농약과 살충제에도 끄떡없게 됐다. 이에 농부들은 더 강하고 더 많은 화학물질을 구매해야만 했다. 이들은 몬산토 측에 항의했으나 이미 땅은 Bt면화가 아닌 토종면화를 심을 수 없게 변해버린 뒤였다. Bt면화가 보급되자 인도의 종자시장에서 토종 씨앗은 빠른 속도로 사라졌다.

인도 농부들은 더 강력한 살충제를 구매해야 하는 처지에 놓이게 됐다. 그런데 농부들은 머잖아 깜짝 놀랄 수밖에 없었다. 더욱 강력한 살충제를 판매하는 회사가 자신에게 Bt면화를 팔던 바로 그 몬산토였기 때문이다. Bt면화는 일반적인 식물과 달리 씨앗을 받을 수도 없고 혹 씨앗을 받았다 해도 발아하지 않는 터미네이터 종자였기에 인도 농민들은 종자와 살충제를 해마다 구입해야 했고, 점점 늘어나는 부채로 신음했다.[23]

해마다 몬산토에 지급해야 하는 씨앗 값과 늘어난 살충제 값 때문에 농민들은 빚의 수렁에 빠졌다. 결국 1997년 면화 산지인 비다르바 지역에서 빚을 견디지 못한 농민이 자살하는 사건이 벌어졌다. 인도 정부가 1990년대 초 농업시장을 개방하고 수입 면화와 미국산 목화 종자가 들여온 시기와 맞물린다. 불어나는 빚을 감당하지 못해 스스로 목숨을 끊은 농민의 자살은 전염병처럼 퍼져 20년간 20만 명 이상이 사망했다고 추정된다.[24] 농민 자살은 특히 Bt면화를 주로 재배하는 지역에서 증가했기에 Bt면화는 '자살의 씨앗'으로 불린다.

Bt면화 재배 지역 곳곳에서 가축의 수가 줄어들고 질병에 걸리거나 폐사하는 사례도 보고됐다. 사망한 가축은 목화 수확이 끝난 후 Bt면화를 사료로 먹어온 것으로 밝혀졌다. 단순한 집단폐사로 볼 수도 있었지만, 이 사건을 계기로 국제 환경단체들은 면화의 또 다른 위험성을 경고했다. 목화솜은 옷의 재료뿐만 아니라 가축의 사료로도 사용되고, 목화씨에서 짜낸 면실유는 식용유로 과자와 빵을 만드는 데도 쓰인다. 이렇듯 유전자조작 물질은 다양한 경로를 통해 인간의 체내로 흡수될 수 있다. 나아가 토양에 스며들어 밭의 생물다양성을 파괴하고, 물을 타고 바다로 흘러가 생태계 전체를 위협한다. 농약, 비료뿐 아니라 미네랄 유출 등으로 이내 강, 호수, 습지, 지하수가 오염되기도 한다. 옷을 만들려다 생태계 전체가 오염되는 것이다.

농약과 GMO에 있어 악명을 떨친 몬산토에는 소송이 끊이지 않았다. 그 여파로 현재는 바이엘에 회사를 매각하고 역사 속으로 사라진 기업이 되었지만, 몬산토의 GMO 종자들은 여전히 바이엘을 통해 전 세계에 유통되고 있다. 2016년 기준으로 몬산토는 인도 목화 종자의 95퍼센트를 지배하고 있다. 유전자 조작 목화는 전 세계 목화 생산량의 30퍼센트 이상을 차지한다. 단순히 표현하자면 우리 집에 있는 양말 열 켤레 중 셋 이상이 유전자조작 목화로 만들어졌다는 뜻이다. 내 순백의 양말이 농민들의 자살을 불러왔다는 생각을 지울 수가 없다. 유기농 목화 재배에 대한 수요도 늘고 있지만, 아직까지 세계 목화 중 딱 1퍼센트만이 유기농 방식으로 재배된다.

막대한 노동력이 필요한 목화 재배의 역사

목화는 꽃이 떨어진 자리에 생기는 솜털 뭉치로, 사람 손으로 일일이 따야 해서 많은 노동력이 필요하다. 옛날에는 낮은 계급이나 노예 신분에 놓인 사람들이 목화를 기르는 노동에 투입됐다. 19세기 미국에서는 돈이 있는 농장주나 자본가들이 목화를 더 많이 재배하기 위해 인디언들의 땅을 빼앗고 흑인 노예에게 힘든 일을 시켰다. 세계자연기금(WWF, World Wildlife Fund)에 따르면 오늘날에도 개발도상국에서는 15세 미만의 아이들이 목화 생산에 동원된다. '목화를 딴다.'는 표현에 인종차별적 함의가 담겨 있는 건 이런 이유 때문이다.

100% secondhand

2

당신은 단 한 번도 합리적으로 소비한 적 없다

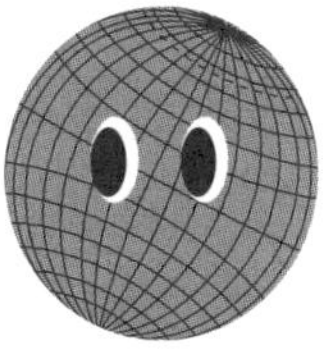

합리적 소비와 쇼핑좀비 그 어딘가

어느 평범한 퇴근길이었을 것이다. 도무지 아무것도 할 수 없겠다는 무거운 발걸음을 터벅터벅 옮기던 그때, 마침 필요하다고 생각했던 반소매 크롭티가 4900원이라는 믿기지 않는 가격으로 나를 유혹하고 있었다. 눈이 반짝였다. 과장이 아니라 모든 잡생각이 싹 사라지고 머리가 청량해지며 오로지 옷에 모든 신경이 집중됐다. 매대에 있는 다른 무거운 옷들까지 착— 착— 넘겨가며 살펴보고 있는 내게 피곤함이라고는 찾아볼 수 없었다. 가슴 뛰는 쾌감은 마치 물 위를 세차게 차고 오르는 돌고래의 몸짓만큼이나 생동적이었다. 퇴근 후 지쳐서 아무것도 못 할 것 같다던 나, 이렇게까지 살아날 수 있었던가?

옷가게를 누비는 짜릿함을 처음 경험한 건 막 스무 살이 됐을 즈음이었다. 어린 시절을 비수도권에서 보낸 내게 지하철을 타는 건 일상 속 소소한 기쁨이었다. 한강 위를 시원하게 가르는 지하철 자체도 좋았지만, 없는 것 빼고 다 있는 지하상가도 기쁨에 크게 한몫했다. 밝디밝은 조명 아래서 반짝이는 가짜 큐빅의 화려한 귀걸이가 1000원, 파랗다고 느껴질 정도로 새하얀 크롭티가 4900원, 비싸서 도전하지 못하는 디자이너 제품의 디자인을 쏙 빼다 닮은 니트가 1만 원. 반짝이는 플라스틱 보석이 가득한 어설픈 보물창고 같기도 했다. 어린 시절 시내에 나가야만 볼 수 있는 물건들을 한곳에서 헐값에 살 수 있다니! 밥 한 끼보다 싼 값이니 사서 한두 번 입고 버려도 거저였다. '합리적 소비자'인 내 머릿속에선 계산기가 바쁘게 돌아갔다.

착— 얘는 아니고, 착— 얘는 로고가 너무 커, 착— 얘……는 괜찮은데? 빼곡하게 차 있는 옷걸이의 옷들을 힘 있게 손으로 밀어내며, 한 장씩 프린팅과 색감, 질감을 매의 눈으로 확인한다. 옷 안에 깊숙이 숨어 있는 가격표를 은밀하게 꺼내어 슬쩍 살펴본다. 아, 세일 안 하네. 2만 9000원이나 주고 이 옷을? 흠…… 또다시 착— 착— 착— 착. 무겁게 늘어진 옷 몇 개를 팔목에 걸치고 다니다, 심사숙고 끝에 가장 '합리적인' 가격의 옷만 집어 계산대로 향한다. 계산대에 선 사장님은 내가 가져온 옷들을 슥 살펴보고는, 커튼 뒤에서 같은 품목의 새 제품을 찾아낸다. 커튼 뒤에는 마네킹이 걸친 화려한 옷들이 납작하게 접혀 가득 쌓여 있다.

박음질은 잘 되어 있는지 구멍이 난 곳은 없는지 살펴보고 싶지만 그러지 않기로 했다. 고작 몇천 원짜리 옷을 사면서 여기저기 너무 꼼꼼히 살펴보는 건 아무래도 좀 부끄럽기 때문이다. '합리적 소비자'보다 '이성을 잃은 쇼핑좀비'에 한걸음 가까워지는 첫 번째 순간이다. 얇은 투명비닐봉지로 포장된 옷들은 사장님의 숙련된 손길을 거쳐 다시 한 번 매끈한 플라스틱 봉지에 미끄러지듯 들어간다. "1만 5000원이요. 카드로 하면 10프로 추가되세요." 쇼핑을 마친 뒤 교통카드를 찍고 문이 닫히려는 2호선에 가까스로 올라탔다. 각이 빳빳하게 잡혀 있는 명품 브랜드 쇼핑백이라면 고개라도 빳빳이 들었겠지만, 뜻을 알 수 없는 수상한 영어와 중국어가 적힌 비닐봉지를 들고 있기가 왠지 부끄러워 가방에 꾸깃꾸깃 집어넣는다.

도파민을 마구 분비시킨 새 옷을 들고 집에 돌아왔는데 문제 상황에 마주했다. 옷장에 새 옷을 넣을 자리가 도무지 없는 것이다. 조금 놀랐지만 이내 '옷을 덜 사야지.'가 아니라 '옷장을 더 사야겠다.'라는 '타당한' 결론에 이르렀다. 이성을 잃은 쇼핑좀비가 돼가는 두 번째 순간이다.

흡! 힘을 주어 빽빽하게 들어찬 행어를 힘으로 꾸욱 눌러 겨우 공간을 마련했다. 잽싸게 새 옷을 밀어 넣었다. 퉁퉁 불어나는 옷 사이로 새 옷은 금세 파묻혔다. 값비싼 물건도, 냄새가 나는 오물도 언제 있었냐는 듯 한입에 말끔하게 삼켜버리는 슬러지 같기도 했다. 값싼 옷에 밴 특유의 석유 냄새에 금세 익숙해지는 것처럼 나는 자꾸만 무감각해졌다. 거울 속에 비친, 눈 밑에 쌓인 피로는 유난히 더 까맣게 보였다.

내게 쇼핑은 무의식적 집착에 가까웠다. 망치를 든 사람의 눈에는 모든 게 못으로 보인다고 했던가. 신발을 사려고 며칠을 심사숙고하던 날들을 떠올려본다. 그 당시에는 누굴 만나도, 무얼 해도 내 눈에는 신발만 들어왔다. 며칠 동안 내가 신발이라도 된 것 같았다. 내 일상 곳곳에는 분명 찬란한 웃음과 생기가 가득했을 테지만, 내 시선은 온종일 바닥을 기었다.

그때의 경험은 내게 유명한 심리학 실험 하나를 떠올리게 한다. 피험자는 영상에서 하얀 옷을 입은 선수들이 농구공을 몇 번 주고받는지 확인하라는 지시를 받는다. 하지만 영상에 고릴라가 지나가고 배경 커튼 색깔이 바뀌어도 이를 인지하지 못하게 된다. 하버드대학교 심리학과의 대니얼 사이먼스와 크리스토퍼 셔브리가 진행한 이른바 '보이지 않는 고릴라' 실험으로, 피험자들이 겪은 현상에는 '무주의 맹시(inattentional blindness)'라는 이름이 붙었다.

수많은 패션 트렌드와 쇼핑이라는 행위 자체에 사로잡혀 있는 동안 눈앞을 지나갔을 고릴라와 기린과 고래, 그리고 찬란한 색깔들을 나는 이미 놓친 지 오래였다. 신발 다음에는 옷, 가방이었다. 누가 어떤 신발을 신었는지, 어떤 옷을 입었는지, 어떤 액세서리를 찼는지 눈에 핏줄이 서도록 훑어댔다. 눈에 핏줄이 서도록 집중했다는 게 마냥 비유적인 표현은 아니다. 어두운 밤 잠에 들기 직전까지도 쇼핑 앱에서 탈출하지 못한 채 좀비처럼 스크롤을 내리는 것이 나와 내 언니만은 아닐 테니까. 매일 다채로운 옷을 살수록, 더욱 교묘하게 짜인 덫에 걸리고 있었다. 빽빽하게 들어찬 옷장을 멍하니 바라보다가 생각했다. 옷장에 남아 있는 빈 공간만큼 내가 행복할 수 있는 것 아닐까?

동물원 하마의 자유

한 여성이 다른 여성의 위로 올라타 주먹으로 얼굴을 수차례 난타했다. 2022년 여름, 프라이마크라는 패스트패션 브랜드의 영국 버밍엄 매장에서 찍힌 영상이다. 세일이 있던 날로 추정된다. 영상은 여느 때처럼 삽시간에 퍼졌고 수백만에 달하는 사람들이 시청했다. 이후에는 영상 속 여성이 자살했다는 이야기가 인터넷에 떠돌았지만, 어느 공신력 있는 매체에서도 영상 속 인물들이 누구인지, 어떤 이유로 일어난 싸움인지, 또 자살까지 이어진 게 사실인지 확인할 수 없었다. 확실한 건 옷이 잔뜩 걸린 행어 사이에서 손에 옷가지를 들고 싸움을 벌였다는 것이었다.

자못 충격적인 장면처럼 보일지도 모르지만 '프라이마크 난투극'은 그다지 새로운 장면이 아니다. 2009년 영화 「쇼퍼홀릭」에서도 소비자들이 할인매장 앞에서 발을 동동 구르는 장면이 슬로모션까지 걸린 채 진부하게 등장한다. 손님들은 매장 앞에 한 줄로 서서 개장을 기다린다. 힐을 신거나 과한 화장을 하고 껌을 짝짝 씹고 있다. 이내 매장 셔터가 올라가자 야생에서 먹이를 향해 돌진하는 하이에나처럼, 초록색에서 노란색으로 바뀌는 신호에 질세라 액셀러레이터 페달을 밟는 운전자처럼 돌진한다.

쇼핑중독자인 여자 주인공은 다른 여자들과 엉겨 붙어 장바구니에 옷가지를 욱여넣고, 딱히 필요하지는 않지만 50퍼센트나 세일을 하는 빨간 부츠를 두고 난투극을 벌인다. 주인공은 쇼핑에 중독돼 수천만 원에 달하는 빚이 쌓이고, 이를 감추려 시작한 거짓말에 가장 소중한 것들을 잃고, 친구에 대한 의리까지 저버린다. 난 그 정도는 아니라며 선을 긋고 싶어지는 캐릭터지만, 쇼윈도의 마네킹이며 할인 쿠폰이며 주인공을 끈덕지게 괴롭히는 쇼핑의 덫에서 헤어나지 못하는 모습은 어디선가 많이 본 것처럼 친숙하다.

저렴한 옷을 언제 어디서든 살 수 있게 된 우리는 진정 자유로워진 걸까? 사회심리학자 하랄트 벨처의 표현에 따르면, 우리에게 주어진 자유는 "동물원의 하마와 같은 자유"다. "소비 시민은 시장을 이끌어가는 것이 아니라 시장에 이끌려가고 있을 뿐"이고 "그것은 이 사육사에서 저 사육사에게 자신을 맡기는 동물원 하마의 자유나 마찬가지다."[1]

패스트패션이 처음 등장했을 당시만 해도 사람들은 이를 '패션의 민주화'로 칭송했다. 패스트패션 앞에서 어떤 태도를 취할 것인가와 관련해 우리가 취할 수 있는 결론은 두 가지로 정리해볼 수 있다. 첫째, 쇼핑으로부터 완전히 자유로워지는 것이다. 예를 들어 외적인 것에 대해 더 이상 집착하지 않고 내게 가장 중요한 가치는 무엇인지, 무엇을 할 때 가장 행복한지 고민하며 내재적인 가치에 집중하는 것이다. 둘째는 쇼핑 안에서의 완전한 자유다. 하늘 아래 다른 컬러는 없다며 티셔츠를 색깔별로 쇼핑할 자유, 오프라인 매장에 얽매이지 않고 전 세계 온라인 매장을 떠돌아다닐 자유, 수량이 한정된 제품 추

첨에 '당첨'돼 구매 '자격'을 얻었다고 뛸 듯이 기뻐할 자유. 그 자유의 대가로 우리는 하루 최소 여덟 시간을 들여 (대부분) 원치 않는 사람들과 원치 않는 일을 하며 월급을 받고, 그 월급을 '시발비용'과 '탕진잼'으로 태우며 소비의 쳇바퀴 위를 영원히 달린다.

물론 패스트패션이 '패션의 민주화'와 '자유'라는 깃발을 내걸고 등장했을 때부터 이렇게 절망적이었던 건 아니다. 오히려 그 반대였다. 실제로 잠시나마 민주화와 자유를 가져다 주기도 했다.

과거에 패션은 썩 민주적이지 못했다. 외모와 패션은 정체성이자 신분이었다. 입은 옷과 장신구를 통해 그가 양반인지 평민인지, 영주인지 노예인지 파악할 수 있었다. 사람들은 서로의 외모에서 미추(美醜) 못지않게 정체성을 보았다. 패션 역시 개성이 아닌 신분을 표현하도록 기능했다. 이런 사회에서는 자신만의 개성과 패션으로 꾸미려는 사람이 겉과 속이 다른 사람, 혹은 무언가 속이려 드는 사람으로 여겨졌다.[2]

한때 학생들은 귀밑 1밀리미터의 오차도 허용할 수 없는 단발머리에 똑같은 잿빛 재킷을 입어야 했다. 흰색 양말, 심지어는 속옷 색깔까지 통일해야 했다. 따라서 배꼽이 드러나는 크롭티를 입고 거리를 걷는 여성은 그 존재만으로도 사회의 변화를 드러내는 상징이자 역할을 했다. 2000년대부터는 뉴욕과 파리가 아닌 서울 거리 곳곳에서도 '이렇게 입으면 기분이 좋다.'는 이유로 화려한 패션을 한 학생들이 등장하기 시작했다. 산업화와 민주화를 거치며 특정 계급의 전유물이던 패션을 누구나 즐길 수 있게 된 것이다.

옷 가격이 점점 저렴해지고 종류도 다양해지면서 패션에 대한 진입장벽은 더 낮아졌다. '패션의 민주화'는 화려한 깃과 고급스러운 원단의 드레스를 누구나 입을 수 있는 시대가 온 것에 대한 찬사다. 어느 집안에서 태어났는지, 직업은 무엇인지 등에 상관없이 누구든지 어느 정도의 돈만 있다면 과거에는 신분이 높고 돈이 많은 귀족이나 상류층에게만 허락되던 옷을 사 입을 수 있게 됐다. 이때까지만 해도 패션은 정말 '자유'였는지도 모른다.

하지만 오늘날은 어떤가? 우리가 경제 주체로서 자유롭고 합리적으로 거래와 교환을 하면서 모두의 효용을 최대로 증대시킨다고 착각하는 사이, 누군가는 욕심으로 배를 끊임없이 불리고 있고, 누군가는 기본적인 권리도 보장받지 못한 채 착취당한다. 패션은 자본주의에 최적화된 방식으로 성장한 대형 브랜드들과 함께 전보다 더욱 화려하고 지독하게 계급과 정체성을 구분하고 전시한다. '와, 디올 가방을 드네?', '저거 롤렉스 시계 아냐?' 어깨에 매달린 사치품을 보고 사람을 판단한다는 건 어찌 보면 중세나 조선시대와 같은 방식으로 사고하는 것이라고 볼 수도 있다.

종교가 인간을 정의하던 중세시대가 끝나고, 모든 사람이 좀 더 자율적으로 자신의 역할을 만들어갈 수 있게 되면서 '개인'이 등장했다. 개체로서의 자유가 확보된 것이다. 우리는 자유로웠지만 고독해졌다. 개인은 성취하고 성장하고 진보했지만, 모든 속박으로부터의 해방과 자유는 인간을 오히려 불안하게 했다. 결국 인간은 자유를 기꺼이 벗어던지고 새로운 속박을 찾아 들어갔다. 바로 돈이다. 우리는 원하는 반소매 티셔츠와 미니스커트를 구매할 수 있게 된 것을 자유라고 착각한다. 자기 의지에 따라 생각을 표현하고 행동을 실천하니, 이것이 곧 자유라고 보는 것이다. 하지만 이는 결국 인정욕구이자 타인의 시선하에서만 표출하는 욕구에 지나지 않는다.

우리는 쇼핑 안에서의 자유를 택했다. 누군가 견고하게 만들어둔 쇼핑과 소비라는 철장 안에서의 자유를 얻었다. 그 덫과 늪에 빠져 원하는 옷을 싸게 살 수 있게 된 게 곧 자유라고, 나는 내가 원해서 혹은 즐거워서 쇼핑을 하는 거라고, 심지어 이 맛에 이러려고 돈을 버는 거라고 기쁨에 들떠 있다. 우리들의 이런 모습을 볼 때마다 어렸을 적 동물원에서 본 무기력한 하마가 생각난다. 학습 만화책에서는 분명 하마의 어금니가 악어를 두 동강 낼 만큼 강력하다고 했는데, 내가 본 하마는 몸을 겨우 뒤집을 정도의 턱도 없이 작은 물웅덩이에서 콧구멍만 내놓고 눈을 끔뻑이고 있었다.

목 늘어난 티셔츠와 구멍난 스타킹의 비밀

"어머, 언니! 옷을 뭐 얼마나 오래 입으려고 그래? 한 계절 입고 버리는 거지, 뭐."

새 옷 사기를 그만두기 전, 하루는 옷가게에 갔다가 사장님으로부터 핀잔을 들었다. 크게 반박할 수 없었다. 도리어 '정말 그렇네' 싶은 생각이 들어 고개를 끄덕일 뻔했다. 그래, 그렇게 저렴한 옷을 사면서 뭘 얼마나 오래 입으려고 까탈스럽게 굴어?

착용한 사진을 찍고 후기를 남겨 적립금을 받고, '앱으로 구매 시 3000P 적립!'이라는 문구에 앱을 다운로드한다. 적립금을 사용할 수 있는 기준을 채우려 계획에 없던 옷들을 함께 샀다. 이렇게 구매하는 것이 합리적인 소비라고 믿었다. 한 번 입고 버리더라도, 화려하고 트렌디한 옷을 싼값에 사서 여행이나 생일파티처럼 기억에 남을 만한 자리에 입고 가는 것, 예쁜 '인생샷'을 남길 수 있는 것이 지금 이 시대를 살아가는 소비자들의 특권이자 행운이라고도 생각했다. 귀족이나 돈 많은 부자만 입을 수 있던 특권을 나도 누릴 수 있게 됐다니!

하지만 하루는 파티가 끝나고 집으로 돌아와, 입고 있던 옷을 세탁기에 돌리고 물기를 탁탁 털어 건조대에 널다가 그만 경악을 하고 말았다. 매끈하고 부드럽게 보였던 목둘레는 물기를 가득 머금고 퉁퉁 불어난 마라탕의 푸주처럼 쭈글쭈글해졌다. 30도의 낮은 온도로 울섬유에 부드럽게 세탁했는데도 옷은 아동복처럼 줄어들어 윗배만 겨우 가렸다. 그럼에도 제품 품질을 문제 삼을 수는 없었다. 옷의 가격이 저렴해지면서 소비자로서 안전하고 질 좋은 물건을 요구하기 어려워졌기 때문이다. 이렇게 값싸게 물건을 사는 주제에 얼마나 재고 따지느냐 싶은 것이다.

판매자 역시 마찬가지였을 테다. 쇼핑몰을 8년째 운영 중인 친구 Y는 이렇게 증언한다. "품질 좋은 비싼 옷을 떼어 오자니 원가가 높아서 판매가 어렵더라. 결국 시장에서 잘 팔리는 싼 옷을 떼어다가 팔게 돼." 저렴해진 옷의 가격은 '딱 그 정도 수준'이라는 보이지 않는 틀에 소비자와 도매업자 모두를 가두었다.

친구 Y의 이야기를 조금 더 이어가자. 쇼핑몰을 운영하는 사장님이자 모델로 일하고 있는 Y는 며칠 전 가격 문제로 크게 골머리를 앓은 적 있다. 가격대가 조금 있지만 품질 좋고 유니크한 원피스 한 종을 가져와 판매했는데, 며칠 후 해당 게시글에 문의가 폭주하기 시작했다. '중국 웹사이트에서 똑같은 제품을 반의반 가격으로 판매하는데, 이윤을 얼마나 떼어가시는 거예요? 너무 하네요. 환불해주세요.'

항의하는 손님이 걸어둔 링크를 타고 들어가보니, 해당 판매자는 친구의 사진까지 도용하며 같은 제품을 판매하고 있는 듯했다. Y는 자신이 사입한 원피스보다 훨씬 저렴하게 판매 중인 제품을 직접 주문해 살펴봤다. 하지만 모양새만 얼추 비슷하게 흉내 낸, 전혀 다른 제품이었다. 그 후로도 게시판에는 '최저가가 아니다', '가격 차이가 심하게 난다'는 문의가 올라왔다. 우리는 이미지 검색과 가격 비교, 최저가 탐색을 통해 합리적 소비를 한다고 착각하지만, 사실은 품질 차이를 제대로 확인하지 못하거나 보장받지 못하는 경우가 많다. 자기도 모르는 사이에 '짝퉁'을 구매하는 경우도 많고 낮은 품질의 옷을 몇 번 입지 못한 채 버리게 되는 것이다.

쭈글쭈글해진 티셔츠 이야기로 돌아가보자. 앞서 1장에서 이야기했듯 새 제품에서조차 좋지 않은 냄새가 나는 많은 티셔츠는 화학섬유, 그러니까 플라스틱으로 만들어진다. 합성섬유는 기본 속성이 플라스틱과 유사해 쉽게 분해되지 않고 마찰에 강하다. 나일론은 과거 텐트나 로프, 낙하산 등을 만드는 데 사용돼 '기적의 섬유'라는 별명까지 얻을 정도로 질기고 튼튼하다. 1800년대 미국이 영국 함대를 물리칠 때 사용한 탄약을 만들기도 했던 화학기업 듀폰은 한때 품질 좋은 나일론을 생산하기도 했다. 그 시절 나일론은 얼마나 튼튼했던지 제2차 세계대전 때 낙하산을 만드는 주원료가 되어, 미국 여성들 사이에 스타킹 모으기 운동이 벌어지기도 했다.[3] 그런데 왜 오늘날에는 옷들이 단 하루 만에 흐물흐물 그 모습을 잃게 되는 걸까?

구멍 나는 스타킹, 그 모순 사이에는 옷을 일회용품으로 만들기 위한 기업들의 부단한 노력이 있다. '쓰레기 박사'로 잘 알려진 홍수열 박사는 그 이유를 다음과 같이 짚었다. "실이 자주 끊어지게, 잘 끊어지게 약품을 섞었기 때문이다." 소비자들이 물건을 빨리 버리고 새로 구매하게 하려는 의도, 다시 말해 '계획된 진부화'의 결과인 것이다. '계획된 진부화(planned obsolescence)'는 1954년 미국의 산업 디자이너 브룩스 스티븐스가 '새로운 상품을 계속 구매하게 한다.'는 의미로 일반화시킨 용어로, 새로운 제품을 계속 출시하면서도 재고를 원활히 소진하려는 기업의 전략이자 상술이다. 의도적으로 제품의 물리적 수명 자체를 단축시키거나, 단순히 부품만 교환해도 되는 제품을 아예 새것으로 교체하도록 유도하는 전략까지 포함된다. 물론 오늘날에는 해지거나 닳을 만큼 옷이 낡아져서 버리는 경우는 드물지만 말이다.

우리는 왜 옷을 살까

"도대체 우리는 옷을 왜 살까? 정말 옷으로 행복해질 수 있을까?" 스스로도 답할 수 없던 이 질문은 내 강의의 제목이 됐다. 2022년 가을, 시민의 날을 맞이해 인천의 한 여자 고등학교에서 패스트패션을 주제로 특강을 해달라는 초청을 받았다. 칠판에는 강의 제목과 내 이름이 정성스럽게 적혀 있었고, 미리 제출한 프레젠테이션 발표 자료는 희미한 프로젝터 빛을 통해 진녹색 칠판에 띄워져 있었다.

처음 가본 동네, 학교였다. 그런데 모르는 학생들이 모두 내게 고개를 슬쩍 숙이며 인사했다. 당황한 나는 얼떨결에 나도 고개를 숙여 인사했다. 그랬더니 학생들이 '뭐지?' 하는 표정으로 나를 힐끗 쳐다보며 지나갔다. 오뚝이처럼 고개를 숙이다 문득 사복을 입은 내 모습을 내려다보고 깨달았다. 교복이 아닌 사복을 입고 있는 나를 선생님이라고 생각한 거구나! 학생들은 내가 입은 옷을 보고 나를 외부인이나 선생님으로 먼저 인식한 것이다. 이내 수업 시작을 알리는 종소리가 들려왔다. 당초 패스트패션의 어두운 면에 대해 곧장 이야기하려고 했지만, 준비해왔던 스크립트를 제쳐두고 큼큼 목소리를 가다듬었다.

"제가 이 교실로 오는데, 몇몇 학생분들이 저한테 인사를 하시더라고요. 처음엔 깜짝 놀랐는데 제가 교복이 아닌 사복을 입어서 그런 모양이더라고요. 사실 저도 여기 앞에 앉아 있는 '핑크색 담요를 두른 친구'를 담요 색 덕분에 기억했는데요. 이렇게 옷은 누군가를 알아보고 기억할 때조차 중요한 역할을 하는데, 왜 '시민의 날' 특강 주제가 될 만큼 심각한 문제가 됐을까요? 오늘 함께 알아보려고 해요." 나는 떨리는 마음으로 수업을 시작했다. 하지만 옷의 역사에 대한 이야기를 시작하자, 열심히 강의를 준비한 내 노력이 무색하게 학생들은 하나둘 정수리를 보이기 시작했다. 그래도 아이들이 다시 제정신을 찾고 눈을 반짝이던 순간이 있었다. 노트에 다음 질문에 대한 답을 써보라고 했을 때였다.

Q1 내 옷장에는 옷이 몇 벌이나 있나요?

Q2 어떤 종류의 옷이 가장 많나요?(용도, 색깔, 스타일 등에 따라 분류해보세요.)

Q3 지난여름, 가장 자주 입은 옷은 무엇인가요?

Q4 지난여름, 가장 기뻐하며 구매했던 옷은 무엇인가요?

Q5 올해 산 옷을 나열해보면?

첫 번째 질문은 제대로 답변하지 못하리라 예상하고 준비했다. 나 역시 옷장에 옷이 몇 벌이나 있는지 세보려다 콜록콜록 연신 기침만 하다가 접었기 때문이다. 예상대로 학생들도 '잘 알지 못하겠다'는 분위기였다.

어떤 종류의 옷이 많은지 묻는 두 번째 질문은, 자신이 가지고 있는 옷에 대한 취향을 객관적으로 파악하기 위한 것이었다. 예컨대 '무채색, 독서실에 갈 용도로 산 옷이 많다.'고 답변한 학생에게는 자신이 좋아하는 취향과 가지고 있는 옷이 잘 맞는지 묻고, 앞으로 옷을 살 때는 스스로 파악한 자신의 취향과 니즈를 잘 적용하도록 유도하고자 했다.

세 번째 질문은 네 번째 질문과 세트였다. 나의 경우, 가장 황홀한 기쁨으로 산 옷일수록 옷장에 처박혀 있는 경우가 많았다. 파티(한국에 사는 평범한 직장인이 대체 웬 파티?)에 갈 때나 유럽 여행(도대체 언제?)에 갈 때 입겠다고 산 옷들이 있었지만, 이 가운데 지난여름 동안 내가 자주 입은 옷은 한 벌도 없었다. 학생들도 나와 굉장히 유사한 답변을 내놓아 놀랐다. '시험 끝나고 놀러 갈 때 입으려 했지만 못 입게 됐다.'는 메커니즘이 거의 완벽하게 일치했다.

다섯 가지 질문에 대해 이야기를 나눈 뒤 맨 마지막으로 질문 하나를 더 던졌다. "왜 옷을 사나요?" 특정 문제의 기저에

깔린 인과 관계를 파악하기 위해 반복적으로 의문을 제기하는 '5 whys' 기법으로 마음 가장 깊숙한 곳에 어떤 욕구가 자리하고 있는지 살펴보기로 했다.

♦ 기분전환을 위해서

1why 왜 기분전환을 하고 싶을까?: 웃을 일이 없어서

2why 왜 잘 웃을 일이 없을까?: 스트레스가 많아서

3why 왜 스트레스가 많을까?: 공부도 친구도 모두

♦ 예뻐 보이니까

1why 왜 예뻐보이고 싶을까?: 그냥요…….

♦ 자기만족이 돼서

1why 왜 자기만족이 될까?:

예뻐진 날 보아서, 내가 주인공이 된 것 같아서

2why 왜 주인공이 되고 싶을까?:

다른 사람들이 날 좋아해주면 좋으니까

♦ 남들에게 예뻐 보이고 싶어서

♦ 나 스스로 당당하고 싶어서

1why 왜 옷을 사야 나 스스로 당당할 수 있을까?: 잘 모르겠다.

♦ 인기가 많을 것 같아서

1why 왜 인기가 많고 싶어 할까?:

친구들과 사이좋게 지내고 싶어서

2why 왜 친구들과 잘 지내고 싶어 할까?: 행복하려고

5 whys는 '왜'라는 질문을 거듭 반복하는 나에게도 힘겨운 과정이었다. 도대체 '왜 예뻐지고 싶냐'는 질문에 내가 대답할 수 있었으면 20년째 아침마다 옷장을 보며 한숨 쉴 일도, 한 달에 한 번씩 미용실과 네일숍에 가서 서너 시간씩 거울 속 내 모습을 바라보며 앉아 있는 일도 없었을 테니.

학생들은 꼬리에 꼬리를 무는 질문에 목소리가 작아지기도 하고, 잘 모르겠다는 식으로 답을 피하기도 했지만, '왜 혼자 있고 싶지 않을까?', '왜 예쁜 옷을 입어야 스스로 당당할 수 있을까?' 같은 근본적 물음 앞에서 잠시나마 곰곰이 생각해보는 눈치였다. 더 이상 why를 물고 늘어졌다가는 또다시 아이들의 정수리만을 보게 될 것만 같아 호흡을 바꿔보았다. 학생들에게 자신의 답변 가운데 한 가지라도 옷을 구매하는 걸로 해결이 됐는지 이야기를 나누기로 했다.

예를 들어 '자기만족이 돼서'라고 답한 학생에게 나는 '옷을 사서 자기만족이 됐나요?'라고 물었다. '아니오'라는 답변이 빠르게 나왔다. 물론 '인기가 많을 것 같아서'라는 답변에 대해서는 '그런 것 같은데요?'라는 답이 나오기도 했다. '혼자 있고 싶지 않아서'라는 답변에 대해서도 '아니오'라는 답이 나왔다.

특강을 마치고 행복에 관한 연구 논문을 이것저것 찾아봤다. 논문에서는 잠을 자고, 운동을 하고, 호흡에 집중하고, 생각을 멈추고, 오감에 집중하고, 좋아하는 친구와 시간을 보내라는 해결책을 제시하고 있었다. 하지만 우리가 이미 잘 알고 있듯이 '옷을 쇼핑하라'라는 결론은 전혀 찾아볼 수 없었다.

옷을 사는 이유를 구체적으로 따라가보면 흥미로운 사실을 발견할 수 있다. 실은 사람마다 전혀 다른 욕구를 내재하고 있는데, 쇼핑이라는 하나의 행동으로 귀결된다는 것이다. 우리는 친구와 잘 어울리고 싶어서, 다른 사람에게 인정받고 싶어서, 내가 주인공이 되고 싶어서 여러 방법을 고민하다가 그 중 하나로 옷을 주문한다. 누군가는 적당히 남들 눈에 띄고 싶지 않아 옷을 샀고, 누군가는 남들보다 눈에 띄고 주목받고 싶어서 옷을 샀다.

그런데 당초 우리가 해소하고자 한 욕구는 어떻게 됐을까? 우리는 쇼핑을 통해 혼자 있는 외로움으로부터 벗어났는가? 스스로 당당할 수 있는가? 옷이 정말로 우리의 이러한 문제점을 해결해주는가? 오히려 기존에 옷을 구매하고자 한 본래의 이유 따윈 잊어버린 채 옷을 사는 자체에 집착하게 되진 않았는가?

삽니다, 싸니까!

우리는 도대체 왜 옷을 사는 걸까? 합리적인 소비자라면, 내게 어떠한 이유에서든 필요하기 때문에 산다고 믿을 것이다. 가격이 싸서 무조건 사는 건 아니라고 말이다. 하지만 놀랍게도 사람들은 옷이 '싸기 때문에' 옷을 산다. 2012년 대한상공회의소에서 수도권 소비자 500명을 대상으로 '패스트패션을 사는 이유'에 대해 물었을 때 '저렴한 가격'이 84.8퍼센트로 압도적인 1위를 차지했다.

저렴한 가격 84.8%
다양한 품목 49.5%
디자인 41.9%
품질 41.4%
매장 규모와 분위기 32.4%
브랜드 이미지 21.9%
글로벌 트렌드 16.2%

패션회사는 이런 소비자 심리에 대한 파악이 이미 끝난 건지 정말 '싼 옷'을 찍어낸다. 심지어 디자이너도 필요 없다. 공들여 디자인할 필요가 없는 것이다. 쉬인은 매일 1000여 개의 새로운 패션 아이템을 선보이는데 디자이너가 200여 명뿐이고, H&M이나 자라에 비해 가격이 최대 6분의 1가량 저렴한[4] 프라이마크에는 디자이너가 아예 없는 게 정책이다. 너무 싸니까, 사지 않으면 바보가 되는 기분이다. '나는 이성적이고 합리적인 결정을 하는 사람인데, 이런 딜을 놓칠 수 없지.' 그저 싼 가격에만 옷을 만들어 납품하면 사람들은 좀비처럼 몰려들어 덥석덥석 사준다. 그렇게 우리는 중력에 끌려 지구를 도는 달처럼 패션이라는 궤도를 따라 맴돈다.

앞서 언급한 난투극의 배경이기도 한 프라이마크에 대해 조금 더 살펴보자. 아일랜드의 다국적 패스트패션 기업 프라이마크도 소비자 심리를 아주 잘 파악했다. 패스트패션 브랜드 매장 입구에는 대개 그물 가방이 있는데, 프라이마크에는 아예 쇼핑카트가 있다. 무거운 수박, 1.5리터 생수를 담을 때나 필요한 카트가 옷가게에도 등장한 것이다. 사람들은 카트를 끌고 다니며 무게 걱정 없이 옷을 원하는 만큼 담는다. 프라이마크에는 보통 세일이 없다. 가격이 원체 저렴하기 때문에 소비자들이 부담 없이 옷을 카트에 쓸어 담을 수 있다. 너무 싸서 할인마저 할 수 없는 가게라니! 얼마나 완벽한가.

매대에 올린 물건을 바로바로 싸게 팔아버릴 만큼 자신 있는 가격 덕분에 프라이마크에는 재고도 없다. 자라의 팔리지 않는 제품 역시 전체 재고의 10퍼센트 미만이다.[5] 옷을 창고에 쌓아두고 관리하지 않아도 되니 관리비도 줄일 수 있어 가격은 더 싸진다. 막대한 생산을 통해 크게 절감한 단가는 그 자체로 낮은 소비자가와 많은 판매의 비결이 된다. 'SALE', '1+1', '9900원' 포스터를 지나치지 못하는 참새 손님들이 패스트패션 방앗간에 더 들르게 된다. 많이 만들고, 가격을 낮추고, 싸게 파는 환상의 삼중주가 시작된다. 저렴한 가격 자체가 주요 전략이 되어버린 산업, 패스트패션 산업의 현주소이다.

소비가 있어 물건이 존재하는 게 아니라 물건을 만들어내야 하기 때문에 소비가 존재한다. 어마어마한 주문량 자체가 곧 경쟁력이 된다. 온라인과 세계 각지의 매장에서 옷을 판매하는 패스트패션은 개인 사업자가 상상하기 어려운 막대한 물량을 공장에 의뢰한다. 옷을 만들 때는 사람의 손이 닿지 않는 곳이 없다. 의류 생산 로봇 시스템 등으로 생산 과정을 자동화하려 노력하고 있지만, 아직까지 사람이 직접 손으로 재봉틀에 넣고 바느질하는 섬세한 작업을 완벽하게 대체할 수는 없다. 인건비가 싼 개발도상국에 의류 제조사가 모이는 것도 이 때문이다. 옷을 만들기 위한 교육은 곧 비용으로 이어진다. 이런 비용은 옷을 한 벌 만들건 100벌을 만들건 동일하기 때문에 공장 입장에서는 같은 디자인의 옷을 많이 찍어낼수록 이윤율이 높아진다.

패스트패션 기업으로서도 생산량을 높일수록 소비자가 구입할 수 있는 장당 가격을 낮출 수 있기 때문에 마음 놓고 옷을 찍어낸다. 싼 가격 덕분에 잘 팔린다. 공급과 낮은 가격은 그렇게 서로 북 치고 장구 치며 환상의 호흡으로 패스트패션 앞에 탄탄대로를 깔아준다. 대규모 주문에 최적화된 생산방식에 나날이 적응하게 되면서 맞춤형 공장이 늘어난다. 소규모 개인 브랜드는 생산·발주량이 적어서 제품 가격을 패스트패션 업체만큼 낮출 수 없고, 패스트패션의 저렴한 가격에 익숙해진 소비자들과도 더욱 멀어지게 된다.

한번은 1만 9900원에 산 워커를 들고 구두 수선집에 간 적이 있다. 기사님은 밑창 교체 비용으로 3만 원을 불렀다. 뒷굽이 1만 2000원(1만 5000원인데 깎아주셨다.), 앞창이 1만 8000원. 뒷굽만 고치러 간 건데, 기사님은 앞창 바닥을 장도리 뒤쪽으로 쿡쿡 찔러보며 이렇게 말했다. "이렇게 만들면 안 되지. 거의 얇은 종이 덧댄 수준이야." 그러고 보니 앞창은 얇디얇아 보도블록이라도 밟으면 그 굴곡이 발바닥에 고스란히 느껴질 정도였다. 결국 가장 큰 문제였던 뒷굽만 수리해 밖으로 나왔다.

애초에 몇 개월도 못 신을 구두를 판 가게에 화도 났지만, 무엇보다 싼값에 파는 구두를 사기로 선택한 것은 나였기에(사실 내가 선택한 게 아니다. 급변하는 트렌드를 만들어내고 저렴한 가격으로 살 수 있게 하는 것은 '자유'라기보다 내게 '강요'된 선택에 가까웠다.) 1만 9900원짜리 구두를 3만 원을 주고 고칠 수는 없었다. 그 돈을 주고 수리할 바에야 나중에 더 비싸고 예쁜 워커를 새로 사는 게 낫다는 '합리적 소비자'의 얄팍한 계산기가 또 돌아간 것이다.

한편 최근 몇 년 사이, 내구성이 약한 제품을 생산한 뒤 값비싼 수리 비용을 청구하는 애플의 만행으로 인해 '수리할 권리'에 대한 논의에 불이 붙었다. 하지만 대부분 비싼 가전제품을 중심으로 논의가 이루어지고, 값싼 패션 아이템이나 옷을 수리할 권리에 대해서는 아무도 언급하지 않는다. 낡거나 찢어져서가 아니라 입는 데는 아무 문제 없이 멀쩡한데도 단지 유행이 지났다는 이유로, 혹은 취향이 바뀌었다는 이유로 버려지는 게 대부분이기 때문에 수리할 일 자체가 없는 탓도 있겠다. 그래서 수리할 권리가 아무리 미국과 유럽에서 뜨거운 감자로 떠올라도, 옷을 수선해 두고두고 입는 것에 대해서는 별다른 이야기가 나오지 않는다. 누구도 멀쩡한 옷을 유행이 지났다는 이유로 버리기에는 아깝다고 생각하지 않는 '풍요의 나날'이 우리 앞에 도래하고야 만 것이다.

합리적 쇼핑은 상상에만 존재하는 유니콘처럼 애초에 없는 개념인지도 모른다. 당장 필요한 것이 없는데 그저 싸다는 이유로 핫딜, 타임딜 메뉴를 들여다본 경험을 떠올려보자. 곧 소멸될 예정이라는 1~5만 원짜리 신규 가입 쿠폰과 정신없이 깜빡이는 '마감 임박' 아이콘의 채찍질에 물건을 마구 집어 담진 않았는가? 책을 읽거나, 친구를 만나 수다를 떨거나, 하다못해 창밖을 보며 멍을 때리며 하루 동안 지친 눈과 뇌를 쉬게 해줄 수 있는 소중한 시간을, 결국 그들이 만들어놓은 소비의 장에 쏟아붓지는 않았는가? 이런 모든 과정이 과연 합리적이라고 할 수 있을까?

가짜 일요일 사건

"주말에 뭐 했어요?" 월요일이 되면 사무실이 북적인다. 상냥하고 친절한 동료들과 서로 주말에 다녀온 곳이며 먹은 것이며 미주알고주알 공유하다 보면 지도 애플리케이션에는 금세 노란색 즐겨찾기 별이 가득 찬다. 언젠가부터 일요일은 소비하는 날이 됐다. 카페로 나가 커피를 마시고, 새로 개봉한 영화를 보고, 세일하는 옷가게에 들러 어울리는 옷도 사고…… 상상하기 어려운 것 하나 없는 평범한 일상이다. 가게와 상점들은 주말만을 기다려왔다는 듯 정갈하고 세련된 모습으로 우릴 맞이한다. 쇼핑센터로 사람들이 쏟아져 나오는 주말에 영업하지 않을 이유가 없다.

하지만 일요일은 '쉬는' 날이다. '자기관리'라는 이름의 억압적인 사고방식, 불필요한 경쟁과 과시적인 소비에서 벗어나 일요일만큼은 지난 6일과는 전혀 다른 하루를 맞이하는 날이다. 모든 가족과 공동체 구성원이 함께 시간을 보내며 즐기는 날이자 격렬한 경제 활동에서 벗어나 고요하고 편안하게 있을 수 있는 날이다.

어디 일요일이 원래 그런 법이라도 있냐고 묻는다면 진짜 '법'이 있었다. 2000여 년 전인 서기 321년, 로마의 콘스탄티누스 대제는 일요일을 안식일로 정했다. 영국 청교도 사람들은 미국을 식민화하며 일요일에 상업 활동을 금지하는 일명 청색법(Blue Law)을 제정했다. 청색법은 미국뿐 아니라 캐나다 일부 지역과 오스트리아, 독일, 스위스 등 몇몇 유럽 나라에서도 실시됐다. 이들 국가에서 대부분 상점은 일요일에 문을 닫아야 했다. 미국 뉴저지 버건군에서는 이 전통에 따라 여전히 일요일 쇼핑을 금지하고 있다.

코로나19로 사회적 거리두기에 동참하고 외출 시간을 제한받았을 때 화장품 업계는 직격탄을 맞았다. 온·오프라인 모두에서 매출이 감소했고 의류·신발은 가구당 월평균 소비지출이 13만 8000원에서 11만 8000원으로 약 15퍼센트 줄었다.[6] 우리는 왜 오히려 보이는 것을 위한 소비를 줄인 시기를 더 그리워하게 된 걸까? 리베카 솔닛은 『이 폐허를 응시하라』에서 "삶은 이미 일종의 재난이며, 실제 재난은 이러한 일상에서 우리를 해방시킨다."라고 말한다.[7] 그동안 우리는 값비싼 오마카세 식당과 새로 산 가방 키링, 명품 브랜드 화장품에 돈을 쓰고 이를 대외적으로 과시하며 부러움을 샀다. 하지만 코로나19 발발 후 미국의 억만장자 데이비드 게펜은 (평소라면 찬양과 부러움을 샀을) 7200억 원짜리 호화 요트 위에서 자가격리를 하며 석양이 지는 바다를 찍은 사진 한 장을 공개했다가 큰 질타를 받고 게시글을 삭제해야 했다. 소비와 과시, 그로 인한 비교와 소외, 고립이 일상이 됐던 재난 같은 현실이, 코로나19라는 실제 재난의 등장으로 뒤집어진 것이다. 우리가 소비뿐인 '가짜 일요일'에서 벗어나 진짜 일요일의 세계에 살게 된다면, 우리는 정신적으로 더욱 충만한 존재가 될 수 있지 않을까?

하지만 내 바람과 달리 현실의 흐름은 정반대로 가는 듯하다. 일요일이라도 쇼핑을 중단하기는커녕 끝없이 먹고 마시고 쇼핑하는 생활은 끝날 기미가 보이지 않는다. 1년에 하루 전 세계가 함께 흥청망청 쇼핑을 하자고 정한 날도 있다.

2015년 중국으로 유학을 갔을 때 그 유명한 타오바오를 처음 만났다. 타오바오는 미국의 아마존과 비슷한 대규모 온라인 쇼핑 플랫폼으로, 유통 과정의 혁신 덕분에 싼 가격, 빠른 배송을 소비자에게 제공한다. 유행하는 제법 비싼 휴대폰 케이스와 꼭 닮은 제품도 타오바오에서는 2000원대에 구매할 수 있고, 배송비까지 무료다. 섬세한 디테일은 포기한 채 전체적인 분위기와 로고를 카피해 넣은 가품을 찍어내 저렴하게 판매하는 것이다. 1만 원이면 트레이닝복 하의 한 벌, 원피스 한 벌, 귀걸이 한 쌍을 전부 주문할 수 있었다.

내가 다니던 학교에는 택배를 보내거나 받을 수 있는 우체국이 있었다. 중국인 학생들은 기숙사 한 호실에 열 명 이상이 함께 사는 경우가 많은데, 그중 누군가가 우체국에 들러 룸메이트들의 택배를 한꺼번에 찾아갈 때면 손에는 셀 수 없이 많은 택배 봉투가 쥐어져 있었다. 중학교 시절 쉬는 시간 매점에서 500원을 쥔 채 빵을 주문하려고 줄을 섰던 것처럼 택배 수령 장소 앞에는 항상 학생들이 북적였다. 나 역시 그중 하나였다. 설레는 마음으로 뜯어본 택배 가운데 한두 개쯤은 실패해도 그만이었다. 저렴한 가격과 무료배송을 자랑하는 타오바오에서는 모두가 어느 정도의 쇼핑 실패를 감내했으니까.

10월에 접어들면 항상 북적이던 우체국에 학생들이 점차 줄어들기 시작했다. 평소와 다를 바 없이 아무것도 모른 채 양손 가득 택배 물건을 들고 기숙사로 돌아가던 내게 한 중국인 친구는 살 물건이 있으면 조금만 기다리라고 했다. 내 친구들이 기다리던 것은 바로 11월 11일, 쌍스이(双十一) 광군제였다.

광군절과 블랙프라이데이

중국 최대의 이커머스 기업 알리바바는 2009년 아주 똑똑한 마케팅 전략을 내세웠다. 한 해 동안 수고한 자기 자신에게 선물하라는 메시지를 낸 것이었다. 중국 문화에서 독신을 뜻하는 '1'이 무려 네 번 들어간 11월 11일은 한 해 열심히 일해온 '솔로'를 타기팅하기에 더할 나위 없이 좋은 날이다. 중국에서는 이날을 광군제(光棍節)라고 부른다.

광군제는 11월 11일 딱 하루만 진행되지 않는다. 보통 매년 10월 말부터 11월 12일까지 진행되는데, 광군제 하루 전에 펼쳐지는 화려한 전야제 행사가 특히 놀랍다. 올림픽이나 월드컵 같은 국제 행사라도 되는 듯 사람들이 모여 축제를 시작하는 분위기였다. 늦은 밤 양꼬치 집에 나오는 TV 화면에서는 사람들이 함께 모여 대형 전광판을 바라보고, 새해나 크리스마스 전야제처럼 카운트다운을 외쳤다.

다음 날 뉴스에서는 현장의 전광판에 실시간으로 집계되는 매출액이 보도됐고, 올해도 갱신된 신기록에 모두가 박수를 치며 축하했다. 매해 열리는 알리바바의 거래액 생중계와 카운트다운 행사는 인간의 본능을 자극한다. 더 많이 더 빨리 돈을 쓰고 물건을 사기 위해 셀 수 없을 만큼 많은 말들이 내달리는 경마장 같은 분위기다. 이런 행사를 통해 중국 정부는 자국민의 소비력을 직접 눈으로 확인하며 경제 성장의 동력, 나아가 국력을 거듭 강조하는 것처럼 보이기도 한다. 중국에서는 인구 3분의 2가 실제 필요한 양보다 옷을 더 많이 소유하고 있음을 인정했다.[8] 중국인 절반은 가격표를 뜯지도, 한 번 착용도 하지 않은 채 옷장에 처박아둔 옷이 있었다. 물론 홍콩, 독일, 대만, 이탈리아 등 다른 나라의 상황도 크게 다르지 않다.

2021년에 접어들며 광군제는 8.5퍼센트로 행사 시작 이후 역대 최저 성장률을 기록했다.[9] 소비의 증가세가 주춤하기 시작했다는 기사가 쏟아져 나왔지만,[10] 성장률이 떨어지기 시작한 해마저 매출액 5403억 위안(약 99조 9070억 원), 당일 택배량 6억 9600만 건으로 사상 최고치를 기록했다.

소비가 줄었다고 볼 수도 없다. 정부 제재를 비롯한 여러 요인이 있지만, 광군제 외에도 중국에 연중 할인 행사가 너무 많이 생기며 광군제에 대한 관심이 상대적으로 줄어들었기 때문이다. 몇 년 전만 해도 광군제는 중국 유일의 연례 대형 할인 행사였으나 최근에는 618쇼핑축제(광군제의 상반기 버전), 99빅세일, 12월 12일 할인, 여신(女神)세일축제 등 유사한 행사를 다양한 플랫폼에서 2~3개월에 한 번씩 개최하고 있다.

게다가 매년 11월 11일은 알리바바 쇼핑몰 티몰을 비롯해 중국 2위 이커머스 기업 징동, 동남아시아 최대 온라인 쇼핑몰 라자다가 합류하면서 동남아시아 구매자들의 참여 및 구매로 확대됐다. 거의 모든 온라인 쇼핑몰에서 기본 50퍼센트에서 최대 90퍼센트까지 대대적인 할인 이벤트를 진행하며 소비자들을 사로잡는다. 싱글이든 커플이든 상관없이 전 국민이 쇼핑과 소비에 열광하는 것이다.

중국이 스스로 가진 소비력에 찬탄하는 사이, 광군제보다 더 유구한 역사의 행사가 열리는 나라가 있다. 바로 미국이다. 미국에서는 추수감사절 다음날, 11월 넷째 주 마지막 금요일마다 '블랙프라이데이(Black Friday)'가 열린다. 한해 처음으로 흑자(black)를 기록하는 날이라는 데서 유래됐다고 하는데, 소매업자의 연 매출 70퍼센트가 이날 거래된다고 하니 그야말로 기록적으로 많이 사고 팔리는 날이다.

사람들은 수 시간 전부터 매장 문 앞에 줄을 서서 전투태세로 개장을 기다리고, 문이 열리자마자 성난 황소떼처럼 쇼핑센터로 들이닥친다. 눈에 보이는 대로 물건들을 무서운 속도로 잡아챈다. 몸싸움이 나는 건 시간문제다. 이런 풍경은 미국에서도 볼 수 있었는데, 어쩌면 이마저도 옛날 이야기가 돼버린지도 모르겠다. 이커머스 공룡 기업 아마존이 등장해 사람들의 몸싸움을 '광클' 전쟁으로 뒤바꿨기 때문이다. 많은 뉴스 기사에서는 광클 전쟁에서 어떻게 '핫템'을 가장 저렴하게 '겟'할지 앞다퉈 소개하고 있다.

꽤 최근까지도 미국인들에게는 쇼핑에 중독된 망나니라는 이미지가 확고히 덧씌워져 있었다. 하지만 이제는 이 이미지를 더는 빼앗길 수 없다는 듯이 다른 나라들이 무서운 기세로 따라잡고 있다. 카타르, 바레인, 아랍에미리트 등 중동의 석유 부국은 이제 미국의 1인당 소비량을 넘어섰다. 또 유럽 쇼핑객들도 미국 쇼핑객 못지않게 돈을 쓴다.[11]

미국 패스트패션 브랜드는 블랙프라이데이가 아닌 시즌

에도 무지막지한 세일을 벌인다. 옷을 매대에 전부 진열하지도 못한 채 옷인지 섬유 덩어리인지 알기 어려운 뭉치들이 매장 곳곳에 쌓여 있다. 옷에는 손때 묻은 닳고 닳은 가격표가 간신히 걸려 있는데, 자세히 보면 새로운 할인가를 표시한 빨간색 스티커가 겹겹이 덧대어 붙어 있다. 가격을 누차 내려도 팔리지 않았다는 뜻이다. 사람들은 세일 옷을 양손에 양껏 집어 먼지가 가득한 검은색 매장용 장바구니에 쑤셔 넣는다. 나 역시 불빛을 보면 일단 날아들고 보는 불나방처럼 세일이란 글자가 달린 매대를 향해 허겁지겁 분주하게 내달렸다.

다시 일요일로 돌아가본다. 영어에는 'Sunday best'라는 관용어가 있다. 자신이 가진 가장 좋은 옷을 뜻하는 말로, 일요일마다 교회에 가는 신자들이 가장 근사한 옷을 차려입었다는 데서 나온 표현이다. 따뜻한 햇살에 몽글해지는 기분이 들어서 나도 이 말을 꽤 좋아했다. 아직 초등학교에 다니던 시절, 가장 좋아하는 옷에 주름이 가지 않도록 옷장 상단에 잘 정리해두던 기억이 선명하다. 그 시절 내 옷장은 엄마의 옷장처럼 거대하지 않았고, 옷도 몇 벌 걸 수 없는 옷장 시늉을 낸 어린이용 옷장에 불과했다. 하지만 돌이켜보면 나는 그때 더 행복했다. 좋아하는 나만의 스타일이 확고했고, 그 스타일을 고수하기 위해 고민했다. 나만의 아름다움과 개성을 지금보다 더 많이 가지고 있었다. Sunday best. 내게는 지금 유행 중인 그 어떤 옷보다도 가장 좋아하는 옷을 고를 줄 아는 나만의 안목, 스스로에게 집중할 나만의 시간이 더 필요하다.

100% secondhand

3

유행은 어떻게 만들어지는가

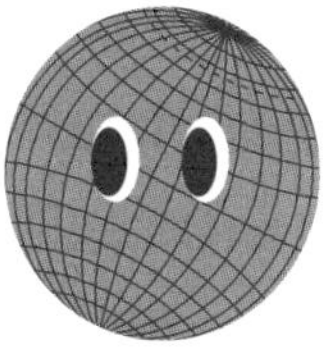

카페에 들어서는데 누군가가 내 어깨를 내려치며 나를 큰 소리로 불렀다. “야!” 그 사람은 나와 눈이 마주치고 2초 정도 지나서야 당황해하며 사과했다. “어머, 죄송해요. 제 친구인 줄 알았어요.” 영문을 모르고 어깨를 얻어맞은 나도 얼음땡 하듯 긴장이 풀어졌다. 괜찮다 말하며 돌아섰지만 정말 안 괜찮았던 것은 따로 있었다. “아니, 나 너인 줄 알고…….” 그 사람은 카페 반대편에 앉아 있던 친구에게 이렇게 말했는데, 그 친구가 나와 정말로 비슷한 차림이었다. 짧은 기장의 흰 티셔츠, 넓은 와이드팬츠, 키링이 달린 큰 배낭까지 똑같았다. 다양해지는 스타일만큼 저마다 천연색의 개성이 빛을 발휘했으면 좋았겠지만, 색을 섞으면 섞을수록 검은색이 되어가는 엉망진창 팔레트처럼 우리 모두는 어떤 이유에서인지 고유의 색을 잃어가고 있다.

내 꿈은 디자이너였다

사실 어릴 적 내 꿈은 패션 디자이너였다. 바늘을 꽂아두는 핀쿠션을 거울 옆에 붙여두고 ‘언젠가 내 손목 위에 저걸 달고 옷을 만들고 있겠지!' 생각했는데, 이게 웬걸 이제는 패스트패션에 반대하며 옷을 안 사겠다고 고집을 부리다가 책까지 쓰고 있다.

패션 디자이너를 꿈꾸게 된 계기는 공주 잠옷이었다. 열 살 때쯤 친척 언니에게 난생 처음 '공주 잠옷'을 선물받았다. 공주 잠옷을 입으면 한 걸음 한 걸음 내디딜 때마다 정말 공주가 된 것만 같았다. 저녁을 먹을 땐 긴 치마의 양 끝단을 잡고 뒤꿈치를 든 채 사뿐사뿐 식탁으로 걸어갔다. 평소처럼 우당탕탕 서두르는 법도 없었고, 삐뚤빼뚤 쓰던 일기마저 예쁘게 꾹꾹 눌러 쓰고 싶어졌다. 옷은 내게 그런 존재였다. 새로운 영감과 상상력을 불러일으키는 마법 같은 일의 시작.

그 순간만큼은 옷이 날개란 말이 과장이 아니었다. 근사한 옷을 만드는 일은 얼마나 근사할까? 누군가 내가 만든 옷을 입고 어깨를 펴고 성큼성큼 자신감 있게 걸어 다니는 모습을 본다면, 그것처럼 뿌듯한 일이 없을 것만 같았다. 그땐 몰랐다. 그런 근사한 옷이 세상에 나오면 다른 브랜드에서 쏜살같이 달려들어 수만 장 똑같은 옷으로 복제하리라는 사실을. 그리고 그 옷을 입은 사진이 소셜미디어에 한 번 올라간 뒤로는 옷장에 처박히는 신세를 면치 못하다 끝내 버려지리라는 것을. 원한 적 없는 공급, 트렌드로 만들어낸 수요, 촉박한 폐기만이 이 산업을 계속 유지하는 비결이라는 것을.

"죄송한데 조금 어려울 것 같아요. 조금 부담스러워서요." 그토록 우려하던 상황이 오고 말았다. 책을 쓰기 위해 인터뷰

요청을 할 때마다 번번이 거절의 답변을 받았다. 패션회사에 다녔던 것도 아니고, 디자이너도 아니면서 내가 뭐라고 패스트패션에 대한 책을 쓸 수 있을까? 걱정과 우려로 고봉밥을 지어 먹으며 어깨가 한없이 처져 있던 때 K를 만났다. "걱정 마세요. 업계에 있어도 공장 한 번 못 가본 사람들 많아요. 사실 전화 몇 번 하고 택배만 몇 번 주고받으면 옷이 그냥 만들어져요. 디자이너인데도 사실상 새로운 옷을 만들어본 적은 없어요." 패션 디자이너로 3년간 근무한 K가 말했다. 디자이너라기보단 상담과 협상 업무를 담당한 셈이었다며 지난 3년을 추억했다.

패션산업은 크게 세 덩어리로 나눌 수 있다.

- 제1차 패션산업: 자재(직물 제조 및 유통)
- 제2차 패션산업: 제조(의류 기획 및 제조)
- 제3차 패션산업: 유통(의류 제품 유통 및 판매)

사람들은 흔히 패션 디자이너의 일이라고 하면 제2차 패션산업에 해당하는 일을 떠올리지만, 패션산업은 직물 제조부터 의류 기획, 생산, 유통, 판매에 이르는 일련의 과정을 포괄한다.

K는 벤더사 소속 디자이너로서 제2차 패션산업의 업무을 담당했다. 의류 벤더사는 브랜드 디자이너나 바이어가 의뢰한 제품 내용을 토대로 완제품을 제작해 납품하는 임가공업이다. 브랜드 바이어가 제작을 희망하는 옷의 디자인을 전달받아 실

물을 만드는 역할이다. 인터넷 쇼핑몰에서 'OEM 제품'이라고 써 있는 제품이 이렇게 임가공을 거쳐 만든 옷이고, 디자인 작업까지 함께 한 경우는 'ODM 제품'으로 분류된다. 국내에는 규모가 제법 큰 의류회사조차 자체 공장이 없거나 비용 문제 등으로 해외에서 제품을 제조하는 경우가 많은데, 이때 공장 역할을 하는 회사가 바로 벤더사다. 흥미로운 점은 백화점 한 층에 있는 브랜드 전체의 제품을 벤더사 한 곳에서 전부 만드는 경우도 있다는 것이다.

K의 주요 업무는 바이어의 전화를 받고 옷을 제작하는 것이었다. "여름옷 하나 만들어야 되는데……." 바이어 측에서 전화를 걸어오면, 다른 회사에 만들어 납품하려고 이미 공장과 이야기를 맞춰둔(현재 유행하는) 디자인과 원단을 추천한다. 그래야만 동일한 원단으로 한 공장에 쉽게 작업을 의뢰할 수 있기 때문이다. 때로는 디자인 기획 의뢰가 함께 들어오는 경우도 있다. 하지만 K가 디자인 철학을 딱히 고민해본 적은 없었다. 기회가 없었다는 표현이 더 맞겠다. 그저 이미 만들어둔 옷의 디자인을 조금씩 변주해가며 공장에 의뢰하기 좋은 수준의 옷을 주문하는 게 주요 업무였다.

커뮤니케이션은 보통 작년이나 재작년, 혹은 다른 회사의 제품처럼 이미 존재하는 옷을 기준으로 이뤄진다. "반소매에 리본 들어간 티셔츠를 만들고 싶은데, 재작년인가 만들었던 P-203 있지? 그거 다시 보내주세요. 옷 조직도랑 패턴도요!" 작년 이맘때쯤 특정 나이대의 소비자가 많이 찾았던 제품을 다시 꺼내, 올해 유행하는 색상이나 패턴 같은 요소를 첨가해 차이점을 만들어내는 식이다.

어느 정도 디자인이 나오면 디자이너들이 동대문을 돌아다니거나 원단 업체나 공장에서 받아온 샘플의 상태를 확인하며 제품의 최종 디자인을 확정한다. 바이어와 벤더사, 공장은 샘플을 수차례 택배로 주고받는다. 이때 허리를 3센티미터 정도 줄여달라거나 어깨 퍼프를 추가해달라는 식으로 구체적인 요구 사항을 주고받는다. 그리고 그때부터 비용 '네고'가 시작된다. 몇만 장을 제작할 예정인데 장당 얼마까지 맞출 수 있는지, 납품 날짜는 언제까지 가능한지 등을 협상하는 것이다. "직접 일해보면 디자이너라고 말하기 민망해요. 유니클로 같은 SPA 브랜드는 기본적으로 데이터베이스에 기반한 디자인이다 보니까 다들 '디자이너'라는 이름하에 일을 하지만 실제 업무의 면면은 서로 너무 다르죠."

K의 말처럼 패션기업은 점차 데이터기업으로 변모하고 있다. 철저히 고객의 취향에 선택받는 제품이 베스트셀러가 되다 보니, 패션산업은 소비자 취향 변화를 가장 잘 수용할 수 있는 최전선에 선다. 제품의 치수, 색상, 패턴, 재질, 브랜드, 가격뿐 아니라 고객이 표현하기 어려운 제품에 대한 모호한 생각까지 다양한 변수들을 데이터로 변환하고 분석해 활용하는 것이다.[1] 빅데이터와 인공지능을 활용해 가장 트렌디한 제품을 개발하고, 제조와 유통 등 공급망 관리 최적화에도 힘쓴다. 이미 자라나 H&M 등 패스트패션 선도 업체들은 고객의 유행

변화를 빠르게 파악하기 위해 데이터 과학 분야에 투자를 확대하고 있으며, 아디다스는 한 걸음 더 나아가 인공지능 및 스마트팩토리를 도입해 개인 맞춤 운동화 제작을 추진 중이다.

브랜드 소속 디자이너의 일은 좀 다르지 않을까? 2년차 디자이너 J가 전화로 공유해준 이야기도 비슷했다. 어떤 고객층을 타기팅할지, 브랜드 철학과 스타일을 어떻게 유지하거나 변화를 줄지 고민하긴 하지만, 회사가 보유한 기존 디자인의 틀 안에서 이런저런 요소를 섞어 새로운 것을 만들어내는 일이 주요 업무라고 했다. 새하얀 도화지에 온전히 창조적인 디자인을 그려 넣는 일을 떠올린 내 상상과는 거리가 멀어 보였다. 자기 브랜드를 만들지 않는 이상, 회사에 소속된 디자이너 대부분은 자기만의 디자인에 대한 꿈을 펼치지 못한다고 했다.

불법촬영용 카메라를 구매하는 디자이너들

불법촬영에 주로 이용되는 위장형 카메라 구매를 고민하는 주요 소비층 가운데 하나는 다름 아닌 의류업계 종사자라고 한다.[2] 신입 디자이너들은 불법촬영 장비로 무장한 채 백화점이나 편집숍을 도는 일을 주로 담당한다는 것이다. 비슷한 콘셉트로 만들어진 타사 제품을 구매해 디자인을 베껴 공장에 제작을 의뢰한 뒤 해당 제품을 환불하러 가는 일도 도맡아 한다. 서로가 서로의 것을 훔치며 살아남는 생태계다. 한 디자이너는 "브랜드마다 매 시즌 출시되는 옷들에 뼈를 깎는 것 같은 창조의 고통이 들어 있다고 생각한다면 큰 오해"라고 밝혔다.[3] 또 다른 디자이너 Y는 말했다. "디자이너로서 양심이 있기가 힘들어요. 최소한 저는 일하면서 한 번도 본 적이 없어요. 양심이 있으면 돈을 못 벌 걸요?"

국내 패션 디자이너들이 해외 매장에서 무더기로 옷 사진을 찍다가 발각돼 망신을 당하는 건 드문 일이 아니다. 반대로 우리나라 패션이 다른 나라 공장에서 불법 복제되는 문제도 심각하다. 다른 업체의 매장에 들어가 제품 사진을 몰래 촬영하는 것은 이미 패션업계의 공공연한 관행이 되었다. 손님인 척 구입한 옷을 제작용 샘플로 공장에 보내기도 한다. 패션업계는 이를 관례처럼 여기면서도 자사 매장에는 '도둑 고객'이 방문하지 못하도록 경계하고 분노한다.[4] 앞문은 걸어 잠그고 뒷문으로 몰래 빠져나가 훔쳐오는 식이다.

이런 행태가 사실이냐고 묻는 내게 K는 한마디 툭 던졌다. "아, 이런 것도 말해도 되나……. 복제가 아니고 그냥 똑같은 거예요." 그러고는 이렇게 설명했다. 백화점 브랜드에 들어가 있는 의복 브랜드의 20만 원짜리 티셔츠와 강남 지하상가의 1만 원짜리 티셔츠가 원단부터 제작 과정까지 모조리 똑같을 수 있다는 것이다. 베낀 게 아니라 아예 같은 상품을 전혀 다른 가격에 사고 있는 소비자, 과연 어떻게 된 일일까?

바이어 A가 벤더사 B에 옷 제작을 요청한다. 1000벌을 만들어달라고 요청했고, 수량이 적은 만큼 가격은 높게 책정됐다. A의 브랜드에서 한 벌당 20만 원에 판매될 예정이다. 벤더사 B가 이를 공장에 의뢰한다. 1000벌이라는 비교적 적은 분량을 만들기 위해 생산 라인을 하나 바꾸는 것은 아무래도 아까운 일이지만 일단 제작 공정에 들어간다. 벤더사 B는 다른 회사 바이어들과 연락하다가 샘플에 관심을 보이는 바이어 C를 만난다. C의 브랜드는 옷을 대량으로 생산하는 곳으로, 해당 디자인으로 5만 벌을 판매하겠다는 뜻을 밝힌다. 이로써 아까 만들어둔 생산 라인으로 5만 벌을 추가 생산한다. 공장에서 나올 때 A 브랜드의 태그를 다느냐, C 브랜드의 태그를 다느냐에 따라 가격은 천차만별이 되고, 소비자는 완전히 동일한 제품을 다른 가격과 이름으로 구매하게 된다.

상황이 이렇다 보니, 공장에서 옷을 떼다 파는 입장에서는 이 옷이 어떤 하이엔드 명품을 어떻게 복제했는지를 모르고 판매하기도 한다. 소비자도 마찬가지다. 고심 끝에 구매해 입고 있는 옷이 어느 제품을 카피해 만든 것인지조차 알기 어려운 지경에 이른 것이다.

옷에 대한 열정으로 일에 뛰어든 패션 디자이너들은 '디자인 카피' 문제 앞에서 목소리를 내기 어렵다.[5] 특허청을 통해 디자인등록출원이나 실용신안을 신청하면 되지만 이런 절차는 사실상 활자로만 존재한다. 디자인등록출원은 출원서 작성부터 등록 허가를 받기까지 6개월에서 1년이 소요되며 약 10단계의 심사를 거친다. 패스트패션이 단축시킨 옷 수명의 주기는 계절을 넘어서 월이나 일 단위로 짧아졌다. 심사를 기다리는 동안에만 시즌은 이미 지나 있다. 디자인의 소유권을 주장하고 싸우는 이 순간에도 복제품은 만들어지고 있다. 복제와 생산의 굴레 사이에서, 우리의 몸과 일상을 더 자유롭게 고민할 디자이너의 시간이나 영감이 녹아들 자리는 없다.

하이엔드 브랜드와 패스트패션의 뒷거래

한 유튜버의 짝퉁 명품 착용 논란에는 세상이 뒤집어질 듯 기사가 쏟아지지만, 그보다 더 근본적인 디자인 카피 문제, 나아가 같은 제품을 다른 가격에 파는 소비자 기만 문제는 쉽게 기사화되지 않는다. 사실 패션업계에서 '짝퉁'은 애초에 문제가 되지 않는지도 모르겠다. 서로 기생하며 살아가는 하나의 생존 전략일 수도 있다. 복제 없이는 그렇게 짧은 시간 안에 많은 옷을 찍어내지 못할 테니까.

디자이너 개인이라면 모를까, 패션산업 전체는 스스로 복제를 허용한다. 패스트패션은 하이엔드 패션에 '개런티'를 주고 디자인을 사용하고, 하이엔드 패션은 패스트패션이 값싸게 찍어내는 옷들 사이에서 오히려 기세가 등등해진다. 값싼 싸구려 패스트패션의 어쭙잖은 복제품이 명품에 대한 집착으로 이어질 것임을 알고 있기 때문이다. 법학 교수인 칼 로스티알라(Kal Raustiala)와 크리스 스프리그먼(Chris Sprigman)은 의류산업이 복제로 인해 이익을 얻을 수 있다고 주장하며 디자인

불법복제금지법에 반대한다.[6] 복제는 옷 만드는 데 걸리는 시간을 줄여주고 소비자들은 새로운 것을 원한다. 이런 현실을 고려하면 복제란 그 자체로 사실상 패션산업 전체를 움직이는 힘이라 해도 과언이 아니다. 그러니 이를 기꺼이 용인해, 서로가 서로를 훔쳐 먹으며 배불리 지낼 수 있도록 권리를 보호하자는 주장이었다. 빠른 생산 속도는 복제를 부추기고, 복제로 인해 생산 속도는 더욱 빨라진다.

그사이 수천만 원을 넘나드는 하이엔드 사치품 브랜드는 패스트패션 브랜드와 '아주 비슷한' 공장에서 노동자들을 착취하고, 때로는 '아주 비슷한' 원사를 사용하면서 옷을 만들어내고 있다.[7] 이렇듯 하이엔드 패션과 패스트패션이 벌이는 폭주의 이중주는 이미 멈출 수 없는 굴레에 올라탔다. 눈덩이처럼 불어나는 패스트패션 한가운데에 패션 디자이너가 있다. 눈 반짝이며 창의성에 고심하던 그 패션 디자이너들 말이다.

매일 최소 2억 벌의 새 옷이 쏟아져 나온다.[8] 창조나 영감 따위를 기대할 시간이 애초에 없다. 일단 옷을 만들고 살 사람을 찾는다. 살 사람이 없으면 올해의 컬러, 트렌드를 끊임없이 만들어 사게 만들면 그만이다. 전 세계 의류시장에서 만드는 옷의 양은 2000년 이후 두 배 이상 늘었고, 국내 패스트패션시장 규모는 2007년 3000억 원에서 2017년 약 3조 2000억 원까지 치솟았다. 10년 동안 열 배 이상 커진 것이다.[9]

끝을 모르고 매서운 기세로 떨어지는 폭포수처럼 옷이 쏟아져 나오는 시기에, 이 파도를 타고 창의성을 펼쳐내는 패션 디자이너들도 분명히 있지 않을까. 있다! 독립한 디자이너들이 자신의 철학을 담은 브랜드를 론칭하기도 한다. 클래식 웨어에 기반하되 과감하게 원단을 사용하고 대담하고도 섬세하게 만들어낸 패턴 디테일이 공존하는 ‘레이블리스’, 재단 과정에서 폐기물이 적게 나오도록 패턴을 고민하는 ‘파츠파츠’, 성별의 경계를 허물거나 장애인이 다양한 선택을 할 수 있게 하는 ‘하티스트’, 그 밖에도 무에서 유를 창조하고 사람들이 옷에서 일상 속 기쁨을 만끽할 수 있도록 밤낮으로 고민하는 디자이너와 브랜드들이 있다. 명품이라는 말은 어느덧 사치품의 동의어가 돼버렸지만, 문자 그대로 명품이라는 단어는 이런 옷들에 붙어야 하는 게 아닐까.

문제는 자본주의 세계에서는 이들의 독보적인 예술 정신마저 패스트패션이 블랙홀처럼 빨아들인다는 것이다. 특정 철학을 가진 브랜드의 옷이 잘 팔리기 시작하고 소셜미디어에서 입소문을 타기 시작하면 이를 복제하려는 움직임이 어김없이 시작된다. 하지만 이 역시 복제라고 말하기조차 어려운 실정이다. 소셜미디어에 올라오는 사진과 패션 플랫폼의 주문량을 데이터화해 공장에 빠르게 제품을 의뢰하는 행태가 기술이자 노하우로 인정받고 있기 때문이다.

기업들은 ‘디자인부터 매장 전시까지의 주기(design to retail cycle)’를 경쟁적으로 계산해 타사와 비교한다. 자라는 자사의 주기가 세계에서 가장 짧다는 사실을 자랑스럽게 내세운다. 인디텍스는 최대 5주, 빠르면 20일 안에 디자인부터 전시까지 이뤄진다. 쉬인은 고객 데이터를 기반으로 3일 만에 디자인을 완성한다고 한다. 소셜미디어로 현재 유행하는 옷, 잘 팔리는 옷에 대한 데이터를 실시간으로 수집하고, 디자이너는 데이터를 토대로 곧장 디자인을 시작하는 것이다.[10]

한편 매일 1000여 개의 새로운 패션 아이템을 만드는 쉬인에는 패션 디자이너가 고작 200여 명뿐이다.[11] 쉬인은 저작권·상표권 침해 혐의로 닥터마틴, 리바이스, 랄프로렌 등 많은 패션회사로부터 소송을 당했다. 대형 패션 브랜드뿐 아니라 개인 디자이너나 소형 브랜드의 상품을 무단으로 카피하는 사건도 적지 않다. 쉬인은 저작권 침해 혐의를 부인하고 이런 문제를 개선하기 위해 노력 중이라고 밝혔다.

쉬인은 2021년 새로운 디자이너를 발굴해 새로운 '기회'를 주겠다며 「쉬인 X」라는 쇼를 자체 제작하기도 했다. 「프로젝트 런웨이 코리아」처럼 눈썹을 휘날리며 창의성을 불태우는 패션 디자이너에게 기회를 주기 위한 것이라며 론칭 취지를 밝혔다. 이 쇼를 홍보하는 문구는 이랬다. '대담해져라, 자기 자신이 돼라.(Be Bold, Be You.)' 우승자는 10만 달러의 상금과 쉬인의 2021 F/W 온라인 패션쇼에 설 기회를 받는다. 'Be You'? 쏟아지는 새 옷 사이에서 패션 디자이너들은, 또 우리는 과연 자기 자신이 될 수 있을까?

거리를 걸으며 보았던 옷가게들을 상상해보자. '어디에서도 볼 수 없고 딱 이 가게에만 있다.'고 느껴지는 디자인은 점점 줄어들고 있다. 어디에서나 흔히 볼 수 있는 옷이 대부분이다. 자기 마음대로 디자인을 할 수 있게 된 소수의 오트쿠튀르 디자이너, 플랫폼을 등에 업고 떠오르는 브랜드 디자이너를 제외하면, 대개의 디자이너에게 남은 것은 창조의 고통이 아닌 카피의 고통이었다.

어릴 적 TV 앞에 가까이 앉아 몇 번이고 「프로젝트 런웨이 코리아」를 시청했다. 쟁쟁한 경쟁을 뚫은 개성 넘치는 디자이너들, 세상에 단 하나뿐인 독창적인 옷에 대한 고민, 창의성이 쏟아지는 새하얀 종이 위의 일러스트. 패션 디자이너의 이런 예술가적 면모는 패스트패션의 등장과 함께 환상 같은 일이 되어버렸다. 이런 TV쇼는 오늘날 패션산업의 현실과는 너무나 동떨어진 유토피아처럼 보인다. 마치 패션 디자인이 '슥슥 그림을 그려 멋진 옷을 만드는' 단순하고 세련된 일로만 여겨지게 만든다.

2020년 2월, 무언가 단단히 잘못된 패션업계를 배경으로 한 패션 서바이벌 프로그램이 넷플릭스를 통해 공개됐다. 온라인 패션 플랫폼 네타포르테와 넷플릭스가 파트너십을 맺고 함께 제작한 「넥스트 인 패션」이었다. 이 프로그램은 패스트패션에 대한 사람들의 편견을 지우는 생존 전략으로서 매우 탁월하게 기능했다. 멋지게 머리를 휘날리며 원단을 들고 뛰어다니는 디자이너의 모습은 목화를 재배하다 농약으로 인해 건강이 악화된 농부, 닭장보다 좁은 일터에서 미싱하는 여성 노동자의 현실을 가린다.

우리는 명품을 두고 '한 땀 한 땀 손으로' 만들었다는 데

감탄하지만, 사실 모든 옷은 사람의 따뜻한 두 손을 거치지 않고서는 만들어질 수 없다. 어떤 옷도 시작부터 끝까지 사람 손이 닿지 않은 곳이 없다. 그런데 가위질로 도려내지는 것은 천 감만이 아니다. 인도 농부의 생명, 방글라데시 다카의 여성 노동자의 인권도 함께 도려내지고 있다.

이쯤 되니 누군가 묻고 싶을 수 있다. “어휴, 알겠어요. 패스트패션 안 사면 되잖아요. 그럼 명품 사는 건 괜찮죠?” 사실 이는 내가 패스트패션 때문에 벌어지는 많은 문제 때문에 옷을 사지 않겠다고 선언했을 때 누군가 장난삼아 웃으며 내게 건넨 말이기도 했다. “그럼 소연 씨는 돈 많이 벌어서 명품 사셔야겠네요.”

명품? 명품이라면 살 수 있다. ‘사치품’이 아닌 ‘명품’이라면 말이다. 농약을 쓰지 않아도 되는 유기농 목화로 만든 옷, 목이 잘린 후에도 한 시간이나 살아 있는 악어의 피부를 벗겨내지 않아도 되는 가방, 공정무역을 약속하는 기업, 그리고 이 모든 조건을 갖추면서도 거울 속 내 모습을 빛나게 해줄 충분히 화려하고 예쁜 옷이라면 나는 기꺼이 살 수 있다. 하지만 이 말을 들은 누군가는 이렇게 반문할 것이다. “그렇게까지 꼼꼼하게 따져서 무슨 옷을 사요?” 내 말이 그 말이다! 그래서 더는 옷을 못 사게 됐고, 이렇게 책까지 쓰게 된 것이다!

과감한 색감과 독보적인 화려한 패턴, 브랜드명을 명시하지 않아도 색감과 패턴에서 느껴지는 강렬하고 독창적인 아이디어. 반짝이는 스팽글 하나까지 섬세하게 작업하는 직업정신이 듬뿍 담긴 고가의 옷. 어느 패션 디자이너가 공들여 만든 이런 근사한 옷은 분명히 우리 삶을 더욱 다채롭게 하지 않을까? 예를 들어 사치품, 아, 아니, 명품 말이다.

명품과 사치품의 차이, 명품이란 무엇인가

"어머, 발렌티노네요."

"막스마라예요."

"이 구두는 프라다네요."

명품관을 거닐다가 나온 말이 아니다. 밀라노에서 유학한 최초의 한국인이자 패션 컨설턴트로 40년 동안 일한 경력이 있는 유튜버 밀라논나가 처음 자라 매장을 찾았을 때 했던 이야기다.[12]

길을 걷다 마주친 두 사람이 꼼데가르송 반소매 티셔츠와 자라 반소매 티셔츠를 입고 있다고 생각해보자. 둘 중 어느 것이 꼼데가르송 제품인지 알아맞힐 수 있을까? 브랜드를 잘 알지 못하는 나는 그렇다 치자. 하지만 《보그》에서 최장기간 편집장을 지낸 알렉산드라 슐먼조차 둘을 구분하지 못한다면 어떨까?[13] 잠깐, 《보그》 편집장도 못 알아본다고? 그렇다면 왜 우리는 명품을 사지 못해 그토록 안달이 났을까? 실제로 두 제품 사이에는 어떤 차이가 있을까?

'명품'이라는 단어가 우리나라에 등장한 건 그리 오래되지 않았다. 언론에 처음 명품이라는 단어가 등장한 것은 스트라디바리우스 독주회에 관한 1964년 6월 9일 자 《조선일보》 기사에서였다. '뛰어난 물건이나 작품'. 사전적 의미대로 예술이나 문화 작품에 대한 설명이었다.[14] 하지만 오늘날 '명품'이라는 단어는 해외 하이엔드 패션 브랜드를 지칭한다. 1990년 9월 갤러리아백화점이 패션전문점 파르코를 재개장하며 명품관이라는 호칭을 처음 썼다. 1995년 루이비통의 국내 첫 홍보 담당 매니저 S는 본사에서 보내온 보도자료를 어떻게 번역할지 고민에 빠졌다.[15] 'luxury brand'라는 영어 표현을 사전적 의미대로 가져온다면 '사치품' 정도의 번역어가 어울리지만, 전략적으로 '명품'이라는 단어를 선택한 것이다.

김난도 교수는 "사치품이라는 말이 주는 거부감을 줄이고 소비자들의 선망을 불러일으키기 위해 명품이라는 단어를 쓰게 됐다."고 설명한다.[16] 남들에게 보이려는 과시적 욕구 때문에 가격이 비쌀수록 구매욕구가 커지는 소비심리인 '베블런 효과'로 인해 우리의 판단력은 더 흐려졌다. 타 국가보다 한국에만 소매가격을 높이 책정해도 매출은 계속 늘어났다.

명품은 합리적 소비 패턴을 무너뜨렸다. 값비싼 사치품을 '잘 만든 제품(well-made product)'과 동일시하는 나라는 세계에서 한국이 거의 유일하다. 유럽, 일본, 미국에서는 하이엔드 패션 제품을 사치품(luxury)이나 고급품(premium product)이라 일컫는다.[17] 2008년 금융 위기 이후론 과시적 소비를 부끄러워하는 '럭셔리 셰임(luxury shame)'이라는 표현마저 등장했다. 하지만 'luxury'를 '명품'으로 발 빠르게 옮긴 노력과 달리, '럭셔리 셰임'에 대응하는 우리말 번역어는 여전히 존재하지 않는다.

사치품을 무조건 비난하려는 건 아니다. 지금은 사치품으로 전락해버렸지만, 초창기 샤넬, 디올, 프라다, 아르마니 등은 모두 그야말로 '명품'이었다. 16세기 프랑스에서 등장한 코르셋은 19세기 말까지 여성들의 몸과 삶을 옥죄었다. 동물의 뼈나 상아, 혹은 철재로 지지대를 만들어 무게가 최대 12킬로그램에 육박했고, 지나치게 조이면 질식, 탈장, 내출혈, 갈비뼈 골절, 심지어 사망에 이르는 경우도 있었다.[18] 족쇄 같은 옷을 입고 '사회생활'을 하기란 실로 어려운 일이었을 것이다.

당대 여성들을 고정화된 여성복에서 탈피시켜준 이가 있었으니 바로 샤넬의 창립자 코코 샤넬이다. 샤넬은 기존의 여성복에서 화려한 어깨 퍼프, 허리를 조이는 코르셋 등을 모두 제거했다. 또 치마 밑단을 잘라 여성들이 편안하게 거리를 걸어 다닐 수 있게 했다. 일터에서 남성용 수트나 바지를 빌려 입던 여성 노동자들을 위해서는 세련되고 편안한 여성용 바지를 디자인했다. 남성중심적 구조에서 새롭게 커리어를 쌓으려는 여성의 욕구를 완벽히 충족하는 디자인이었다.[19]

덕분에 스키니진 신화로부터 나를 구원해준, 기능성뿐 아니라 미적으로도 훌륭한 와이드 팬츠(팔라초 바지)도 샤넬에게서 탄생했다.[20] 샤넬은 "럭셔리의 반대는 빈곤함이 아니라 천박함"이라며 상류층을 위해서만 만들던 고급 의상점(오트쿠튀르)의 옷을 대중화하는 데 이바지했다. 주머니가 달린 샤넬의 트위드 재킷 역시 여성들이 가방을 들지 않고도 필요한 물건을 지니고 다닐 수 있게 하기 위함이었다.[21] 이처럼 샤넬의 디자인은 여성이 원하는 일을 할 수 있고, 그를 위한 옷을 입어야 한다는 창립자의 철학을 바탕으로 만들어졌다.

샤넬뿐 아니라 디올, 아르마니 역시 강한 철학과 신념을 기반으로 성장했다. 세 창립자는 사람들의 삶을 더 나은 방향으로 만들어줄 옷을 고민했고, 하나의 시대적 문제를 해결하는 데 기여한 패션이 일종의 '시그니처'가 됐다. 하지만 오늘날에는 모든 것이 과열돼 있고 너무 많은 것들이 남아돈다. 사회적으로는 이미 모두에게 돌아가고도 남을 부가 생산되고 있음에도 평등하게 분배되지 않는다.[22] 전 세계 명품 매출이 1500억 달러 선을 유지하면서도 누군가는 지하철역에서 잔돈을 구걸한다.[23] '시그니처' 제품들은 더 많은 매출을 위한 프로모션 수단으로 사용될 뿐이다. 『플랫폼 제국의 미래』를 쓴 스콧 갤러웨이는 사치품회사의 공통적인 특징으로 다섯 가지를 꼽았다. 우상화한 창업자, 장인정신, 수직적 통합, 세계 무대로의 확산, 프리미엄 가격이다.[24] 각 창업자의 진심 어린 이야기를 살피다 보면 '우상화'라는 단어가 거칠게 느껴지면서도, 지금의 행태를 보면 우상화 외에는 다른 표현이 떠오르지 않는다.

36년간 샤넬을 이끈 칼 라거펠트는 2009년 다음과 같은 발언으로 큰 논란을 낳았다. "아무도 무대에서 둥근 몸매의 여성을 보고 싶어 하지 않는다. 마른 모델이 별로라고 주장하는 여성들은 텔레비전 앞에 앉아 감자칩이나 먹고 있는 뚱뚱한 여성들이다.” 브랜드를 상징하는 디자이너의 이 같은 인식에도 샤넬은 여전히 ‘명품’인가? 작은 먼지 하나 용서하지 않는 투명한 유리 너머, 현실에선 보기 어려운 신체 비율의 마네킹들은 ‘새 옷’을 걸친 모습으로, 터덜터덜 피곤에 찌든 채 퇴근하는 우리를 가엾게 바라보는 것만 같다.

2018년 영국의 고급 브랜드 버버리는 약 422억 원 상당의 재고를 모두 불태워 소각 처리했다. 5년간 소각된 제품의 추정 금액은 약 1328억 원이다. 버버리만의 문제는 아니다. 카르티에, 몽블랑, 에르메스, 샤넬, 루이비통도 시장에서 팔리지 못한 제품을 회수해 모조리 소각한 전적이 있다. 낮에는 공장을 돌려 새로운 디자인과 컬러의 제품을 생산하며 패션 매거진과 각종 화보 등을 기획하고, 밤에는 안 팔린 제품들을 소각장에서 불태우는 것. 이것이 이른바 명품 브랜드들의 오랜 관행이다. 애써 송아지 가죽을 벗겨 신발을 만들어놓고 브랜드 가치 보호라는 명분하에 그걸 다시 태워버리는 심보를 개성과 예술로 받아들여야 할까?

익명을 요구한 루이비통의 경영진 한 명은 이렇게 반문했다. “가장 교묘한 속임수다. 캔버스 리넨천에 플라스틱 코팅을 하고 가죽 테두리를 둘렀을 뿐 아무것도 아니라는 게 상상이나 되는가?”[25] 경영진조차 이렇게 평가하는 브랜드가 명품으로 여겨지는 것도, 그 가방을 사지 못해 안달이 난 것도 자본주의와 소비주의의 촌극처럼 느껴진다. 우리는 어쩌다 천과 가죽을 덧댄 손바닥만 한 수납 가방에 이토록 목숨을 걸게 되었을까? 그리고 어쩌다 이런 브랜드를 명품이라 치켜세우고 아르바이트까지 고용해 구매 대기 줄을 서게 되었을까?

패션 유튜버 밀라논나는 한 지상파 예능에 출연해 명품에 대해 이야기하며 '유행의 희생자(fashion victim)'가 되지 않아야 한다고 강조했다. 또 패션업계가 허영심 많고 겉치레를 좋아하는(vanitoso) 소비자의 욕구를 자극하고 겨냥하고 있다면서 우리가 패션업계의 이런 욕망에 현혹될 필요는 없다고도 지적했다.[26] 비싼 가격과 구별짓기의 목적만 남은 사치품, 마른 몸매에 대한 천편일률적 집착…… 이것이 현재 '명품'이라고 불리는 '사치품'의 현주소다.

유행이 만들어지는 과정

대학 시절 『맨큐의 경제학』에서 나는 수요와 공급이 소비자와 시장으로 연결된다는 점을 가장 먼저 배웠다. 경제학에서 공급은 생산자가 재화나 서비스를 판매하고자 하는 욕구를 말한다. 수요는 소비자가 특정 재화나 서비스를 구매하기 위한 의지와 소망을 뜻한다. 하지만 패션업계의 현실은 달랐다. 둘은 동일했다. 소비자의 수요 역시 생산자가 만들어낸 공급이었다. 기업은 개인이 자기존중이라 부르는 만족감의 상태를 쇼핑으로 충족시킬 수 있다며 소비자를 자극해 거짓 수요를 만들어내고, 동시에 납품할 물건을 찍어내며 그 지점에서 패스트패션이 만들어졌다.

유행은 자연스럽게 만들어진다고 생각하기 쉽지만 현실은 그렇지 않다. 하이엔드 브랜드의 화려한 패션위크에서 선보인 신제품의 디자인이 동대문시장을 거쳐 대중의 옷장에 들어오기까지 유행은 단계적이고 체계적으로 만들어진다. 또 패션산업의 사이클은 소비자의 참여로 완성된다. 참여를 이끌어내는 데 가장 잘 활용되는 것이 유행이다. 사서 팔리는 게 아니라 만들어놨기 때문에 반드시 팔려야 하는 것이다. 소비자는 그 과정에서 철저하게 이용당한다. 그 단계를 함께 살펴보자.

트렌드의 향방을 가장 먼저 확인할 수 있다는 패션위크가 열리기 전에 먼저 정해지는 게 있다. 바로 올해의 색이다. 색상을 전문적으로 연구·개발하는 기업인 팬톤, 그중 색채 트렌드를 예측하는 팬톤색채연구소는 2000년부터 매년 올해의 색을 선정한다. 팬톤은 색에 고유번호를 붙여 컬러 색상표를 만드는데, 이는 전 세계에서 사용하는 공통의 표준 색채 언어로 기능한다. 또 여러 나라의 컬러 표준 그룹의 대표자 모임을 개최하고, 미래 소비 트렌드를 반영할 뿐 아니라 컬러 트렌드가 디자인산업 전반에 미칠 영향까지 고려해 색상을 선정한다.

'이런 색이 유행한다고?' 싶은 색상들도 팬톤에 의해 올해의 컬러로 선정되면, 화장품부터 인테리어, 패션 등 온갖 업계에서 해당 색상의 제품을 연이어 찍어내며 우리 일상에 스며든다. 예컨대 2008년 서브프라임 모기지 사태로 전 세계가 경제적 타격을 입었을 때, 2009년의 색은 샛노란색에 갈색을 한 방울 떨어뜨린 따뜻한 '미모사'로 정해졌다. 희망의 메시지를 담은 것이라는 이유가 덧붙었다. 2010년에는 경기 회복에 대한 사람들의 희망을 반영해, 푸른 초록빛이 도는 보석인 터키옥의 색깔이 그해의 색으로 선정되었다.

올해의 색은 늘 전년도와 매치가 되는 색깔로 정해진다는 게 그나마 다행일까. 여러 해의 '올해의 색' 아이템을 구비해 매치하는 행위를 두고 '톤온톤'이라는 거창한 표현이 등장하기도 했다.

한편 2019년에는 '리빙코럴(living coral)'이 그해의 색으로 꼽혔다. 바닷속 아름다운 산호에서 영감을 얻은 컬러로, 해양 생태계를 연상시켜 흔히 지속가능성과 생명력을 상징하는 색이기도 하다. 이런 색을 올해의 색으로 선정했다는 건 생태계의 아름다움을 보호하고 이와 관련된 사회적 이슈에 관심을 불러오려는 의도가 있다고 해석되기도 한다.

그렇다면 리빙 코럴이 올해의 색에 선정된 일이 해양 생태계를 지키는 데 조금이나마 도움이 됐을까? 화장품 계열에서 수많은 색조 화장품을 완판시킨 주인공이 되긴 했다. 하지만 진정으로 해양 생태계를 보호하고자 했다면, 2019년만큼은 무색, 혹은 우리가 만들어내고 가지고 있는 모든 색을 선정하거나 어떤 색도 선정하지 말았어야 하지 않았을까.

팬톤 외에도 색의 유행을 결정하는 단체로는 이탈리아 모드 위원회, 국제유행색위원회가 있다. 두 기관 모두 미래의 색채 향방을 분석 · 제안하고, S/S와 F/W 두 시기로 나눠 유행 색깔을 예측하기도 한다. 그런데 이 같은 예측은 사실 '선택'이다. 우리가 일상에서 유행이라 체감하는 색깔은 이미 2년 전에 국제유행색위원회에서 선택한 색상이라고도 할 수 있다.[27] 패션업계에서 향후 유행할 컬러의 원단이나 각종 부자재를 미리 준비할 수 있는 건 모두 이런 '밑 작업' 덕분에 가능한 일이다.

올해의 컬러가 선정되면 하이엔드 브랜드가 가장 먼저 움직인다. '패션위크'라는 단어를 안 들어본 사람은 없을 것이다. 패션위크는 패션업계의 가장 큰 행사로, 뉴욕, 런던, 밀라노, 파리 등 주요 도시에서 패션 브랜드의 패션쇼가 집중적으로 열리는 기간이다. 매일 시간대별로 런웨이가 배정되며 패션위크 기간 동안 각 브랜드에서 바이어들과 유명인들을 초청해 다음 시즌의 신상품을 미리 공개한다.

여기서 눈여겨봐야 할 것은 '다음' 시즌 신상품을 '미리' 공개한다는 점이다. 패션위크는 한 시즌 앞서서 컬렉션을 공개하는 것이 특징인데, 다가오는 가을 · 겨울(F/W, fall/winter) 컬렉션을 1~3월에 공개하고, 다음 해 봄 · 여름(S/S, spring/summer) 컬렉션을 반년에서 1년 전인 8~10월에 선보이는 식이다. 패션위크에 공개되는 디자인, 패턴, 컬러 등이 우리가 입고 지낼 옷의 트렌드에 적용될 시간을 버는 것이라고도 할 수 있다. 그사이 각종 패스트패션 브랜드와 국내 소규모 브랜드에서 이를 잘 참고해 일반 소비자들도 감당할 수 있을 법한 가격대의 제품들을 생산해내면 비로소 유행이 만들어진다.

패스트패션은 여기에서 한 걸음 더 나아갔다. 패션산업의 전통적 구조에서는 한 해 트렌드를 두 개의 시즌으로 구분했지만, 이제는 S/S와 F/W라는 구분을 탈피해 일주일, 아니 하루가 멀다 하고 유행을 바꾼다. 유행의 주기가 짧을수록 사람들은 좀비처럼 최신 유행하는 새 옷을 찾아 헤매게 되지만, 패션업계로서는 이를 통해 고스란히 더 많은 이윤을 얻는다.

대량생산은 그 자체로 유행의 토대가 된다. 많은 사람이 같은 옷을 입을 확률이 커지기 때문이다. 이 유행의 흐름을 타게 된 옷을 타 패스트패션 기업에서 재차 대량으로 복제 · 생산하면서 기존에 조장된 유행을 다시금 확대 · 재생산한다. 우리가 아무리 유동 인구가 많은 번화가의 플래그십스토어에 방문해 그날 마네킹에 새로 걸린 신상품을 구매하더라도, 그 옷은 이미 그날부로 '최신 유행'으로부터 멀어지고 있는 것이다.

패스트패션 기업이 유행을 조장하기 위해 활용한 또 하나의 방법은 하이엔드 디자이너들과의 컬래버레이션이다. 하이엔드 제품을 복제하는 데서 그치는 게 아니라 아예 하이엔드 디자이너들과 정식으로 협업해 새로운 흐름을 만든 것이다.

2004년 H&M과 칼 라거펠트의 컬래버레이션은 많은 이에게 큰 충격을 선사했다. '샤넬의 심볼'이라는 수식어와 함께 20세기 후반 가장 영향력 있는 패션 디자이너로 꼽히는 라거펠트와 패스트패션의 조합이라니, 우려 섞인 기사가 쏟아졌지만 결과는 대성공이었다. 사람들은 사이즈를 보지도 않은 채 옷을 주워 담았다. H&M은 완판 신화를 기록했다. H&M은 그 후로 베르사체, 랑방, 발망, 겐조, 심지어 스텔라 매카트니(왜

'심지어'라고 이야기하는지는 8장에서 설명하겠다.) 같은 세계적 디자이너들과 컬래버레이션을 이어갔다. 당연히 모든 프로젝트는 대성공이었다.

패스트패션이 본격화되기 이전인 1990년대 초반에는 동대문의 '보세시장'이 있었다. 보통 해외에서 수입한 물건에는 관세가 붙는다. 하지만 원료를 수입한 뒤 가공해 다른 물건을 만드는 업체에는 수입 원료에 대해 세금 부과를 유보해준다. 이렇듯 세금을 유보해주는 것을 '보세(保稅)'라고 한다.

패스트패션, 대형마트가 아직 등장하지 않았던 20세기 전반기의 소매유통업은 보통 '전통 소매점'이라는 말로 정의할 수 있다. 옷뿐만 아니라 여러 보세 품목 등을 판매하는 동네 가게, 즉 소매점이 많았다. 소비자가 직접 가게에 와서 물건을 구매해야 했고, 라디오나 TV가 보편화되기 이전에는 지역사회 공동체의 온갖 소식을 전하면서 중요한 사회적 역할도 했다. 하지만 이 가게들은 대부분 문을 닫아 문화 속에만 남아 있다.

당시 보세는 현재 패스트패션이 수행하는 역할을 했다. 값비싼 명품 하이엔드 옷에 진입하기 어려운 사람들을 위해, 이와 비슷한 옷을 저렴하게 구매할 수 있도록 연결고리 역할을 해준 것인데, 이는 자라, H&M 같은 패스트패션 브랜드가 처음 탄생하게 된 이유이기도 하다. 명품 브랜드 런웨이에 나오는 제품을 저렴하게 재생산해 사람들이 접근할 수 있도록 가격을 낮춘 것이다.

조심스레 예측해보자면 당시의 보세 제품도 지금의 패스

트패션과 비슷한 프로세스로 제작되지 않았을까. 디자이너가 아주 비싼 명품 매장에 들어가 옷을 살피고 만져본 뒤 도안을 그리고, 이를 패턴사에게 넘겨 공장에서 싸게 제조하는 식이었을 것이다. 그런데 패스트패션이 등장해 명품과 보세 사이의 틈새 공간을 비집고 들어갔다. 그리고 이로써 유행 또한 훨씬 더 빠른 속도로 회전하기 시작했다.

최근에는 이 일련의 과정이 꽤나 치밀하게, 또 대량으로 이뤄진다. 백화점 브랜드는 하이엔드 브랜드를, 중저가 브랜드는 백화점 브랜드를, 패스트패션 브랜드와 동대문시장으로 옷을 납품하는 개인 공장은 중저가 브랜드를 카피한다. 패스트패션으로 익숙한 브랜드뿐 아니라 백화점에 입점한 중저가 브랜드도 어디서 본 듯한 익숙한 디자인의 옷들을 판매한다. 하이엔드 브랜드에서도 이런 행태를 딱히 제지하지 않는다. 비슷한 스타일의 제품을 만들 수밖에 없는 것이 현 패션시장의 생리임을 누구보다 잘 알고 있기 때문이다.

게다가 자라와 H&M의 등장은 하이엔드 제품의 생존에 방해가 되지 않는다. 패션에 관심이 많고 '명품'을 사려는 돈 많은 고객이라면 패스트패션 제품을 구매하지 않을 테니, 디자인 복제 행위가 자신들의 고객을 빼앗아간다고 생각하지도 않는 것이다. 오히려 이는 자사 제품의 원본 디자인을 더 많은 시민들에게 인식시키는 계기가 된다. 오늘날에는 기존의 하이엔드 명품 브랜드들조차 새로운 흐름과 제품을 만들어내는 데 애를 먹고 있기 때문이다.

디자이너를 키우는 플랫폼의 등장

자신만의 철학이나 가치 없이도 디자이너가 될 수 있다는 게 오늘날의 현실이라면, 과연 어떤 기준으로 잘 나가는 브랜드가 만들어지고 있을까? 폭발적 소비가 바로 그 비결이다. 기본적으로 디자인과 제품 질이 나쁘지 않다면, 소비가 브랜드를 키운다.

대량소비의 뒤에는 플랫폼이 있다. 2021년 여름에는 가슴에 커다란 꽃 그림이 프린팅된 티셔츠를 어디에서든 흔히 볼 수 있었다. 그 무렵 국내 브랜드 마르디메크르디에서 출시한 이 티셔츠를 입은 사람들을 모두 세어봤다면…… 아마 100명은 족히 넘지 않았을까 생각해본다. 강아지가 입던 옷까지 셈한다면 101개가 넘을 수도 있겠다.

개인 브랜드는 패스트패션처럼 대량 생산·판매로 돈을 버는 구조가 아니기 때문에 창립자 디자이너가 발휘하는 일관된 예술성과 독창성이 브랜드 곳곳에 남아 있을 여지가 크다. 최근 국내 브랜드 가운데서는 마르디메크르디, 시엔느, 마뗑킴, 디스이즈네버댓, 미닛뮤트 등이 대표적인 예시다. 사치품 브랜드처럼 파격적으로 비싸지 않으면서도 양질의 개성 있는 옷과 패션 아이템을 구매할 수 있어 이들 브랜드는 최근 젊은 세대에게 큰 인기를 끌고 있다.[28]

이들의 성장은 패션 플랫폼에 뿌리를 둔다. 이들은 온라인 편집숍으로 서비스를 시작했다. 매장에 두 개 이상의 브랜드 제품을 모아 판매하는 곳을 '편집숍' 혹은 '셀렉숍'이라고 하는데, 어떤 제품을 골라 어떻게 꾸리는지에 따라 편집숍마다의 기준과 철학을 엿볼 수도 있어 소비자들이 즐겨 찾는다.

하지만 브랜드와 고객이 온라인에 모이기 시작하며 '온라인 패션 플랫폼'이 그 역할을 대신하기 시작했다. 무신사, 29CM, W컨셉 같은 플랫폼이 10대에서 40대까지 아우르는 주요 의류 구매 채널로 자리를 잡은 시기는 디자이너 브랜드가 등장한 시기와 맞물려 있다. 이는 우연이 아니다. 전에는 전국에 딱 하나 있는 편집숍에 가야만 볼 수 있던 영세한 디자이너들의 제품을 이제 온라인 플랫폼에서 손쉽게 확인할 수 있다. 그 덕분에 많은 신생 디자이너 브랜드가 더 많은 고객과 만나며 더 빠른 속도로 성장할 수 있게 됐다.

오늘날 디자이너 브랜드는 패션 플랫폼과 함께할 때 비로소 성장한다. 가장 단적인 예로 마르디메크르디를 만드는 피스피스스튜디오는 2022년 매출이 500억 원대에 육박했는데, 매출 절반 이상이 무신사스토어와 29CM 같은 온라인 플랫폼에서 발생했다.[29] 처음 마르디가 W컨셉, 29CM에서 큰 인기를 얻기 시작하자 무신사, 위즈위드 등에서도 '단독 상품 개발 러브콜'을 보냈다.[30] 다른 플랫폼에서는 구할 수 없는, 자사 플랫폼 사용자에게만 배타적으로 판매할 제품을 만들어 더 많은 사용자를 유입시키려는 전략이었다.

온라인 플랫폼은 다른 온·오프라인 매장과 차별화되고자 다양한 디자이너 브랜드의 입점을 유치한다. 오늘날 대표스트리트 브랜드로 손꼽히는 커버낫과 디스이즈네버댓도 무신사스토어를 통해 각각 400억, 200억 원대의 거래액을 기록하며 인기를 유지하고 있다. 두 브랜드는 백화점 등 오프라인 매장 입점도 지속적으로 확대하며 사세를 확장하고 있다. 커버낫을 전개하는 비케이브는 2022년 전년 대비 2.5배 성장한 2500억의 매출액을 기록하며 어엿이 중견기업 반열에 올랐다.

자사몰을 중심으로 제품을 판매하다가 플랫폼에 입점한 직후부터 폭발적으로 성장한 신생 브랜드도 있다. 2022년 9월 무신사스토어에 입점한 그레일즈는 전년에 비해 무려 481퍼센트 신장된 매출을 기록했는데, 일평균 5000만 원가량의 매출이 무신사스토어에서 발생했다고 한다.[31]

이렇듯 브랜드의 포텐셜이 플랫폼의 시장성과 만나 J 커브를 그리며 폭발적으로 성장하는 현상은 이제 심심찮게 일어난다. 그렇다면 플랫폼 사업체들은 디자이너 브랜드 유치와 성장에 왜 이토록 적극적일까? 플랫폼의 적극적인 판매 정책도 수상하다. 쇼핑을 하지 않기로 하면서 예전에는 보이지 않았던 것들이 하나둘 의아하게 다가오기 시작했다. 물건 하나를 사면 덤으로 하나를 더 준다니? 왜? 무료로 집 앞까지 물건을 배달해주는 것도 모자라 '단순 변심'이어도 무료로 환불까지 해준다니? 10원 한 장 허투루 내줄 리 없는 기업에서 왜 그런 선심을 쓰는 걸까? '더 많이 팔수록 돈을 많이 벌겠지.'라는 단순한 생각은 패션산업이 우리의 심리를 이용해 어떻게 집요하게 돈을 벌고 있는지에 대한 이해를 흐리게 한다.

'Buy one, get one'의 앞글자를 딴 보고(BOGO) 마케팅은 미국의 대형 할인매장이나 패스트푸드점에서 주로 사용하는 전략이다. 제품 하나를 사면 동일 제품을 하나 더 주거나 다른 제품을 증정해 소비자의 구매욕을 자극하고 구매에까지 이르게 한다. 우리나라 쇼핑몰에서도 '기본템'을 판매할 때 두 개 이상 구매 시 할인율을 점차 높이는 경우가 있다. 개당 가격이 저렴해지기 때문에 '합리적 소비'를 하는 듯한 착각을 불러일으키지만, 애당초 하나만 필요했던 물건을 두 개 이상 구매해 오히려 더 많은 돈을 쓴다는 점에서 전혀 합리적이지 못하다.

1+1, 2+1 전략은 기업 입장에서 분명 유리한 정책이다. 제품을 많이 팔아 시장 점유율을 높이고 재고도 줄일 수 있다. 하지만 소비자에게는 그렇지 않다. 소비자는 결국 필요했던 제품을 '두 개' 이상 가지게 된다. 돈 주고 산 옷도 제대로 안 입고 옷장에 넣어두는데, 공짜로 받은 옷을 소중하게 여길 리가 없다.

할인이나 1+1 등 판매촉진 전략보다 더 의아한 게 있다. 바로 당일배송과 무료반품이다. 패스트패션은 턱밑까지 쫓아와 나의 일상 모든 곳을 두들겼다. 단순 변심으로 물건을 돌려보내는 것도 공짜, 색상이나 사이즈가 마음에 들지 않을 때 교환도 무료로 가능하다. 고민도 생각도 하지 마. 그저 네가 해야 하는 것은 오로지 '사는 것'일 뿐이야. 전날 주문한 식재료가 다음날 아침 문 앞에 새벽배송으로 도착해 있듯, 전날 인터넷으로 주문한 옷이 하루 만에 배송되는 세상이다. 그렇게 급하게 주문한 옷을 입고 우리는 어딜 향해 가고 있는 걸까?

패션 플랫폼에서 덤을 얹어주고 무료배송에 무료반품 혜택까지 제공하는 데는 다 이유가 있다. 본격적으로 광고 구좌를 판매하기 위함이다. 패션 플랫폼은 더 이상 옷을 판매하고 생기는 중개 수수료로 돈을 벌지 않는다. 값비싼 브랜드 제품이야 팔리면 그나마 수수료를 받을 수 있지만, 일명 '소호'라 불리는 영세한 개인 사업자의 제품을 팔아봤자 수수료는 5.5퍼센트에 그친다. 반면 패션 플랫폼에서 고객을 많이 확보하면, 브랜드 입장에서는 너도나도 해당 플랫폼의 가장 좋은 자리에서 옷을 팔기를 희망할 것이다. 플랫폼은 이미 방대한 소비 데이터를 확보하고 있기 때문에 효율적으로 제품을 판매할 수 있다. 이때 자리 장사에 대한 비용과 대가는 고스란히 소비자에게 돌아간다.

모 패션 플랫폼 담당자 D는 판매를 촉진하기 위해 쿠폰을 발급하고 마케팅 캠페인을 진행하다 보면 배보다 배꼽이 더 커지기 일쑤라고 털어놨다. 옷을 중개해 잘 팔수록 플랫폼에게는 손해가 되는 것이다. 플랫폼은 이미 옷으로 돈을 벌고 있지 않다. 대신 셀러들에게 좋은 구좌를 비싼 가격에 판매해 수익을 낸다. 비싸고 잘 보이는 자리에 걸린 옷 광고를 본 소비자들은 또다시 소비하는 굴레에 빠진다. 소비자를 모아 판매자를 모으고, 판매자를 모아 소비하게 하는 플랫폼. 그 안에서 수요와 공급은 시작과 끝의 구분 없이 꼬리에 꼬리를 물고 영원히 순환한다. 또다시 물건이 존재해서 소비하는 게 아니라 소비를 해야 물건이 존재하는 구조가 갖춰지는 것이다.

100% secondhand

4

옷장 안에 사람 있어요

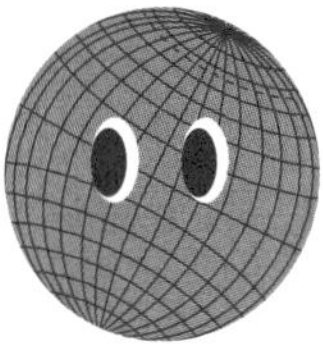

옷장에 옷이 무덤처럼 쌓여 있다. 옷장 깊숙이 옷이 깔려 있는지 보려면, 쪼그려 앉아 무릎 위 옷 뭉텅이를 잠시 보듬어야 한다. 이때 품 안에 가득 안긴 옷들은 그 무게가 꽤 나가 작은 강아지나 아기를 안고 있는 것처럼 느껴지기도 하는데, 한 계절 만에 유행이 바뀌어 버려질 5000원짜리 티셔츠를 만들기 위해 허망하게 희생된 열세 살 노동자의 몸집과 비슷할지도 모르겠다. 어른이 되지 않은 채 죽음을 맞이해야 했던 오리나 거위의 몸집 크기일 수도 있겠다. 컴컴한 옷장 안에는 옷만 갇혀 있었던 것이 아니다.

내가 유행의 톱니바퀴 위를 한창 내달리고 있을 때, 학대와 폭력의 굴레도 그 톱니바퀴에 연결된 채 덩달아 빠르게 돌아가고 있었다. 한 연구에 따르면 패스트패션 성수기, 그러니까 우리가 봄 신상품을 기다리며 가슴 설레하는 시기에는 옷을 생산하는 공장에서 폭력과 괴롭힘이 평시보다 3.8배 더 많았다. 한 달에 30시간 이상 초과근무를 할 확률도 2.4배 더 높았다.[1] 옷 주문량이 많은 시기에는 한 달에 90시간 이상 초과근무를 하기도 했고, 여성 노동자 절반이 60시간 이상의 초과근무에 대해 임금을 제대로 받지 못했다.

유럽아웃도어그룹 회장 마크 헬드도 아웃도어 업계가 계

절에 따라 옷을 달리 생산하는 것이 학대와 폭력이 원인이 된다고 지적했다. 패스트패션은 유행이 빠르게 바뀌기 때문에 생산 품목도 그에 맞춰 금세 달라진다. 이런 특성으로 인해 주문이 일정하지 않고 계절과 유행에 따라 물량이 빠르게 늘거나 줄어드는데, 이는 고스란히 제작과 유통에 부담으로 작용해 과로, 노동 착취 등 열악한 업무환경으로 이어진다.

미국의류신발협회(AAFA, American Apparel & Footwear Association)에 따르면 2012년 미국에서 팔린 옷의 97퍼센트가 해외에서 생산한 제품이었다.[2] 미국은 지난 20년 동안 의류 생산을 주로 아시아 공장에 맡겼다. 이렇듯 기업이 업무 일부를 제3자에게 맡기는 아웃소싱 방식은 1970년대 미국 제조사에서 활용한 이후 전 세계 기업으로 확산됐다. 처음에는 효율이 떨어지는 분야를 경쟁력이 있는 업체에 맡겨 전체 효율을 높이려는 전략이었지만, 오염 물질을 많이 배출하는 일을 가난한 나라에 맡겨 비용을 아끼려는 행위로 이어지면서 윤리 문제가 지적되기 시작했다.

패스트패션 사업은 '지구 반대편'으로 일컬어지는 사회적 약자 또는 자연에 대한 착취를 토대로 성장했다. 그러므로 패스트패션을 구매하는 것이 그들에게 더 도움이 되리라 합리화하려고 한 적이 있다면 학교에 가야 할 어린아이들이 하루 열네 시간씩 옷을 만들기 위해 새장만큼 좁은 공간에 틀어박혀야 했다는 사실을 기억하자.

라나플라자 사건

2013년 4월쯤 내가 무얼 하고 있었나 잠깐 상상해본다. 한참 모든 게 설레는 대학교 1학년생이었다. 대학이나 직장 등에 새로 갓 들어온 사람을 일컫는 '새내기'라는 단어가 그렇게 좋았다. 새로운 것은 그 자체로도 얼마나 설레는 일인가. 친구들과 깔깔대며 하루하루를 보냈다. 고등학교 시절 너도나도 똑같이만 입던 교복 치마에서 벗어나, 나만의 멋과 개성을 찾는 탐색의 시기이기도 했다. 과한 아이섀도도 찍어 발라보고, 머리도 염색하고, 화려한 옷을 이것저것 과감히 시도하기도 했다. 적은 돈으로도 충분히 멋진 옷을 살 수 있었다. 젊음의 상징이라도 된다는 듯 하루걸러 한 번씩 쇼핑을 했다.

한참 벚꽃이 휘날렸을 그 시절이 어렴풋이 기억났다면 당신이 그때 무슨 옷을 입고 있었는지 한번 상상해보자. 아마 생각도 나지 않을 그 옷, 혹은 높은 확률로 지금까지 가지고 있지 않을 그 옷. 바로 그 옷들을 위해 누군가는 무너질 게 뻔한 공장 안에 갇혀 일해야만 했다. 내가 자주 구입하던 '값싼 옷'을 만들던 노동자들이 쇠창살에 갇혀 죽어가는 그날에도, 나는 분홍빛 블러셔를 양 볼에 잔뜩 얹은 채 서울 어딘가의 지하상가를 돌아다니며 5000원, 1만 원짜리 값싼 옷들을 건지려는 데 정신이 팔려 있었을 것이다.

2013년 4월 24일, 방글라데시 수도 다카 외곽의 8층짜리 라나플라자 건물이 한순간에 무너져 내렸다. 최소 1138명이 죽고, 2500여 명이 다쳤다. 망고, 프라이마크, 베네통, 르봉마르셰, 월마트, 마탈란은 라나플라자 공장을 이용해 옷을 만들고 있었다고 인정했다. 인정하지는 않았지만 아르마니, 랄프로렌, 마이클코어스 같은 명품 브랜드도 값싼 방글라데시 공장을 이용한다.[3]

건물이 무너져 내리기 전날, 건물 벽 안쪽에는 금이 가고 물이 새기 시작했다. 건물 바깥쪽에서도 이미 곳곳에 커다란 금이 가 있었다. 2층에 입점해 있던 은행 직원들은 붕괴 위험을 알아차린 뒤 모두 철수했고, 경찰은 건물을 비우라고 명령했다. 하지만 붕괴 당일 아침에도 공장 앞은 어수선했다. 노동자들은 한눈에도 선명히 보이는 금을 바라보며 불안한 마음에 건물 안으로 선뜻 걸음을 내딛지 못했다.

하지만 공장장들과 건물주는 너 나 할 것 없이 노동자들을 향해 큰소리로 윽박질렀다. "대량선적 물량 마감이 닥쳤다! 빨리 일해야 하니 들어가!" 항의하는 노동자들에게 돌아오는 건 협박뿐이었다. "당장 들어가 일하지 않으면 해고하겠다." 건물주 소헬 라나는 건물이 무너지지 않을 거라 장담하며 3000여 명의 노동자들을 재봉틀 앞에 앉혔다.

그리고 한 시간 후 건물은 거짓말처럼 무너져 내렸다. 건물이 무너지기 5분 전 끊겨버린 전기는 명백한 전조였지만, 건물 관리인은 대수롭지 않다는 듯 옥상에 설치된 발전기에 시동을 걸었다. 촉박한 납품 일정을 앞두고 미싱이 멈춘다는 건 절대 용납할 수 없었다. 육중한 발전기와 미싱이 만들어내는 진동은 취약한 8층짜리 건물을 한순간에 폭삭 주저앉히기에 충분했다. 하루에 옷 1000여 벌을 만들어내던 의류 봉제 노동자들은 그렇게 건물 안에서 허망하게 목숨을 잃었다.[4] 그들은 시급으로 고작 260원을 받고 있었다.[5]

건물 붕괴의 직접적 원인은 부실시공이었다. 비용을 아끼기 위해 시멘트보다 모래를 더 많이 사용했고, 콘크리트 건물에 반드시 필요한 철근 역시 거의 사용하지 않은 것으로 드러났다. 당초 5층이 계획이었지만 세 층이 증축되며 8층으로 완공됐다. 부실시공된 8층 건물은 공업용 미싱의 육중한 무게, 그리고 미싱 작업에 발생하는 진동을 견딜 수 없었다. 프란치스코 교황은 라나플라자 사건을 두고 "노예노동의 참사"라고 했다. 다카무역노조 위원장은 "이윤이라는 이름의 살인"이라고 규탄했다.

라나플라자가 붕괴되기 딱 5개월 전이었던 2012년 11월을 생각해본다. 내 어깨는 하늘을 찌를 듯 기고만장했다. 수능을 무사히 치른 것만으로 고귀한 신분을 얻은 듯했다. 옛 관리들이 지방으로 공무를 보러갈 때 마패를 들고 다녔던 것처럼 가채점을 위해 정답을 옮겨 적느라 까맣게 얼룩진 수험표는 어딜 가도 할인을 받을 수 있는 프리패스 같았다. 미용실, 옷가게, 전자기기 매장까지 세일이 끊이지 않았고, 열아홉의 끝물을 보내던 우리는 쇼핑백을 양손 가득 든 채 어른들을 어설프게 흉내 내는 대화를 나누기도 했다. 지난 1년, 아니 12년 내내 여름에는 시원하고 겨울에는 따뜻한 독서실에서 입시 공부에만 매진해 있었지만, 그때 내 양손에 들린 옷에 누군가의 피와 땀이 녹아 있다는 사실은 어디서도 배우지 못했다.

2012년 11월 24일, 그러니까 아마 내가 난생처음 파마를 해 보겠다고 수험표를 챙겨 미용실을 찾아간 어느 가을날, 다카 외곽의 아슐리아 지역에 자리한 한 공장에서는 불이 났다. 방글라데시 의류기업인 타즈린패션의 공장이 있던 건물은 3층까지만 짓도록 허가를 받았지만 무려 9층까지 증축돼 있었다. 건물에는 비상계단도 없었다. 층마다 설치된 철문은 밖에서 잠겨 있었다. 출입구를 통제해 직원들이 물건을 훔쳐 가지 못하도록 지켜보기 위해서였다. 1층에는 불붙기 쉬운 원단이 가득 쌓여 있었고, 1층에서 시작된 불은 순식간에 5층까지 퍼졌다. 노동자 일부는 굳게 닫힌 철문 대신 쇠창살을 뜯어내고 간신히 탈출했지만 그 과정에서 큰 부상을 입었다. 그리고 끝내 최소 112명의 노동자가 목숨을 잃었다.[6]

똑같은 비극이 반복된다는 비극

지역은 달랐지만 심지어 100년 전에도 비슷한 사고가 있었다. 그날은 여느 때와 다르지 않은 평범한 토요일이었을 것이다. 퇴근을 20분 앞둔 의류회사 직원들은 들뜬 마음으로 이런 이야기를 나눴을지도 모른다. 저녁은 뭘 먹지? 냉장고에 양파가 조금 남았던가? 평범한 일상의 이야기는 잿빛 연기와 불구덩이에 파묻혀 사라졌다. 바로 1911년 3월 25일, 미국 뉴욕 맨해튼의 트라이앵글셔츠웨이스트 공장에 화재가 난 것이다.

공장에는 600여 명의 노동자가 있었다. 대부분은 초과수당을 받으려고 주말에도 일터를 찾은 10~20대 여성 이주민 노동자들이었다. 8층에서 난 불은 금세 9층과 10층으로 번졌다. 창문은 쇠창살로 막혀 있었고, 이중 철제문은 굳건히 닫혀 있었다. 방글라데시에서와 마찬가지로, 휴식이나 절도를 막겠다는 이유였다. 좁은 계단에는 원단이 산더미처럼 쌓여 있었고, 불길을 피해 도망칠 수 없었다. 노동자들은 9~10층 높이에서 뛰어내리다가, 혹은 불에 갇혀 죽었다.[7]

공장을 함께 경영하던 맥스 블랭크와 아이작 해리스는 화재 당시에 열쇠를 소지한 채 현장에 있었지만, 불이 났음을 발견하자마자 안전한 옥상으로 꽁무니를 뺐다. 그들이 가진 열쇠가 없이는 개방할 수 없는 비상문 건너편에서 노동자들은 처절하게 죽어갔다. 불길을 피해 건물 외벽에 매달렸다 추락하기도 했고, 낡아빠진 비상계단으로 도망치려다가 계단이 무너져 죽기도 했다. 불은 15분 만에 진화됐지만, 그 짧은 시간 안에 노동자 146명이 사망했다. 이 사건은 9·11테러 전까지 미국 역사상 가장 많은 사망자를 낸 비극이자 최악의 산업재해로 여겨진다.

트라이앵글 화재사건 역시 희생자 대부분이 여성 이민자들이었다. 주로 이탈리아계나 유대계로, 아메리칸드림을 꿈꾸며 가족 곁을 떠나 미국을 찾은 이들 가운데는 12~15살에 불과

할 정도로 나이가 어린 이들도 있었다. 이들은 매일 열두 시간씩 일하며 주급 15달러를 받았는데, 샌프란시스코의 최저시급이 오늘날 15달러가 된 점을 고려하면 턱없이 부족한 임금이었다.[8]

직원들은 화재 이전부터 안정적인 임금과 업무환경을 요구하며 파업을 벌였다. 하지만 공장주 블랭크와 해리스는 파업 중인 여성 노동자들을 수감시키기 위해 경찰을 고용하거나 정치인을 매수할 뿐 노동환경을 개선하려는 일말의 조치도 취하지 않았다. 오히려 스프링클러 같은 소방 안전장치의 설치를 반대하거나 필수 안전조치를 거부했다. 비극은 사실상 예견돼 있었다. 1911년 참사가 벌어지기 전, 트라이앵글셔츠웨이스트 공장은 1902년부터 이미 두 차례 화재 전력이 있었다. 공장주들이 운영하는 또 다른 공장도 각각 1907년과 1910년에 불탔다. 이렇듯 1911년의 참사는 그전부터 거듭되던 화재에도 공장의 안전설비를 제도화하지 않은 채 노동력을 착취하던 의류회사와 이들의 행태를 눈감아준 정부가 함께 만들어낸 인재(人災)였다.

다카에서 죽음을 맞은 것은 비단 사람뿐만이 아니었다. 400만 명이 낮은 임금을 받으며 의류산업에 종사하는 이 지역에는 의류공장 8000여 곳이 한데 몰려 있다. 그 여파로 한때 맑은 물이 흐르던 부리강가강은 이제 공장에서 버려진 옷들로 가득 차 있다. 옷을 만드는 과정에서 나온 자투리 천과 버려진 섬유쓰레기가 물이 흘러야 할 자리를 대신 차지한 것이다.

운하가 맞닿은 강에는 더 이상 물고기가 살지 않는다. 강 상류에 위치한 100여 개의 염색공장에서 검은 폐수가 여과장치 없이 쏟아지며 강 한쪽 편이 짙고 탁한 색깔로 물들어 있기도 하다. 사람들은 20여 년 전만 해도 부리강가강에서 목욕을 하고 식수를 길었지만, 이제는 뱀이나 개구리가 태어나도 곧바로 죽음에 처할 만큼 심각하게 오염됐다. 무너져 내려앉은 라나플라자 건물은 그 자체로 충분히 충격적이다. 하지만 사람과 생태계 모두 패스트패션의 그늘 아래서 조용한 죽음을 맞이하고 있다는 것은 더 큰 충격이었다.

누구도 책임지지 않는다

의류산업은 개발도상국인 방글라데시의 국가 경제를 이끄는 핵심 산업이다. 나라 전체에 의류공장이 최소 4500개가 있고, 여기에 고용된 사람은 최소 360만 명이다. 국가 노동력의 절반 이상이 종사하는 의류산업은 수출의 77퍼센트를 담당한다. 또 방글라데시의 연간 봉제의류 수출액은 281억 달러로 중국에 이어 세계 2위다. 정부도 국가 경제를 위해 다국적 패션기업의 대량주문을 두 팔 벌려 환영한다.[9]

상황이 이렇다 보니 라나플라자 화재사건은 책임자의 처벌도 쉽지 않았다. 타즈린패션을 운영하는 투바그룹의 소유주 델와르 호세인이 법정에 섰지만, 그는 오히려 의기양양한 태도로 자신을 고발한 여성 노동자들을 손가락질했다. 호세인이 당당할 수 있었던 이유는 그가 의류기업 이익단체인 방글라데시 의류제조수출협회 회원이었기 때문이다. 해당 협회와 여기에 속한 기업인들은 방글라데시에서 큰 권력을 가지고 있다.

2013년에는 방글라데시 국회의원 300명 가운데 29명이 의류기업 소유주였다. 현지 노동단체들은 친인척이나 차명으로 사업하는 이들까지 합하면 국회의원 절반 이상이 의류산업에 관여한다고 추정한다. 1980년대부터 의류공장 노동자들의 작업환경을 조사해온 현지의 한 여성단체 사무처장은 다음과 같이 말했다. “정치인과 고위 공무원 대부분 의류산업에 이해관계가 있다. 대다수 언론사도 의류산업과 관련돼 있다.”

총리까지 나서서 빠른 수사를 약속했지만, 이후 5개월이 넘도록 수사는 진척이 없었다. 1911년 트라이앵글셔츠웨이스트 화재 때도 마찬가지였다. 블랭크와 해리스는 살인에 준하는 죄목으로 고발됐지만, 증거 불충분으로 풀려났다. 민사 소송도 제기됐으나 희생자 한 사람당 고작 75달러를 배상하라는 판결뿐이었다. 2년 후, 공장의 문을 잠갔던 것에 벌금이 추가로 부가됐는데 그들이 낸 벌금은 고작 20달러였다.

1990년 이후 방글라데시의 의류공장에서 일어난 대형 화재와 건물 붕괴 ‘사고’만 23건에 이른다. 1750여 명의 의류 노동자들이 목숨을 잃었다. 비극은 장소만 바꾸어가며 놀랍도록 같은 모습으로 계속 반복돼왔다.

- ♦ 패션기업은 임금이 가장 저렴한 나라에 공장을 짓는다.
- ♦ 많은 옷을 싸게 제작하기 위해 저렴한 임금으로 노동력이 투입된다.(대부분 나이가 어린 여성 노동자나 이주 노동자다.)
- ♦ 경비 절감의 이유로 안전장치가 제대로 설치되지 않은 공장에 산업재해가 발생한다.
- ♦ 수많은 노동자가 다치고 사망한다.
- ♦ 공장주나 기업 관계자들은 제대로 처벌받지 않는다.
- ♦ 기업은 규제가 약하거나 임금이 저렴한 또 다른 나라로 이동해 새로운 공장을 짓는다.

전 세계 의류 무역의 가치는 총 1조 3000억 달러다. 만약 '옷 만드는 나라'라는 국가가 존재한다면 전 세계 15위 수준의 경제 대국인 셈이다.[10] 우리나라 경제 규모가 1조 6309억 달러로 세계 10위를 유지하고 있으니, 옷이 조금만 더 잘 팔리면 한국을 위협할 만큼의 자본 권력이 생긴다는 뜻이다. 이 어마어마한 자본의 힘 아래, 의류업계의 고질적 비극은 사라지지 않는다. 보이지 않는 곳으로 숨어 들어갈 뿐이다.

수익성이 높은 의류산업을 유치하기 위해 개발도상국들은 오히려 저마다 앞다퉈 낮은 최저임금을 책정하고 있다. 미얀마는 전 세계에서 손에 꼽을 정도의 빠른 속도로 의류산업을 키우고 있다. 2016년 8월, 미얀마는 하루 여덟 시간 노동에 투입되는 최소 일당을 2.8달러(약 3000원)로 정했다. 이는 세계에서 가장 낮은 수준으로, 베트남이나 캄보디아 같은 주변국

의 인건비조차 미얀마에는 미치지 못한다.[11]

하루가 멀다 하고 바뀌는 유행과 소비 주기에 맞춰 저렴하게 팔 수밖에 없는 옷의 가격. 그 모든 공급을 부담해야 하는 것은 개발도상국 노동자다. 상대방의 가장 약한 살을 집요하게 물어뜯는 맹수처럼 자본의 논리는 비용을 줄일 수 있는 모든 틈을 교묘하게 파고들었다. 착취는 곧 이윤이 됐다. 갈수록 빨라지는 패스트패션의 유행 주기가 느려지지 않으면, 또 대량 판매의 주문량이 줄어들지 않으면, 착취는 어디선가 계속될 수밖에 없다.

희생자 대부분은 열악한 환경에서 저임금을 받는 여성 노동자들이다. 패스트패션을 만드는 개발도상국 의류 노동자의 80퍼센트는 18~35세 여성이고, 이들은 주당 70~80시간 이상이나 일한다. 화장실에 가는 것은 물론 대화조차 금지당했다고 증언한 사례도 많다. 이 모든 탄압은 그저 제작비 감축이라는 명분하에 버젓이 허용됐다.

내 옷장에 거위 20마리가 죽어 있다

'지옥철'이라고 불리는 9호선 급행 지하철을 타고 출퇴근한다. 겨울이 오면 각자 입은 패딩의 부피까지 더해져 정말이지 숨쉬기가 힘들어진다. 가끔 앞 사람의 패딩점퍼 후드에 달린 풍성한 퍼(fur)에 얼굴이 파묻힐 때가 있는데, 그럴 땐 눈 감고 생각한다. 얘는 너구리였을까, 여우였을까? 고개를 좌우로 저으면서 찾아낸 빈 공간에 고개를 내민 채 가만히 숨을 쉬고 있으면, 좁은 지하철 안이 그야말로 도살장이나 지옥처럼 느껴진다.

죽은 동물의 털들과 그걸 덮고 있는 사람들. 그나마 이렇게라도 쓰임을 다하고 있으니 다행인 걸까. 이렇게 패딩점퍼를 입은 수많은 사람들이 귀가 후 옷장에 외투를 걸어둘 때, 그 옆에는 다른 패딩점퍼가 몇 벌이나 더 있을까. 혹시 이 글을 읽고 있는 독자분께서는 패딩점퍼가 몇 개나 있으신지 궁금하다. 그걸 다 합치면 얼마나 될까? 머릿속으로 상상해본 옷장 속 모습이 도살장에 거꾸로 매달린 동물 사체와 겹쳐 보인다.

사늘한 바람이 불던 12월의 어느 날, 뉴스에 충격적인 영상 하나가 보도됐다. "들어가, 들어가." "밀지 마세요!" 백화점의 한 매장에 밀고 밀린 사람들이 한데 엉켜 아수라장이 됐다.[12] 2022년 10월 29일, 이태원의 좁은 골목에서 159명에 달하는 이들이 숨을 쉬지 못하고 세상을 떠난 지 두 달이 안 된 날이었다. 모델 켄들 제너가 입었다는 노스페이스 쇼트패딩을 사려다가 벌어진 일이었다. 결국 백화점 측은 판매 중단 조치를 내렸다.

사계절이 뚜렷하고 혹한기가 나날이 길어지는 한국에서는 겨울 추위를 나기 위해 많은 이들이 이미 패딩을 옷장에 구비해뒀을 테다. 하지만 기업에서는 그 사실을 마치 몰랐다는 듯 그동안 입을 만한 겨울 외투가 하나도 없었다는 듯 겨울마다 새로운 패딩을 무지막지하게 만들어낸다. 2021년 국내 주요 아웃도어 브랜드 네 곳에서는 무려 161만 5000벌의 다운재킷을 생산했다. 전년도보다 평균 7퍼센트나 더 많이 만들어낸 것이었다.

지하상가에도 '진짜' 덕다운(오리 가슴 솜털), 구스다운(거위 가슴 솜털), 라쿤퍼(라쿤 모피)로 만들었다는 패딩들이 당당하게 걸려 있었다. 직원은 말을 보탰다. "이 가격인데 진짜 털로 가득 찼어요. 한번 만져보세요." 그 말을 들으니 진심으로 궁금해졌다. 패딩 한 벌을 만드는 데 오리 20여 마리는 족히 필요한데, 고작 5만 원이면 되나? 천천히 패딩을 만져본다. 참 보드랍다. 고개를 들어 옆 매대, 건너편 매장을 살펴본다. 허리춤까지 오는 쇼트패딩, 발목까지 덮는 롱패딩, 퍼를 탈부착할 수 있는 디자인……. 수많은 '100퍼센트' 구스다운, 덕다운 패딩들이 옷걸이에 걸려 즐비해 있다.

패딩점퍼 생산에 동원되는 오리는 생후 10주부터 평생 동안 가슴털을 뽑히다가 죽음을 맞는다. 털을 뜯기는 고통과 충격 때문에 제 명을 채우기도 전에 죽기도 한다. 모자 장식을 만드는 데 쓰이는 라쿤은 오리와 달리 '식용' 동물이 아니라서 사육과 도축 과정에 제재가 약해 더 열악한 환경에서 일생을 보낸다. 그런데 이 동물들의 잔혹한 생애 끝에 탄생한 외투의 생애조차 일시적이다. 유행이 지난 패딩점퍼는 팔리지 않은 버버리 코트와 에르메스 가방처럼 소각장으로 향한다.

오리들의 가슴 아픈 사연이 알려지며 바뀐 게 있긴 했다.

동물 털 사용하지 않기? 옷장에 있는 패딩 오래 입기? 보온성 있는 내의 입기? 아니, 바로 패딩점퍼에 인증마크를 달아 파는 것이었다. 이름하여 '윤리적 다운 인증(RDS, responsible down standard)'. 살아 있는 새의 털을 뽑거나 털을 뽑을 면적을 늘리기 위해 강제로 음식을 먹여 살을 찌우는 등의 학대 없이 만들어진 제품에 찍어주는 인증마크다.

RDS는 글로벌 비영리단체 텍스타일익스체인지, 컨트롤유니온, 노스페이스의 협력으로 2014년 출범했다. 그중 노스페이스는 2000년대 중후반 높은 가격에도 한국의 중고등학생들 사이에서 유행하며 '등골 브레이커'라는 악명을 떨치다가 2022년 Y2K 재유행으로 다시 전성기를 맞았다.

어느 브랜드보다 노스페이스에겐 RDS 마크가 필요했다. 동물권에 대한 관심이 늘어나면서 행여나 사람들이 새 패딩점퍼를 사지 않으려고 하거나 옛날에 사둔 외투를 계속 입으려고 한다면 매출에 큰 지장이 있었을 것이다. 물론 노스페이스뿐 아니라 서둘러 RDS 마크를 단 컬럼비아, 밀러, K2, 빈폴, H&M 등 모두가 한마음이었을 것이다. 사람들이 마음 놓고 새 패딩점퍼를 살 수 있게 해줄 장치가 필요했다. 그 참에 오리도 살리면(아니, 엄밀하게는 직접 죽이지 않으면) 좋고 말이다. 그렇게 사람들은 RDS로 한결 마음 놓고 패딩점퍼를 사게 됐다. 그런데 그렇다고 해서 죽은 오리가 옷장에 갇히게 될 일은 더 줄어들었을까?

RDS는 동물성 원자재가 실제로 얼마나 윤리적으로 생산되는지 여부보다 인증이라는 체계를 갖췄다는 점에서만 주목받는 듯하다. 예컨대 일각에서는 얼마나 많은 브랜드가 RDS를 도입하고 있는지 홍보하는 기사가 쏟아지지만, 정작 인증을 받은 제품을 출시한 회사의 직원조차 RDS를 모르는 경우도 있다.[13] 한 백화점의 매장 직원은 RDS 롱패딩을 찾은 고객에게 다른 제품을 권했다. 직원은 "가격이 저렴한 패딩은 무겁고 보온성이 낮다."면서 이렇게 덧붙였다. "그런 싸구려 말고, 이 패딩이 더 따뜻하고 가벼워요. 헝가리산 고급 거위털이라서."[14]

RDS 인증을 받은 제품에 라쿤퍼를 붙여 가격을 높게 책정해 판매하는 브랜드도 있다. RDS 마크에 대한 이해가 조금이라도 있었다면 할 수 없는 '판매촉진' 행위다. 어느 패션업계 종사자에 따르면 "RDS를 도입한 브랜드의 제품이라 하더라도 다운 소재는 타 업체를 통해 들여오기 때문에 오리나 거위의 털을 윤리적으로 채취했는지 확실히 알 수가 없다."[15]

전 세계 오리털과 거위털의 80퍼센트는 중국산이다.[16] 그런데 중국에는 '동물보호법'이 없다. 동물학대를 방지하거나 농장 동물의 생산과 이동, 도축 과정에서 최소한의 복지를 보장하기 위한 제도가 전혀 마련돼 있지 않다. 지난 몇 년간 북유럽에 모여 있던 모피농장이 대거 중국으로 이동했는데, 값싼 인건비와 함께 농장에서 지켜야 할 동물복지 규제가 없다는 점이 '매력적'이었던 것으로 보인다. 라이브플러킹(live plucking, 살아 있는 동물의 털을 마취 등의 조치 없이 뽑아내는 행위)이 없다고 해도 이들 동물이 윤리적 환경에서 사육될 가능성은 그

리 높지 않다.[17]

온전히 자연적으로 털갈이를 하거나 도축을 통해 얻어낸 조류의 털만으로는 현재 다운 제품의 수요와 생산량을 충족할 수 없다는 지적도 있다. 2022년 동물보호단체 페타(PETA, People for the Ethical Treatment of Animals)는 RDS 기준을 준수한다고 주장하는 중국의 거위털 공급자들이 의류업체 몰래 라이브플러킹을 일삼고 있다는 증언을 공개해 업체 관계자들이 해명에 나서기도 했다. 페타가 공개한 영상에는 털과 함께 피부가 뜯겨져 나가면 마취나 진통제 없이 실과 바늘로 생살을 꿰매는 모습도 담겨 있었다.

최근 패션계에서도 동물 털을 사용하지 않으려는 움직임이 나타나고 있다. 사람들에게 불편한 감정을 불러일으키는 동물성 원자재 사용을 브랜드 입장에서도 부담스럽게 느끼고 있는 것이다. 일례로 세계 4대 패션위크 중 하나인 런던 패션위크에서는 2018년부터 모피를 소재로 만든 의류를 올릴 수 없게 했다. 2023년 코펜하겐 패션위크에서도 모피 사용을 완전히 금지했고, 그 후 인근 도시인 오슬로, 암스테르담, 헬싱키 등의 패션위크에서도 모피 금지를 결의했다.

꼭 트렌드 때문이 아니라 실용성 차원에서도 인공충전재를 사용한 패션 제품은 큰 인기를 끌고 있다. 가볍고 보온성도 뛰어날 뿐만 아니라 위생이나 감염병, 동물성 알레르기 문제까지 예방할 수 있기 때문이다. 따라서 조금만 발품을 팔아도 디자인이 뛰어나면서도 인공충전재를 사용한 패딩 제품을 찾을 수 있을 것이다. 사실 내복만 입어도 체온이 3도가량 상승하니, 겨울을 나기 위해 패딩을 새로 구입하기보다는 얇은 옷을 여러 번 껴입거나 지금 옷장에 잠들어 있는 바로 그 패딩을 꺼내어 입는 것이 가장 좋겠다.

누군가는 옷을 통해 자기표현을 실현할 테지만, 자신이 딛고 선 땅에 대한 배려와 이해 없이 제멋대로 생산되고 폐기되는 옷으로 표현하는 개성이 진정으로 '개성적'일 수 있을까. 당신의 패션과 소비는 당신이 어떤 존재인지를 보여준다. 올해는 오리와 거위 모두 더 따뜻하고 아름다운 겨울을 보낼 수 있기를.

누가 나의 옷을 만들었나

연이은 공장 화재 및 붕괴 사고가 벌어진 뒤 사람들은 묻기 시작했다. 사람들은 우리가 입고 있는 옷을 누가 어떤 환경에서 만들고 있는지 패션 브랜드 차원에서 적극적으로 조명하고, 문제가 있다면 해결을 하라고 캠페인을 벌였다. 기업들은 자체 안전기준에 따라 안전성을 평가하겠다는 안일한 입장을 내놓았다가 거센 비판을 받았다. 최소한의 노동자 보호 방안으로 제시된 협약 가입조차 거부하는 것으로 보였기 때문이다. 노동단체들의 강도 높은 경고가 나온 후에야 의류산업 노동환경 개선을 위한 안전협약 가입을 결정했다. 이후에는 사회적 책임을 약속하는 다국적기업들의 성명 발표도 이어졌다.

2019년 인권단체 휴먼라이츠워치는 의류 및 신발 제조사들에 공장 노동자를 향한 착취를 부추기는 사업 관행을 중단할 것을 촉구했다. 휴먼라이츠워치는 「노동 착취를 부추기는 의류 브랜드사들의 구매 관행」이라는 보고서를 발행해, 공장들이 노동자들에게 해가 되는 무리한 비용 절감법을 선택하게 만드는 의류회사들의 관행을 낱낱이 지적했다.[18] 한 공장 운영자는 패션회사들의 이런 관행을 두고 "버스 요금을 내면서 비행기 타기를 기대"한다고 비판했다.

많은 글로벌 패션회사들은 자사 제품의 생산 과정에서 인권을 준수한다고 홍보하지만, 실상은 여전히 그렇지 않다. 이들 기업은 공장이 가격을 낮추고 생산 기간을 단축하도록 공급자들을 과도하게 압박하는 행위에 대해서는 철저히 함구한다. 공장 운영자들은 노동 착취가 만연한 업체와 불법적인 하청 계약을 맺는 등 무리하게 비용을 절감해 의류 브랜드사들의 부당한 관행에 응하고 있다.

수천 명의 노동자들이 열악한 환경에서 일하다 사망하는 일이 벌어지지만, 브랜드사는 여전히 각각의 작업환경을 효율적으로 감시하지 못하고 있다. 일부 브랜드에서는 처음부터 공장 위치, 작업환경, 가격 책정 관행 등에 대한 자세한 정보를 알아보지도 않은 채 그저 대리인을 통해 손쉽게 생산 공장을 섭외한다.

나이키, 갭 등 글로벌 브랜드의 노동 착취가 드러난 이후,

문제를 해결하기 위해 사회적 감사가 실시됐지만 실효성은 없었다.[19] 경영진이 지켜보는 앞에서 검사관이 노동자에게 행복하냐고 묻는다. "직장이 행복합니까?" 노동자는 고개를 끄덕일 수밖에 없다. 공장들은 이렇게 감사와 검사를 통과했다. 하지만 한 노동자는 털어놓았다. "검사관들이 오면 단체로, 보통 매니저들 앞에서만 우리에게 말을 건다." 이런 조건으로 옷에 붙은 '공정 무역 거래 인증마크'는 그 누구의 안전도 보장해주지 않는다.

휴먼라이츠워치의 한 관계자는 지적한다. "감사는 노동자가 아니라 의류업체의 평판을 보호하기 위한 것이다." 감사 제도는 열악한 근무조건에 대한 책임을 기업에서 공장으로 전환시킬 뿐 더 나은 노동환경을 약속하지 못한다. 오히려 소비자를 속이는 덫이 되기도 한다. 소비자들은 기업의 문제 상황이 사라지면 갖고 싶은 물건을 구매하지 못했던 시간이 지나간 것을 기뻐하며 "즐거운 마음으로 다시 갭을 사서 입고, 나이키를 사서 신고, 애플을 사러 간다."[20]

100% secondhand

5

옷 안 사면 우리 경제 다 망한다?

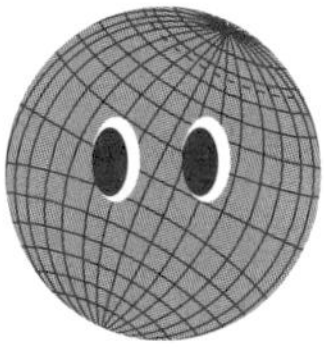

공장 붕괴로 1000여 명이 목숨을 잃은 라나플라자 참사 당시, 휴스턴에서 활동하는 인권운동가 세라 리버비츠가 현장을 찾았다. 리버비츠는 방글라데시 노동자들에게 서구 소비자에게 전하고 싶은 메시지가 있는지 물었다. 그러자 사람들은 이렇게 말했다. "계속 옷을 주문하세요." 이들은 노동법과 환경이 개선되기를 바라면서도 월급을 받을 수 있는 산업이 붕괴되는 것을 가장 두려워한 것이다.

새 옷을 사지 않기로 한 뒤로 여러 매체에 글과 인터뷰가 실렸다. 영상과 글에는 응원과 지지의 댓글이 많이 달렸지만, 종종 이런 내용도 볼 수 있었다. "그러다 우리 경제 다 망한다!" 옷을 생산·유통·판매하는 회사와 그 회사에 고용돼 돈을 버는 이들에게 타격이 생길 수 있다는 거였다. 특히 착취에 가까운 노동 현장의 필요성을 역설하는 사람도 있었다. "그 돈이라도 벌어야 하는 사람이 얼마나 많은데!"

옷을 소비하지 않겠다는 나의 다짐에 전 세계가 감명을 받아 일제히 쇼핑을 멈추게 된다면 방글라데시, 인도 등 좁은 공장에서 일을 하며 돈을 벌던 이들이 한순간에 거리로 나앉게 될지도 모른다.(그럼에도 지금껏 만들어둔 옷만으로도 세계인들의 의생활에는 큰 지장이 생기지 않을 것이다.) 해마다 평균적으로

800억 벌씩 판매되던 옷이 모두 팔리지 않으면, 전 세계 섬유패션산업에 종사하는 6000만 명은 일자리를 잃게 될 것이다. 그렇게 되면 댓글의 염려처럼 우리 경제가 정말 쫄딱 망해버릴지도 모를 일이다.

그런데 '우리 경제'라는 말에서 '우리'는 누구를 가리키는 걸까? '우리 경제'는 누구의 경제인가? 무너지는 라나플라자에 갇혀 죽음을 맞이한 열네 살의 방글라데시 여성 노동자도 '우리'에 포함되는가? 끝없는 카드 결제의 늪에 빠져 신용불량자가 된 30대 직장인도 포함되는가? 기부라는 이름으로 버려지는 옷 더미를 풀 대신 씹어 삼키는 소는 어떤가? 플라스틱 고리에 걸려 허리가 잘린 바다거북은?

'우리'를 정의하는 게 어렵다면 우리가 지금처럼 옷을 꾸준히 구입할 때 그로부터 이익을 얻는 이가 누구일지 살펴보자.

- ♦ 자라 설립자 아만시오 오르테가는 자산 규모 375억 달러로 세계 5위, H&M 회장 스테판 페르손은 자산 규모 260억 달러로 세계 8위 부자다.(2012년 기준)
- ♦ 세계 1위의 SPA 브랜드 H&M은 2006~2010년 연평균 영업이익률이 23.2퍼센트로, 이는 애플을 넘어선다.[1]
- ♦ 루이비통모에헤네시 회장 베르나르 아르노는 '현대 명품의 아버지'로 불리며 3300개 이상의 매장을 소유·운영하고 있다.[2] 루이비통모에헤네시의 기업 가치는 미국의 투자은행 겸 증권회사인 골드만삭스보다 높다.[3]

♦ 최근 패스트패션이 야기하는 문제가 수면 위로 드러나며 매출이 감소했지만, 패스트패션은 리얼타임패션, 울트라패스트패션으로 진화하며 2022년에도 여전히 연간 3퍼센트씩 성장하고 있다.[4]

라나플라자가 붕괴될 당시 방글라데시의 최저시급은 겨우 24센트였다. 중국 1달러 26센트, 파키스탄 52센트, 캄보디아 45센트 등 타 주변국보다도 현저히 낮았다. 싼값을 유지하려는 패스트패션 회사들은 방글라데시 공장에 너도나도 주문서를 밀어 넣었다. 그 와중에 공장들은 한 번에 옷 수백만 벌을 제작하는 패스트패션 대기업의 주문을 수주하고자 경쟁적으로 저렴한 제작비를 제시했다. 밀려드는 주문을 촉박한 일정에 맞춰 처리하는 것은 전적으로 노동자 몫이었다.

"이 옷 얼마에 샀게?" 저렴한 값에 새 옷을 산 것을 뿌듯해하며 웃고 있던 나도, 실은 이 끔찍한 학대와 착취에 공모하고 있었던 것이다.

쇼핑과 테러의 상관관계

전철은 종일 어두운 지하를 달리는 신세를 토로하듯 하얀 증기를 지상으로 뿜어댔다. 하지만 이 찝찝하고 후텁지근한 증기마저 웃으며 지날 수 있었다. 내가 뉴욕에 와 있다니! 어느 카페에 들러 따뜻한 플랫화이트를 주문했다. 나보다 먼저 음료를 주문한 손님이 멋스러운 로고가 커다랗게 찍힌 일회용 잔을 받아 든 모습을 보며, 오늘만큼은 텀블러를 꺼내지 않고 싶어졌다.

그렇게 커피가 담긴 거친 질감의 작은 종이컵을 점원으로부터 건네받았고, 커피를 홀짝거리며 돌아다니다 보니 종이컵은 금세 바닥을 보였다. 하지만 나는 꿋꿋이 종이컵을 버리지 않고 손에 든 채 맨해튼 중심가로 향했다. 초여름이었지만 빽빽하게 들어선 키 큰 건물 사이에 있다 보니 햇빛을 느끼기 어려웠다. 다만 열을 머금은 아스팔트 열기가 여름 더위를 실감하게 했다.

쇼핑의 천국, 소호 거리로 향했다. 쓰레기 하나 없이 깨끗한 대형 건물에는 장난감 가게만큼이나 잘 정돈된 편집숍이 들어서 있었다. 때 묻지 않은 정갈함과 누군가의 반감을 사지 않을 만큼 적당한 수준의 개성. 세상의 가장 밝고 빛나는 것만 진열된 편집숍은 먼지 한 톨도 용납하지 않았다.

고가의 제품이 가득한 편집숍을 빈손으로 빠져나오니, 자라 매장이 고속도로 휴게소처럼 나를 반기고 있었다. 구매를 고민해볼 법한 비교적 저렴한 가격, 투명한 유리문 사이로 불어오는 시원한 에어컨 바람은 너무나 유혹적이어서 이 모든 게 나 같은 지친 관광객에게 소비를 유도하려는 뉴욕시의 전략처럼 느껴질 정도였다. 뉴욕은 레스토랑을 비롯해 물가가 정말 비싼데, 놀랍게도 쇼핑 물가는 정말 쌌다.

쇼핑의 거리를 지나 도착한 곳은 돈의 거리, 뉴욕시 맨해튼 남부에 위치한 월스트리트였다. 금방이라도 사람들을 향해 돌진할 듯한 황소 동상의 눈에는 초점이 없어 조금 무서웠다. 특정 부위는 부자가 되길 갈망하는 사람들의 간절한 소망 탓인지 까맣게 닳아 있었다. 팔목에 여러 브랜드의 쇼핑백을 매단 관광객에게, 뉴욕의 홈리스들은 까칠해진 빈손을 내밀고 있었다. 누군가는 가진 게 남아돌아 이것저것 내버리는데, 또 다른 누군가는 아무것도 손에 쥔 게 없었다.

영화 속 뉴요커처럼 일회용 잔에 커피를 마시고, 양손 가득 쇼핑을 즐기고, 황소의 주요 부위를 스쳤을 관광객의 마지막 발걸음은 9·11메모리얼파크로 향했다. 하늘 높게 솟아올랐던 세계무역센터 쌍둥이 빌딩이 서 있던 그 자리. 그곳에는 상실의 아픔만큼 깊은 빈자리가 뚫려 있다. 검은 눈물이 아래로 쏟아지듯 폭포에는 1분에 1만여 리터의 물이 쏟아진다. 그럼에도 빈자리는 채워지지 않는다.

2001년 당시 대통령이었던 조지 W. 부시는 9·11테러가 발생한 지 한 달도 채 되지 않은 시점에 아프간 침공을 결정했다. 하지만 그보다 서둘러 한 것이 있었으니, 바로 소비촉진이었다. 사건 발생 단 9일 뒤, 대통령은 충격과 슬픔에 휩싸인 국민에게 이렇게 연설했다. “미국 경제에 계속 참여하고 경제를 신뢰해주길 바란다. 가족과 함께 플로리다의 디즈니월드를 방문해 평소 소망하던 인생을 즐겨라.” 이 거대한 참사에서 동료 시민이 할 수 있는 최선의 실천이란 애도와 고통 분담이 아니던

가? 하지만 대통령의 발언은 그저 소비를 멈추지 말고 돈을 펑펑 쓰는 게 우선이라는 것처럼 들렸다.[5]

그 후로 하나의 공식이 굳어졌다. 테러나 전염병 등으로 국가 경제에 위기가 닥칠 때마다 우리를 구원한 것은 소비였다. 자본주의에서 멈춤은 곧 재앙이다. 자본주의 세상에 태어났다면, 자본주의가 만들어낸 관성의 궤도에서 이탈할 수 없다. 9·11테러 이후 미국에서는 최소 600억 달러 규모의 자산과 50만 개 이상의 일자리가 사라졌는데, 이는 테러리스트 때문이 아니라 미국과 전 세계가 갑자기 소비에 열정을 잃은 결과였다. 2006년 경기 침체의 기미가 보이기 시작하자 결국 부시 대통령은 자국민들을 향해 "소비하라."라고 직접 요청했다.

"여러분이 뭔가를 소유한다면, 우리나라의 미래에 대한 필수 지분을 가진 셈입니다. 미국에 더 많은 소유가 있을수록 더 많은 활력이 돌 것입니다." 소비가 줄어들 때마다 세계 지도자들이 너무나 당연하게 소비를 부추겼기에, 나는 그것이 문제라고 인지하지도 못하고 있었다. 코로나19 때도, 강원도에 흉년이 들었을 때도, 산불이 나 관광객의 발길이 끊겨도, 걱정 말고 소비만 잘하면 문제가 해결되리라는 메시지를 받아오지 않았던가. 경제학자들은 소비가 발생하지 않는 상황이 경제에 치명적이라고 결론 지었다.

코로나19 때 소비 쿠폰은 왜 받은 걸까

코로나19로 경제가 위축됐을 때 우리 정부에서는 '소비 쿠폰'을 뿌렸다. 법적으로 긴급재난지원금은 "국가 또는 지방자치단체가 코로나바이러스감염증-19에 따른 국민의 생계 안정과 소비촉진 등을 위해 지원하는 금액"으로 정의된다.[6] 정부는 노골적으로 소비를 조장했다. 한국의 광군제 또는 블랙프라이데이를 표방하며 '코리아 세일 페스타'(코세페)까지 등장했고, 언론은 이 모든 조치를 경제를 살리기 위한 '부스터샷'에 빗댔다. 말 그대로 소비가 곧 예방이자 치료라는 말이었다. 국내 최대 쇼핑 할인 행사인 코세페는 2020년 11월 한 달 보름 만에 국내 카드 승인 금액 37조 4000억 원을 기록하며 전년도에 비해 6퍼센트 증가했다. 코로나19 시기를 맞으며 소비는 더욱 착한 것, 해야 하는 것, 필요한 것이 됐다.

에콰도르 거리에 코로나19로 인한 사망자들의 시체가 쌓여가는 동안, 나와 내 친구들은 소비 쿠폰을 받아 아이패드를 살지 미용실을 갈지 여행을 갈지 고민했다. 엉망이 된 사회를 위해서 내가 해야 하는 일은 돈 쓰기였다. 돈만 쓰면 모두가 힘든 이 상황에 이바지할 수 있었다. 뉴욕 여행 당시에는 화려한 소호의 쇼핑가와 월스트리트, 일상 속 추모의 공간인 메모리얼 파크가 꽤 극단적인 대비를 이루고 있다고 생각했다. 하지만 그 둘 사이에는 사실 아주 단단한 연결고리가 있었다. 재난과 소비, 환경파괴와 경제성장 사이에는 끊으려 해도 끊을 수 없는 연결고리가 서로를 지탱하고 있다.

이쯤 되니 재활용 연구까지 하던 내가 미국의 재고 할인 코너를 이겨내지 못한 것이 내 의지박약 때문만은 아니었을 거라는 생각도 들었다. 미국이 미국답게, 경제가 호화롭게 유지될 수 있도록 기여하는 것은 사고 또 사는 것, 살기 위해 사게 되는 끊임없는 소비의 굴레에 동참해야 함을 의미한다. 그리하여 모두가 연결된 소비의 굴레에서 '치사하게' 혼자 옷 안 사겠다며 빠지려는 것은 손가락질받아 마땅한 몰염치가 된 것이다.

사람으로 태어나 소비자로 자랐다. 돈을 어떻게 벌고 어디에 쓰느냐보다 얼마나 쓰는지가 가장 중요해졌다. 정체성과 개성은 무엇을 소비했는지로 정의된다. 소비를 멈춰야 한다는 것을 알면서도 멈추지 못했다. 입을 것도 먹을 것도 오죽 많으면 '오늘 뭐 입지?', '오늘 뭐 먹지?'가 요즘 사람들에겐 가장 심각한 난제다. 택배 상자를 기다리는 게 만인의 기쁨으로 여겨지고, 단전에서 끓어오르는 분노는 '시발비용'으로 해결한다. 분노를 터뜨리고 싶은 순간에 월급이나 상여금이 입금돼 스트레스를 다스리게 되는 상태를 금융'치료'라 일컫는다. 돈을 버는 열 명 중 여덟 명 이상이 스트레스 해소를 위해 별도 비용을 지출한다.[7] 시발비용으로 들어가는 월 평균 비용은 20만 원이다. 스트레스를 풀기 위해 백화점에라도 가면 20만 원쯤은 우습게 넘기리라 답한 이도 있다.

문제는 소비로 푸는 화에도 내성이 생긴다는 것이다. 우리는 눈치채지 못했지만, 소비는 그 자체로 술이나 담배처럼 스트레스를 줄이는 물질로 분류된다. 처음에는 20만 원만 써도 기분이 좋아지지만, 점차 더 많은 돈을 써야만 스트레스가 해소되는 것이다. 그러므로 위협받는 것은 비단 개발도상국의 노동자나 생태계뿐만이 아니다. 하루 여덟 시간 노동해 돈을 벌고 퇴근길에 쇼핑하고 주말에 핫플레이스를 돌며 돈을 쓰는 삶이 진정 우리 자신을 위한 삶이라 할 수 있을까? 오로지 남들에게 보여줄 옷과 가방을 사려는 일념으로, 회사에서 싫어하는 일을 하며 삶의 가장 밝은 시간을 보내야 하는 것처럼 끔찍한 일이 있을까.

건강한 경제를 위해 돈은 순환해야 하고, 소비와 생산은 돈을 순환시키는 동력의 중요한 두 축이다. 하지만 오늘날에는 경제 활동 과정에서 어마어마한 폐기물과 환경오염, 인권 및 동물권 침해, 획일화 등이 생겨난다는 것이 크나큰 문제다. 물론 이는 인구 폭발과 그로 인한 공급 과잉으로 인해 불가피하게 발생한 현상이기도 하다. 그렇다면 경제가 지금보다 덜 폭력적이고 더 건강하게 돌아가려면 옷의 생산과 소비는 어떻게 바뀌어야 할까? 비물질적인 생산 및 소비, 재활용과 폐기물 처리를 위한 기술 발전 등에서 그 단초를 엿볼 수는 없을까?

80억 인구가 매년 옷 800억 벌을 구매하는 기이한 현상을 멈추지 못하면 우리는 지구에서 더 이상 살아남을 수 없다. 인류가 건강한 상태로 지속되지 않으면 패션산업도 건재할 수 없다. 인류와 패션산업이 살아남으려면 새 옷의 공급량과 판매량을 줄여야 한다. 기업이 판매한 섬유쓰레기를 수거해 새로운 옷의 자원으로 활용하는 기술적 고민이 병행돼야 한다. 결국 폐기물을 근본적으로 줄이려면 생산량을 보수적으로 조절하고, 재고 또한 철저히 관리해야 한다.

옷으로 옷을 만들고 전체 공급량도 줄이게 된다면 지금껏 패스트패션이 만들어낸 문제점이 조금씩 해결될지도 모른다. 산업이 망하고 모두가 일자리를 잃어야 한다는 뜻이 아니다. 지속가능한 순환경제 방식(이에 관해서는 8장에서 더 자세히 살펴보겠다.)을 향해 나아갈 때, 예를 들어 헌 옷을 수거하고 처리하는 등 현재는 존재하지 않는 직군이 새롭게 탄생해 고용을 창출해낼 수도 있다. 패스트패션 기업들이 가장 두려워하는 사태는 사람들이 고용 축소 등을 우려해 소비를 멈추는 것일 텐데, 더 늦기 전에 업계 스스로 살아남기 위한 패러다임을 새로이 만들어내야 할 때다.

100% secondhand

6

죽겠다는 게 아니라 옷만 안 산다는 건데요

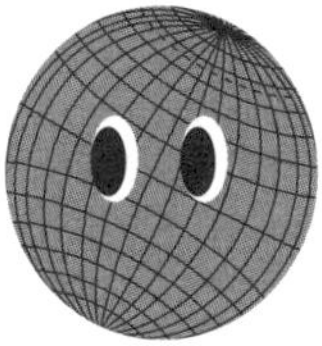

"새 옷 사지 않겠습니다!" 20대 여성으로서 옷을 사지 않겠다는 것은 일종의 해방이었다. 구속이나 억압에서 벗어나겠다는 선언이었다. 새 옷 사기를 중단하는 것이 훗날 얼마나 큰 파도가 되어 나의 일상 전체를 흔들게 될지 상상도 못한 채 다짜고짜 쇼핑을 하지 않겠노라 선언해버렸다.

죽겠다는 것도 아닌데 사람들은 내가 무슨 병에 걸리기라도 한 것처럼 안타까워했다. 어쩌다 그렇게 된 거야? 걱정 어린 시선을 보냈다. 옷을 사지 않겠다는 선언에 가장 충격을 받은 사람은 바로 언니였다. 함께 자취한 지도 어언 10년. 매일 아침 '아, 뭐 입지?'를 같이 고민하던 나의 가장 가까운 쇼핑 동지. 한때 우리는 매일 저녁마다 출입문 앞에 놓인, 쇼핑몰에서 배송된 구겨진 비닐 포장지를 집어든 채 귀가하곤 했다. 과장이 아니라 말 그대로 '매일' 그랬다.(주말에도 택배가 배송된다는 것을 그때 처음 알았다.) 언니는 옷을 사지 않겠다고 선언한 내가 멋까지 포기했다고 생각했는지 좌절이라도 한 듯 보였다. 화를 내기도 했다. 안 그래도 입을 옷이 없는데 왜 옷을 안 사느냐는 것이었다.

그렇다. 정말 이상한 일이다. 그렇게 매일매일 새 옷들이 우리 집에 도착했지만, 우리는 매일같이 입을 옷이 없었다. 지금까지 옷을 그렇게 많이 샀는데 왜 항상 입을 옷이 없는 걸까? '옷을 산다'라는 열쇠로 '입을 옷이 없다'라는 문제가 풀리지 않는다면, 우리는 다른 열쇠를 찾아봐야 했던 것 아닐까? 하지만 인스타그램 피드에 귀신같이 나타나 내 취향의 옷을 알려주는 쇼핑몰 광고를 보다 보면, 다른 방법이고 나발이고 생각할 틈 따위는 도통 나지 않았다. 이 옷을, 아니 이 옷만 사면 내일 아침에 집을 나설 때 내가 세상의 중심이라도 된 것처럼 행복하기만 할 것 같다. 꽉 들어차 있지만 무슨 이유에서인지 입을 것이 없던 내 옷장이, 딱 이 컬러 이 소재 이 느낌의 옷이 없어서 그랬겠다는 마음이 밀려와 끝내 또 옷을 구매한다. 그리고 정확히 일주일 후, 우리는 또다시 옷장 앞에 서서 입을 옷이 없다며 어쩔 줄 몰라 한다.

유행은 철저한 정책에 의해 만들어진다. 시즌마다 유행에 이름이 붙는 것도 어딘지 기이하다. 왜 해마다 계절마다 우리에게 반드시 새로운 유행이 필요한 걸까? 유행은 거울에 거울을 비췄을 때 끊임없이 만들어지는 잔상 같다. 삼면이 거울인 엘리베이터에서 내 뒤통수가 하나의 소실점으로 향해 가는 모습을 떠올리게 한다. 소비자는 그 유행의 소실점을 향해 끌려간다. 엘리베이터에서 한 번쯤 봐서 알겠지만, 소실점의 끝은 흐릿하다. 아무리 따라잡으려 해도 잡을 수 없다.

오픈런을 해도 사지 못하는 하이엔드 패션의 고공행진, 그리고 5000원을 주고 사 한 번 입고 버리는 패스트패션. 이 둘의 이분법적 분리는 더욱 극명해지고 양극화 사이에서 소비자는 갇힌다. 그 사이에서 불행해진다. 사람들은 살 만한 값싼 제품이 디자이너 제품을 카피한 것은 아닌지 판별해내려면 H&M을 방문하면서도 하이엔드 브랜드를 끊임없이 공부해야 한다. 예컨대 어떤 옷의 어깨 부분에 달린 리본을 보며 '예쁘다'고 느끼기에 앞서 '어느 브랜드 카피 제품 아니야?'라고 눈치채야 하는 것이다. 값비싼 명품과 믿기지 않는 저렴한 가격의 패스트패션, 그 사이의 괴리감은 전적으로 소비자의 몫이 된다.

무수히 많은 종류의 옷이 나오는데도 우리의 취향은 이상하리만치 비슷해진다. 자유로운 시도 끝에 때로는 실패하고 간혹 성공하며 자기만의 모습을 찾아갈 수는 없는 걸까? 특정한 스타일을 따르라는 압력이 지금보다 덜한 세상에서라면 우리의 취향도 훨씬 다양해지지 않을까? 자유로운 시도 끝에 때로는 실패하고 간혹 성공하며 자기만의 모습을 찾아갈 수는 없는 걸까? 사실 옷을 신경 써서 입는다는 것은 그 자체로 사랑스러운 시도다. 다른 사람의 존재, 그들과의 연결을 전제하기 때문이다. 옷을 신경 써서 입는다는 것은 타인의 존재에 대한 인정이다. 우리는 다른 사람과의 접촉 없이는 살아갈 수 없다. 그런데 옷을 아무리 멋들어지게 입어도, 우리는 왜 자꾸 우울해지는 걸까. 더 많은 것을 가지면 정말로 더 행복하고 충만해질까.

우리는 갈수록 더 눈치를 본다. 심지어 거울 속 자신의 모습에도 눈을 가늘게 뜬다. 원하는 것을 입지 못하고, 입어야 하는 것을 입는다. 가을에 접어들면 유튜브에서는 시시각각 내년 트렌드에 대한 정보를 알려주는 콘텐츠가 쏟아져 나오기 시작한다. 스타일, 컬러, 아이템별로 꼭 사야 하는 것과 사지 않아도 되는 것을 분류하고 추천한다. 때맞춰 나를 따르라며 인플루언서들이 등장한다. 트렌드에 꼭 맞는 옷차림으로 핫플레이스에서 찍은 사진을 인스타그램에 업로드하며 유행을 제안하고 또 스스로 휩쓸린다.

더 많은 대중은 이들을 보며 자기 옷장에 있던 옷들에 금세 신물을 느낀다. 미디어에 의해 욕구가 수동적으로 만들어지고, 결국 사람들은 스스로 못나고 오래된 옷밖에 없다며 자신의 안목을 탓한다. 미디어는 소비를 이끌어내기 위해 새로움을 구체적으로 선보이곤 하는데, 그리하여 사람들은 자신이 가진 것이 더는 새롭지 않고 쓸모없다는 인식 속에 유행 상품을 향해 집착에 가까운 욕구를 가지게 된다.

이런 심리는 심리학에서 말하는 '공서(共棲, symbiosis)'라는 상태와 유사하다. 공서란 개인이 자아 정체성을 잃고 타인이나 외부의 존재에 완전히 의존적으로 일체화하는 것을 의미한다. 이로써 자신의 무력감에서 벗어나고자 하는 것이다. 사람들은 이 일체화에 가장 효과적인 대상으로 대중을 선택한다. 수많은 타인이 집단적으로 동일한 움직임을 보인다면, 그 동향에 편승해 스스로가 대중의 일환임을 내보임으로써 고독과 무력감에서 벗어나려고 하는 것이다.[1]

하지만 이 모든 건 순간적 불안에서 벗어나기 위한 방편

들일 뿐 개인의 내재적 요구에 대한 고찰은 여전히 부재하다. 외부로 집중된 관심에서 또다시 정체성 상실이나 나아가 회의감을 느낄 수 있다. 사람들은 다양하고 많은 선택지를 차근차근 살펴보며 구매할 품목을 결정하기보다 시종일관 타인을 의식하다가 허겁지겁 유행하는 아이템을 택한다. 이렇듯 유행하는 아이템이나 스타일은 개개인의 주관보다 대중적 선호에 근거해 정해진다.

'취향이 없는 것 같다.'고 고민하는 사람은 생각보다 많지 않다. 스스로 어떤 옷이 잘 어울리고 무엇을 좋아하는지 파악하기도 전에 영수증과 택배 상자부터 받아보게 된다. 사람들은 그저 '입을 옷이 없다.'고 투정한다. 자신보다 대중의 선택을 우선해 따르다 보니, 자기 취향에 대한 확신을 잃어가며 불안감에 빠르게 잠식된다. 우리는 유행에 따르고 싶어서 따르는 게 아니다. 따라야 하기 때문에 따르는 것이다.

때로 우리는 자발적으로 통제를 받으려는 것처럼 보이기도 한다. 끊임없이 자기 자신을 소셜미디어 한복판에 노출시킨 채 인터넷 쇼핑몰을 오가며 새로 나온(내 옷장에는 절대 없을) 신상품 사이를 유영한다. 이런 상황이 반복되다 보니 어떤 옷을 어떻게 입는지는 단순히 개인의 문제가 아니게 됐다. 오히려 무수히 많은 선택지 앞에 누군가 명확한 방법을 제시하기를 요구하는 것처럼 보이기도 한다. 불안 없이 따를 수 있는 명백한 트렌드에 반색하며 기꺼이 이 소비의 행렬에 동참하고, 결국 수많은 사람이 똑같은 방향으로 움직이며 트렌드를 한결 더 고착화한다. 처음 옷을 사지 않기로 결심했을 때, 단지 쇼핑을 그만두었다는 이유로 '무력함', '외로움'이라는 감정을 경험할 줄은 몰랐다. 견디기 어려웠다. 최신 유행하는 옷을 구매하는 것만으로 회의감과 고립감에서 벗어날 수 있다니, 이 얼마나 손쉽고 간편한가?

사실은 나체로 돌아다닌다고 해도 우리는 자유롭지 못할 수 있다. 몸 위에 난 털 하나하나조차 관리하려 들 테니까. 누드는 이미 하나의 패션 장르다. 혹여나 훗날 세상이 지금과 다른 모습으로 많이 바뀌게 된다면, 우리는 누드를 하나의 패션으로 입게 될지도, 또 털의 모양새에 따라 서로를 구분 짓고 차별하려 들지도 모를 일이다. 인간은 그런 존재다. 하지만 패스트패션은 그 본능을 지나치게 자극하고, 막대한 양의 쓰레기를 양산하고, 다른 사람을 착취하는 구조 속에서 작동한다는 점에서 문제다.

결혼식에 명품백 없이 간다는 것

친한 친구 G가 결혼 소식을 전해온 것은 옷을 사지 않은 지 3년째 되던 때였다. 선선한 가을 날씨에 야외 결혼식이라니, 이보다 완벽할 순 없었다. 내 마음까지 한껏 설레던 결혼식 당일, 무슨 옷을 입을지 고민하며 옷장 문을 열었다. 함께 가는 J에게 전화를 걸어 질문했다. "평소처럼 편하게 입어도 될까?"

J는 답했다. “넝마만 아니면 괜찮지 않을까?” 그는 평소 내가 워낙 너덜너덜한 넝마 같은 옷을 즐겨 입는다는 걸 서로 잘 알고 있었다. J는 그러더니 이렇게 덧붙였다. “그래도 결혼식이고 양가 부모님들도 오시는데, 친구로서 격식은 차려야 하지 않겠어?” 고민 끝에 면접 때 입으려고 샀던 하늘색 블라우스를 걸치고, 평소에는 잘 입지 않아 한구석에 모셔뒀던 베이지색 슬랙스까지 꺼내 입었다. 몇 년이 지났지만 굽이 전혀 닳지 않은 구두까지 꺼내 신으니, 이제 제법 결혼식장에 가는 어른처럼 보였다. 단정한 내 모습이 썩 마음에 들기도 했다.

거울 앞에 서서 외출 준비를 하는데 언니가 슬쩍 나와 내 차림새를 쭉 훑어봤다. 나도 언니가 중요한 약속에 나갈 때면 똑같이 체크해주곤 했다. 언니는 고개를 살짝 쳐들고 눈을 반쯤 뜨며 말했다. “특별히 내 가방 가져가게 해줄게!” 평소 자주 드는 가방들을 모아둔 행어가 아니라 더스트백은 물론 포장용 박스에까지 담아 별도로 보관하던 바로 그 가방이었다. 며칠 전 30대가 된 언니는 생일에 맞춰 스스로에게 명품가방을 하나 선물했다. 행여나 흠집이 날라 조심조심 다루던 그 가방을 내게 선뜻 빌려주겠다고 한 것이다. 내가 마다하며 원래 들고 가려 했던 가방을 내보이자 언니는 이렇게 말했다. “그래도 결혼식에는 명품백 하나 매줘야 돼.” 그랬다. ‘하객룩’의 완성은 면접용 블라우스도, 베이지색 슬랙스도 아닌 명품가방이었던 것이다.

인터넷에 ‘결혼식’과 ‘명품가방’이라는 키워드를 나란히 검색해보니, 나를 단번에 피곤하게 하는 이야기들이 꼬리를 물고 이어지고 있었다.

ㄴ 근데 왜 결혼식장에 명품백 들고 가야 해? 주변에서 나이 좀 들면 결혼식용 가방 하나 필요하다고 하더라고. 심지어 예전엔 그런 거 관심 없던 사람들도.

ㄴ 신부 측 친구들 명품 들고 다니는 거 보니 친구들 격이 높아 보이더라. 신부 친구들의 차림새를 보고 신부가 어느 수준인지 판단하는 사람들도 있긴 하더라고.

ㄴ 신부의 친한 친구라면 신부를 위해서라도 명품가방을 드는 사람이 많지.

ㄴ 우리 엄마도 친구 딸 결혼식이라고 일부러 기 살려주려고 비싼 거 들고 가심.

ㄴ 나도 어릴 때는 뭐야 그런 게 왜 필요해 ㅋㅋ 이랬는데 결혼식장 갈 나이 되니까 주변 환경이 그렇게 만들더라? 없으면 못 사는 사람이 돼버림ㅋㅋ 진짜 씁쓸해져.

ㄴ 오랜만에 만나는 사람들이 많으니까 당연히 깊은 얘기할 분위기도 아니고, 뭐 하고 사는지 얘기하는 게 다니까 겉으로 드러나는 거에 신경 쓰고 갈 수밖에 없는 듯?

ㄴ 울 엄마 보면 명품백 들고 갈 때가 결혼식 말고 잘 없어서 결혼식 때 들고 간다ㅋㅋㅋㅋㅋ 회사 갈 때는 스크래치 날까 봐 못 들고, 명품백 샀는데 들고 갈 약속도 많이 없으니 옷장에 방치만 해두다가 결혼식 때만 들고 가는 듯. 근데 보여주기식이지?

ㄴ 명품가방 한 개는 있어야 할까요? 친구들이 그러더라구요. 결혼식 가니까 다들 가방은 명품 가지고 오더라고.

ㄴ 저도 똑같이 고민했어요. 명품에 관심이 워낙 없고 특히 가방에는 더더욱 관심 없었는데 친언니가 하나 정도 있으면 좋다길래 가방을 하나 구매했어요. 지금까지 열심히 일한 내게 주는 선물이라는 생각도 들었고요. 뭘 살지 둘러보니 가격은 천차만별. 막상 사려니까 손이 덜덜 떨리더라고요.

ㄴ 30대 후반이 되니 결혼식에 명품가방 하나는 들고 가야겠더라구요.

글 좀 쓴다는 칼럼 에세이스트들의 단골 주제이기도 한 30대 여성과 명품가방에 대한 이야기. 나는 가방 하나 사는 것 가지고 뭐가 맞네 틀리네 재단하는 세태를 누구보다 피곤하게 여기지만, 나를 포함한 이 시대의 많은 여성, 특히 곧 30대를 앞둔 여성들이 똑같은 올가미에 걸리고 있는 것 같아 한 번은 이 문제를 짚고 넘어가고 싶다.

모두 알다시피 하객룩에 등장하는 샤넬백, 디올백은 단순히 '가방'으로서만 존재하지 않는다. 이런 명품가방은 그 소유자가 얼마나 윤택하게 살고 있는지를 보여주는 가장 쉽고 간편한 지표로 기능한다. 누군가가 굳이 나와 시시콜콜한 근황을 나누지 않아도, 내 팔꿈치 언저리에 걸린 가방의 브랜드를 확인하는 것만으로 곧장 '요즘 괜찮게 사나 보네.'라고 생각하게 되는 것이다. 하지만 여기에는 큰 함정이 있다. 돈만 있으면 손에 쥘 수 있다는 명품가방의 특성상, 부의 상징으로서의 기능을 일순간 빼앗기기도 쉽다는 것이다. 더 비싸고 구하기 힘든 제품을 든 사람, 아니, 단지 그 가방이 홀로 우리 옆을 지나가기라도 하면, 내 가방은 조금 전까지 당당히 뽐내던 위용을 온데간데없이 잃어버리고 말 것이다.

우리가 물건을 구매함으로써 마음에 가득 찰 것이라 상상하는 만족감은 택배 상자를 뜯고 가격표를 떼어내는 순간 이미 사라진다. 샤넬백은 혼수(婚需)로도 많이들 구입한다는데, 사실 다른 날도 아닌 결혼식만큼은 계급장, 아니 가격표는 떼는 게 맞지 않나 싶은 생각도 든다. 물론 상대방이 좋아하는 것을 기꺼이 선물하려는 마음은 아름답다. 하지만 결국은 명품가방도 돈만 있으면 구매할 수 있는 물건임을 부정할 순 없다.(물론 이 글을 쓰며 평소 명품가방에 관심이 많은 친구들에게 이것저것 물었다가 이런 답변을 듣기는 했다. "야, 뭔 소리야? 샤넬백은 돈 있어도 못 사. 없어서 못 사.") 우리는 값지다고 생각하는 무언가에 기꺼이 큰돈을 지불하기도 하지만, 단지 높은 가격이 책정됐다는 이유로 그것이 값지다고 믿게 되기도 한다. 이 같은 메커니즘은 웨딩산업에서 특히 만연하다.

30대 여성을 향한 일각의 통념과 요구는 수많은 여성의 삶과 가능성을 딱 한 뼘 크기의 명품가방 안으로 욱여넣는다. 여자가 30대가 됐으면 샤넬이나 디올 가방 정도는 거뜬히 살 만큼 재산과 능력을 갖췄어야 한다거나 그런 가방을 사줄 '남편감'을 만났어야 한다는 편견 말이다. 고작 명품가방과 귀걸이, 옷으로 얻게 되는 지위를 위해 발버둥치기에는, 우리는 저마다 고유한 방향과 속도, 멋으로 살아가고 있는데 말이다.

무슨 가방을 들고 어떤 옷을 입어야 할지 끊임없이 고민하지 않아도 우리는 괜찮다. 사람들은 당신의 반짝이는 눈과 생글거린 입매를 기억한다. 아니, 거짓말이다. 사실 다른 사람들은 생각보다 우리에게 크게 관심이 없다. 하지만 사람들은 타인이 자신을 신경 쓸 확률을 과대평가한다. 어느 사회심리학 연구에서는 누군가가 특이한 옷을 입고 교실에 들어갔을 때 얼마나 많은 학생이 그 사실을 알아차릴 것 같은지 피험자들에게 물었다. 그중 50퍼센트 정도가 알아차릴 것이라고 응답했다. 하지만 실제로는 그의 반절인 25퍼센트 정도만이 그 특이한 옷을 기억했다.[2]

애당초 다른 이들은 내 옷차림 따위에 별 신경을 쓰지 않는다. 옷에 신경을 쓰는 우리 자신만이 존재할 뿐이다. 사흘 전 직장 옆자리 동료가 어떤 색깔의 바지를 입었는지 기억하고 있는가? 그가 그 전날에 입은 바지는 무엇이었는가? 내가 나를 중요하게 생각하는 것과 달리 그들은 내게 딱히 신경을 쓰지 않고 있을 가능성이 높다. 혹여 누군가가 정말로 내 옷차림을 평가하고 있다고 해도, 그러니까 내가 월요일에 입은 바지와 수요일에 입은 바지가 똑같다고 비난하는 사람이 있다고 해도, 그의 시선에 심리적으로 얼마나 많은 영향을 받을지 말지는 전적으로 나의 몫이다.

명품 티셔츠를 입은 열두 명의 사람들

베트남의 제주도라 불리는 남쪽의 작은 섬, 푸꾸옥으로 여행을 갔을 때였다. 그곳에서 나는 열두 명의 사람들을 만났다. 이들은 형형색색 화려한 옷차림을 한 채 햇빛으로부터 얼굴과 목, 팔을 보호하기 위해 모자를 쓰고 스카프를 몸에 칭칭 감고 있었다. 그 사이로 핫핑크 립스틱을 덧바른 입술이 보였다. 나는 어느 아침 숙소에서 조식을 먹다가 이들을 만났다. 베트남 내에서도 푸꾸옥으로 휴양을 오는 이들이 많다고 들었는데, 이들도 아마 그런 것 같았다. 화려한 향수 냄새를 풍기며 지나가는 그들에게 시선을 뗄 수가 없었다. 정말 단 한 명도 빠짐없이 모두가 명품 모양 티셔츠를 입고 있었기 때문이다.

명품 티셔츠가 아니라 명품 '모양' 티셔츠라고 말한 것은 명품을 잘 모르는 나조차도 '아! 명품이구나!' 단박에 알아볼 수 있었기 때문이다. 구찌, 발렌시아가, 루이비통…… 가슴과 배 언저리에 브랜드만 다른 로고들이 어찌나 똑같은 규격으로 커다랗게 찍혀 있는지, 마치 학창 시절 운동회를 앞두고 반 단체 티셔츠를 맞춘 것 같았다. 티셔츠의 형태는 모두 같은데, 가슴팍에 새겨진 로고만 다르다니? 딱히 주의 깊게 보지 않아도 가품임이 분명했다. 화려한 선글라스에 모자까지 쓰고 지나가는 그들의 상의는 늘어져서 가슴팍에 프린트된 로고도 쩍쩍 갈라져 있었다. 겨울철 군데군데 갈라지는 정강이 피부처럼.

아시아는 타 대륙보다 명품을 압도적으로 많이 소비한

다. 현재 세계 명품시장은 약 800억 달러 규모로 추산된다. 그중 37퍼센트가 아시아에서 팔린다.[3] 루이비통, 에르메스, 구찌, 까르띠에, 불가리 같은 하이엔드 명품 브랜드는 전체 매출의 50~60퍼센트를 아시아 소비자에게서 거둬들인다. 프라다, 샤넬, 버버리, 보테가베네타 등 세계 최고 브랜드 대부분의 매출 10퍼센트 이상은 한국인이 차지한다. 아시아는 이미 세계에서 가장 크고 중요한 명품시장으로 자리매김했다.

블랙핑크, 뉴진스, 에스파…… 케이팝을 대표하는 걸그룹 멤버들이 명품 브랜드의 앰버서더로 위촉되는 일은 이제 너무나 흔해졌다. 관련 기사가 쏟아지고, 해외 유명 스타 틈에서도 당당히 메인 앰버서더 자리를 꿰찬 한국 연예인을 향해 찬사 세례가 이어진다. 내가 가장 좋아하는 가수가 세계 최고의 하이엔드 브랜드의 간판 자리를 차지한다는 건 분명 가슴 벅찬 일이지만, 한 가지 눈여겨봐야 할 점이 있다. 수많은 일류 패션 브랜드와 럭셔리 브랜드들이 한국 가수나 연예인을 홍보 전면에 내세우고 있다는 사실이다. 한국 대중문화와 연예인들의 위상이 국제적으로 드높아지기는 했지만, 이들의 앰버서더 발탁은 결국 한국과 아시아 국가들이 명품시장에 민감하게 반응해온 현실을 방증하는 현상일지도 모른다.

프라다는 2021년에만 여섯 번, 2022년에만 네 번 이상 제품 가격을 인상했다.[4] 2022년 7월 글로벌 투자은행 UBS가 밝힌 바에 따르면, 프랑스의 많은 하이엔드 브랜드에서는 자국보다 한국에 20.1퍼센트 비싼 값으로 자사 제품을 판매하고 있었다.[5] 해외 제품이 한국으로 건너오면서 붙는 세금, 환율, 물류 비용 등이 가격에 포함되는 건 사실 매우 자연스럽다. 하지만 한국을 콕 집어 특정 제품의 공급가를 인상하는 업체들도 많다. 가격을 올려도 '오픈런'에 '리셀' 열풍까지 부는 마당이니, 마치 테스트를 하듯 제멋대로 값을 올려도 별 지장이 없다. 수요와 공급 원칙에 따라 이들 제품의 가격은 앞으로도 꾸준히 오를 것이다.

실제로 2021년 이후 여덟 개 이상의 하이엔드 브랜드가 한국 내 브랜딩과 유통을 담당하던 파트너와 계약을 종료한 뒤 한국 시장에 직접 진출하겠다고 선언했다. 본격적으로 한국 시장을 공략해보겠다는 것이었다. 글로벌 투자 은행 모건스탠리가 발표한 보고서에 따르면, 한국은 전 세계에서 '1인당 명품 소비'가 가장 많은 국가였다. 2022년 한국인의 1인당 명품 소비액은 우리 돈 약 40만 4000원으로, 미국 34만 8000원, 중국 6만 8000원 등을 제치고 세계 최대를 기록했다. 2022년 한국 명품시장 규모는 전년보다 24퍼센트 성장해 세계 6~7위 수준인 168억 달러(약 20조 9000억 원)에 달했다. 그도 그럴 것이 내 주변에도 명품가방을 가진 사람이 너무나 많다.

관계자들은 코로나19로 해외여행 제한이 계속되면서 명품 구매 수요가 백화점으로 집중되고, 보복소비 성향이 두드러졌다고 분석했다. 특히 명품 브랜드에서 팔리는 품목이 가방이나 옷에 국한되지 않는다는 데 주목할 만하다. 명품 소비가 육아, 아동, 반려동물, 리빙 등 라이프스타일 전반으로 확장

되고 있어서 국내 명품 소비는 더욱 커질 것으로 전망된다.

1899년 경제학자 소스타인 베블런은 상류층의 행동을 관찰한 저서 『유한계급론』에서 '과시적 소비'라는 단어를 처음으로 썼다. 그런데 그로부터 100년이 훌쩍 지난 오늘날 점점 더 많은 소비가 과시적으로 변하고 있다. 과거에는 침대, 이불, 화분, 커튼, 슬리퍼처럼 지극히 내밀한 사적 공간에서 사용하는 물건이 타인의 눈에 노출되지 않았다. 하지만 소셜미디어의 등장으로 이런 품목들조차 과시적 소비의 대상이 됐다. "이제는 거의 모든 것이 '베블런재(Veblen good)'다."[6]

루이비통, 샤넬, 에르메스, 구찌, 롤렉스, 까르띠에, 디올, 생로랑, 버버리 등 세계적으로 명품이라 인정받는 브랜드들의 공통점은 무엇일까? 주로 프랑스, 이탈리아, 스위스 등 유럽에 본거지를 두고 있다는 점이다. 한국에서 3대 명품으로 꼽히는 '에루샤'(에르메스, 루이비통, 샤넬)는 모두 프랑스산이다. 그런데 내가 프랑스에서 본 현지인들의 옷차림은 이런 명품들과는 거리가 멀었다. '어머, 저 사람 옷 구멍 났다고 말해줘야 하는 거 아니야?' 이런 고민이 들 만큼 커다랗게 구멍 난 옷을 입은 사람이 아무것도 개의치 않는 듯한 모습으로 카페에 앉아 있었다. 함께 여행하던 프랑스인 친구가 내 반응을 보더니 이렇게 말했다. "여기 사람들은 그런 거 다 알면서도 전혀 신경 안 써."

한국에서 방송인으로 활동하는 프랑스인 오헬리엉 루베르도 토크쇼 「비정상회담」에서 "한국에 오기 전에는 루이비통이 뭔지 몰랐다."고 말한 적이 있다. 어떻게 그럴 수가 있지?

우리나라에서는 '3초 백'이니 '똥 가방'이니 온갖 애칭으로 예능 프로그램 곳곳에서 언급돼서 모를 수가 없는 그 유명한 이름을 막상 본국 사람들이 모른다니. 프랑스인 친구는 또 이런 말을 덧붙였다. "명품을 입더라도 브랜드명이 너무 크게 적힌 옷은 입지 않는 편이야. 너무 티 나게 입으면 없어 보인다고 생각하는 것 같기도 하고?" 이 이야기를 듣고 있자니, 구찌 재킷을 입을 때는 가슴팍에 있는 로고를 숨기기 위해 주머니에 손수건을 넣는다는 밀라논나의 말도 떠올랐다.

2025년에는 동아시아가 전 세계 명품 소비의 절반 이상을 차지할 것이라는 전망도 존재한다. 하지만 아시아에 불어 닥친 명품 열병이 아시아 소비자 개개인의 허영심에 있다고 손가락질하는 게 온당한 판단일까? 그렇지 않다. 이 현상의 이면에는 명품기업의 시장 확대 전략이 숨어 있다. 유럽 명품기업들은 1990년대부터 생존과 확장을 위해 커다란 변화를 꾸준히 시도해왔다. 일부 소수의 최상류층 고객만을 고집하지 않고 대중화를 통한 '파이 키우기'에 나선 것이다. 그래서 세계 각국으로 매장을 늘리는 한편, 새롭고 젊은 고객층을 확보하기 위해 브랜드 전통의 이미지를 일신하는 시도도 병행했다.

뒤처진다는 느낌을 견디지 못하는 소비자는 자신의 경제적 형편을 충분히 고려하지 않은 채 눈앞에 보이는 값비싼 제품을 선택하게 된다. 여기서 명품기업들의 틈새 전략이 드러난다. 이들은 구매를 고려조차 할 수 없을 정도의 값비싼 물건 외에도 소비를 고민해볼 만한 제품들을 매우 다양한 라인업으로 갖춰 나가고 있다. 가령 프라다는 비키니와 슬리퍼를, 샤넬은 스키웨어를 출시하는 식이다. 루이비통은 당초 왕실의 여행용 가방을 만드는 브랜드로 시작했지만, 현재는 핸드백, 지갑, 구두, 의류, 보석, 시계에 이르기까지 전방위적으로 사업영역을 확장했다. 더 많은 소비자에게 자사 제품이 가닿을 수 있도록 다양하게 접점을 만들어가는 것이다. 세계 명품기업들의 시장 확대 전략이 고도화될수록 소비자들은 점점 더 명품 소비의 유혹에 노출될 수밖에 없다.

한편 인스타그램에서 해시태그 '#ootd'를 검색해보면 약 4억 개의 게시물이 나온다. '그날의 옷(outfit of the day)'의 축약어인 OOTD는 말 그대로 그날 입은 옷, 신발, 가방 등 패션 아이템과 메이크업 스타일 등을 촬영한 사진을 업로드할 때 사용되는 해시태그다. 구글에서 OOTD라는 키워드의 검색량을 나라별·시기별로 비교해보면 흥미로운 사실이 한 가지 발견된다. 미국, 영국, 캐나다 등 영미·북미 지역에서는 2013년에 정점을 찍고 계속 하락세다. 이탈리아, 프랑스, 독일 등 서유럽권에서도 2015~2016년에 정점을 찍고 줄곧 하락세다. 반면 한국은 달랐다. 2018년에 정점이었고, 그 뒤로도 큰 폭의 하락 없이 관심도가 유지되고 있다. 대만과 홍콩도 2010년 초반부터 꾸준히 상승세를 이어가고 있다. 태국도 이와 비슷한 흐름인데, 2022년부터 오히려 가파르게 상승하기까지 했다. 이렇듯 아시아 주요 국가에서는 OOTD에 대한 열정이 끊이지 않고 있다.

스키니진 신화

“너는 쌍꺼풀만 있으면 딱 되겠다.” 그 말에 나는 배시시 웃으며 답했다. “그치?” 그러고는 가방에서 손거울을 꺼내, 손톱 끝으로 눈의 앞머리부터 꼬리를 지긋이 눌러가며 쌍꺼풀 선을 만들었다. ‘그치?’라니? 마음에도 없는 말이었다. 나를 위한다는 조언들은 항상 나를 보여지는 존재로 만들었다. ‘보여진다’라는 이중 피동(被動)으로도 표현되지 않을 정도로 나는 다른 사람의 힘에 움직이는 피동적 존재가 될 수밖에 없었다.

나와 내 또래 친구들은 배탈이 나는 것보다 촌스럽다, 찌질하다는 소리를 더 못 견디게끔 자랐다. 소녀시대가 쏘아올린 컬러 스키니진에 올록볼록한 다리를 욱여넣어야 했고, 인터넷에서는 어떤 영상보다 ‘마일리 사이러스 다리 운동’이나 ‘강하나 하체 스트레칭’ 영상을 많이 봤다. 그 시절 25인치짜리 컬러 스키니진을 입고 벗던 순간이 아직도 생생히 기억난다. 말하자면 그 무렵의 컬러 스키니진이란 온전한 형태로 벗어내는 걸 상상도 할 수 없는 그런 바지였다. 나는 바지 안쪽 면을 바깥으로 까뒤집으면서 허물을 벗듯 옷에서 탈출했고, 마지막으로 두 발은 좁디좁은 발목 부분을 튕겨 나오듯 빠져나왔다. 예전에 읽은 청소년 단편소설 「스키니진 길들이기」에서도 주인공이 남자친구에게 ‘선물’로 받은 분홍색 스키니진을 입기 위해 다이어트를 시작한다.[7] 다리를 밀어 넣느라 침대에 누워 입어야 하는 장면은 내가 했던 발버둥과 정확히 일치했다.

청소년기 외모강박이 나만의 것은 아니었다. 친구들의 책상 서랍에도 거울이 없었던 적이 없다. 체육 시간이면 햇빛을 피하려고 부단히도 꾀를 부렸고, 점심을 먹기 전에는 작디작은 거울 앞에서 교복 주머니에 꽂혀 있던 '디어달링 워터젤 틴트'로 냅다 입술부터 빨갛게 물들였다. 그 바쁜 와중에 고데기까지 해내는 친구들도 반마다 두세 명씩은 꼭 있었다. 야간 자율학습이 필수가 된 2학년부터는 저녁을 먹고 「쇼! 음악중심」을 보는 루틴도 추가됐다. "와, 재가 우리랑 동갑이래." TV 앞에 앉아 아이유의 무대를 보던 기억이 난다. 짧은 치마에 높은 하이힐, 화려한 화장을 한 TV 속 가수들은 늘 나보다 언니였는데, 어느덧 나와 동갑내기인 가수가 세상에 등장했던 것이다.

"내가 빈혈이라니!" 입꼬리가 슬며시 위로 올라간 친구의 표정이 잊히지 않는다. 고등학교 급식실 앞에 큰 헌혈 버스가 와서 친구들과 단체로 헌혈을 한 날이었다. 10반이었던 나는 순서를 기다리고 있었는데, 먼저 헌혈을 하러 갔던 7반 친구가 함박웃음을 감추지 못한 채 우리 교실 앞문을 박차며 들어왔다. 그 친구와는 함께 점심을 먹곤 했는데, 차마 점심시간까지 기다리지도 못할 만큼 기쁜 소식이었나 보다. "나 빈혈이래!" 얼굴이 상기된 친구 곁으로 곧 나를 포함한 많은 친구들이 몰려들었다. 키가 제법 크고 평소 원체 건강했던 친구여서, 그 말을 들은 우리는 깔깔 웃었다. "네가 빈혈이라고?" 친구는 호탕하게 웃으며 아침 드라마에 나오던 여자 주인공을 따라 했다. "이거라도 좀 먹어봐……. 좀 먹어야 살지." 우리는 숟가락으로 여자 주인공의 입 주변을 긁어 올리며 일제히 배를 잡고 파안대소했다.

여성으로서 나는 어려서부터 구원을 기다리는 존재가 되는 수업을 평생에 걸쳐 받는 듯한 기분을 느꼈다. 옛날 드라마의 청순가련형 여자 주인공들은 늘 빈혈에 걸렸다. 너무 씩씩하면 안 되고, 햇빛에 건강하게 그을린 피부도 안 되고, 축구나 농구 같은 격렬한 운동도 최대한 피해야 했다. 창백하게 질린 듯 하얗고 투명한 피부, 그러면서도 생기와 수분감이 유지된 촉촉한 선홍빛 입술, 길쭉길쭉한 팔다리. 나도 어려서부터 빈혈이 있던 탓에 약을 먹어야 했는데, 드라마 주인공들처럼 팔로 테이블을 짚으며 '샤랄라' 우아하게 쓰러지는 일 따윈 없었다. 당장 눈앞이 캄캄해지기 때문에 주변을 더듬어 손에 잡히는 무엇이든 거칠게 움켜쥐어야 했다. 캄캄해졌던 시야가 다시 하얗게 깨끗해질 때까지 무작정 기다리는 수밖에 없었다.

한편 다리가 조금만 두꺼운 친구들은 '코끼리 다리'라는 조롱을 당했고, 마른 친구들은 "로우킥으로 차면 부러질 것 같다."는 말을 들었다. 그 시절에는 이런 격한 말이 일종의 관심과 애정의 표현이요, 마른 자들만이 들을 수 있는 (당사자가 어떻게 느끼는지와 관계없이) 특권처럼 여겨졌다. 타인의 외모를 힐난과 관리의 대상으로 품평하는 이 야만적 행태가 최근에는 조금 다른 형태로 나타나는 듯하다. 아름다움을 벗어나 '라이프스타일'의 신화라는 새로운 패러다임이 생겼다. '자기관리'나 '갓생' 정도의 이름으로 모습을 바꾼 것이다."모델 업계, 인스타그램 인플루언서 업계는 여성이 남성보다 자주 앞서갈 수 있는 유일한 직업"이라고 지아 톨렌티노는 지적한다. 여성은 사용할 수 있는 모든 기술과 자본과 정치를 끌어모아 이상적인 자아가 되도록 노력해야 한다.[8]

예뻐지고 싶은 욕망이 특정 세대나 성별만의 전유물은 아닐 것이다. 아름다워지고자 하는 마음은 앞서 말한 것처럼 본능에 가깝다. 인간은 원시시대부터 아름다운 것을 동경했다. 신석기시대는 동물의 습격에 대비하기 위해 움집을 만드는 와중에도 색깔이 아름답고 내구성이 좋지만 그만큼 구하기 어려운 재료인 옥으로 귀걸이를 만들었다. 이렇듯 옷으로 단장하려는 것은 21세기 현대인들의 허세라기보다 우리 종의 유전자에 새겨진 본능에 가깝다. 우리는 타인의 비난 한마디, 아니 의심 가득한 눈빛에도 심장이 쿵쾅거리고 손바닥이 뜨거워지기 일쑤지만, "입고 계신 옷 예쁘네요."라는 칭찬 한마디에는 미소가 피어오르고 세상이 장밋빛으로 변하는 듯 자존감이 하늘 높이 솟구친다. 어쩌면 우리가 그토록 옷에 매달리는 건 사람들에게 칭찬받으며 사랑과 소속감, 안정과 행복을 느끼고 싶어서인지도 모른다. 사회적 동물로서 소속감은 곧 생존의 여부와도 직결될 만큼 중요한 요소다. 우리의 피부와 직접 접하는 사물인 옷에 신경을 쓴다는 건 어쩌면 가장 원초적이고 기본적인 사회생활인지도 모른다.

그러나 한 연구소에서 진행한 설문조사에 따르면, '우리 사회가 외모에 따른 차별이 심각하다.'는 항목에 '그렇다'고 답한 비율이 85.6퍼센트다.[9] 우리는 하다 못해 바지에까지 몸을 억지로 끼워넣기에 이르렀다. '프리사이즈' 기성복이 몸에 맞지 않으면 우리는 좌절에 빠져 약을 먹어서라도 다이어트를 감행한다. 허영심 때문이 아니라 외모가 오늘날 생존하는 데 가장 필요한 자원이라 그런 것일지도 모르겠다. 예뻐지고 싶은 원초적 욕심과 자본주의가 결탁하며 부작용은 점점 커져간다. 과거에는 주변 자연물을 잘 가공하는 방식으로 장신구를 만들었다면, 오늘날에는 기업이 주체가 돼 여성과 아이들, 자연을 착취해 장신구를 만든다. 우리가 지불한 돈으로 옷을 만들고 버리는 사이 환경파괴는 더 누적된다.

그러므로 '그냥 옷 한 벌 산 것뿐'이라는 말은 변명이 될 수 없다. 쇼핑으로 분출된 도파민에 도취되는 그 찰나의 순간에 우리는 이미 그 누구도 부정할 수 없는 가해자로 거듭난다. 그런데 이 상황에서 가해자와 피해자 모두가 여성이라는 사실은 결코 우연이 아니다. 보이는 존재가 되고자 부단히 노력하는 것도 여성, 옷을 실컷 사둔 옷장 앞에 서서 옷이 없다고 한숨을 내쉬는 것도 여성, 위험한 노동환경에서 옷을 만들다 목숨을 잃는 것도 여성이라니, 아이러니한 현실이다.

옷으로 인해 고통받는 여성들

꽉 들어찬 내 옷장 안에는 어린 나이에 공장에서 노동력을 착취당한 10대 여성들의 손길이 닿지 않은 곳을 찾기 힘들다. 본인과 가족의 생계를 부양하기 위해 노동할 수밖에 없는 이 여성 청소년들은 값싼 노동력을 찾아 호시탐탐 전 세계를 노려보는 글로벌 외주화의 먹잇감이 되기 십상이다. 패스트패션은 저임금 여성 노동자의 삶을 벼랑 끝으로 내몰고 있다. 옷을 만들 때는 바느질, 즉 봉제 공정을 반드시 거친다. 정교한 기술인 만큼 기계로 대체할 수 없다. 2013년 방글라데시 기준 시급이 260원인 이들이 하루 1000벌을 넘게 작업해내니 이만큼 '가성비' 좋은 것도 없었을 것이다. 문제는 이런 일을 하는 봉제 생산자 대부분이 여성이라는 것이다. 방글라데시에서는 약 40만 명의 소녀들이 옷을 만드는 노동자다.[10] 베트남의 의류 부문에는 약 200만 명이 종사하고 있는데 이중 80퍼센트 이상, 160만 명 이상이 여성이다. 이들은 학교에 가서 교육을 받을 시간에 공장에 가서 미싱을 돌린다.

패스트패션은 여성 노동자의 권리를 박탈하고 착취하는 것에 의존한다. 의류 노동자의 80퍼센트가 35세 미만의 여성이며, 이들 중 많은 사람이 성적 괴롭힘이 난무하고 안전하지 않은 환경에서 시간당 3달러를 벌기 위해 하루에 열네 시간을 일한다. BBC 인터뷰에 따르면, 인도 공장에서 일하는 여성 의류 노동자들은 근무 중 계속되는 폭언을 견뎌야 했고, 화장실을 갈 시간은커녕 심지어 물을 마실 시간도 없이 장시간 일하면서 겨우 두 시간만 잤다.[11] 그마저도 공장 바닥에서 자도록 강요당했다. 옥스팜인터내셔널의 보고서에 따르면, 여성 의류 노동자가 평생 일해야 벌어들일 수입을 방글라데시 의류업자는 단 4일 안에 벌어들일 수 있다. 의류업자는 높은 확률로 남성일 것이다.

붕괴사고에서 살아남은 여성들도 앞으로 생계가 걱정이다. 라나플라자 붕괴 현장에서 살아남은 19살 생존자가 있다. 그는 "다시 의류공장으로 돌아가야 한다고 생각하면 심장이 철렁 내려앉는다."고 털어놓았다. 함께 일하던 동료 대부분이 죽거나 실종됐는데, 임신 3개월인 그는 무거워진 몸과 마음을 이끌고 다시 의류공장으로 돌아가야 한다니? 학교도 다니지 않고 집도 가난한 그가 가족들을 먹여 살리려면 의류공장 말고는 갈 수 있는 곳이 없다.[12]

이를 보고 누군가는 개발도상국 여성들에게 '일거리'를 제공하는 것 아니냐고 주장하기도 한다. 의류공장은 여성들에게 안정적인 직업이 아니다. 2019년 공정의류재단은 한 연구를 통해, 베트남에 있는 봉제공장 세 곳에서 근무 중인 여성 의류노동자 763명을 대상으로 인터뷰를 진행했다.[13] 인터뷰에 응한 여성 노동자 절반이 직장 출퇴근에 폭력이나 괴롭힘을 경험했다고 주장했다. 이와는 별도로 직장 내 폭력과 괴롭힘에 직면한 43퍼센트 중 과반수는 자신이나 타인의 신체, 성적 농담 등 모욕적인 발언, 언어폭력, 괴롭힘을 묘사했다. 34퍼센트는 신체적 접촉 및 폭력 등 괴롭힘을 겪었다. 28퍼센트는 외설적인 몸짓, 소리 또는 이메일, 문자, 스토킹 등 비언어적 괴롭힘에 시달려야 했다. 약 43퍼센트는 전년에 적어도 한 가지 형태의 폭력 또는 괴롭힘을 당했다고 답했다. 구조화된 괴롭힘은 해를 거듭해 계속됐다.

성폭력 전문가로 본 연구를 진행한 제인 필링거 박사는 “인터뷰에 응한 여성 두 명 중 한 명꼴로 지난 1년 동안 폭력을 경험했다.”며 문제의 심각성을 지적했다. 고용주나 가족에게 이야기가 전해질까 두려워 침묵할 수밖에 없는 여성들이 있다는 것을 고려해보면, 연구진은 실제로 일어난 폭력이 인터뷰 결과보다 훨씬 더 많을 것으로 추정한다.[14] 스물세 살의 한 여성 노동자는 동료 노동자들이 정규직 일자리를 지키기 위해 매니저로부터 성관계를 강요받고 있음을 알았지만, 열심히 일하면 그렇지 않을 것이라고 믿었다. 그녀가 수습 기간을 넘기고 상사가 그녀를 정규직으로 추천했을 때, 그녀는 몇 년 동안 쌓인 긴장감과 스트레스가 풀리는 것만 같았다.

하지만 몇 주 후, 상사가 그녀를 찾으러 왔다. 그는 그녀에게 사무실로 따라오라고 했고, 그녀는 그가 블라인드를 닫는 것을 잠자코 지켜보았다. “처음에 그는 나를 사랑하게 됐다고 말했고, 사귀자고 했어요. 제가 거절했을 때 그는 ‘제가 그에게 감사를 표시해야 한다.’고 말했어요.” 순식간에 화를 내며 공격하는 상사에게서 도망쳐, 벌벌 떨며 공장 인사부장에게 찾아가 괴롭힘을 당하고 있다고 호소했다. 그러나 그날 그녀는 해고를 당했다. 곧 간호대학 진학을 꿈꾸며 저축을 하고 있었지만, 이 일을 겪고 난 뒤 삶은 순식간에 변했다.

학대와 폭력은 사람에 따라 다르게 나타난다. 여성 노동자의 연령, 교육 수준, 계약 유형 등에 따라 다르게 나타났다. 조금 더 구체적인 수치로 보면, 폭력과 괴롭힘은 25세 이하 여성에게는 1.5배, 중학교까지만 다닌 여성에게는 1.7배, 이주 노동자와 1년 이하의 계약을 한 이들에게는 두 배 이상의 확률로 나타났다. 나이가 어릴수록, 교육 기간이 짧을수록, 이주한 여성일수록, 계약이 짧을수록 학대와 폭력의 빈도는 높아졌다. 여성 노동자들은 인터뷰 답변을 통해 더듬고 때리는 것에서부터 강간, 계약 해지 협박에 이르기까지 괴롭힘의 과정을 상세히 묘사했다. 인터뷰에 참여한 노동자들이 어떤 패스트패션 회사의 주문을 받아 옷을 만드는 공장인지는 연구에서 드러나지 않았지만, 2만 명 규모의 대형 공장이라면 우리가 망설임 없이 쇼핑했을 미국과 유럽의 주요 패스트패션 혹은 하이엔드 브랜드와 연결돼 있을 가능성이 매우 높다고 추정할 수 있다.

남아프리카의 레소토에도 의류공장이 많은데, 이곳 의류 노동자의 약 80퍼센트도 여성이다. 여성은 레소토의 많은 가정의 주요 생계 수단이다. 마세루에 공장이 들어선 이후 레소토의 여성 취업자 수는 두 배로 늘었다. 하지만 취업이 안정적인 수입을 의미하는 것은 아니다. 2019년 《가디언》의 인터뷰에 응한 대부분의 여성들은 매달 '리바이스 청바지 한 벌' 값보다 적은 돈을 월급으로 받았다. 약 60파운드다. 하지만 이것마저 받지 않으면 어떤 일도 할 수 없기에 레소토의 여성들은 오늘도 의류공장으로 향할 수밖에 없다.

공장의 여성 노동력 착취는 몇몇 개발도상국만의 일이 아니다. 불과 52년 전, 전태일 열사가 23살의 나이로 스스로 몸을 불태운 것도 수천 명의 여성 봉제 노동자가 처한 현실을 비판하면서였다. 그는 "근로기준법을 준수하라!"라고 외치며 자신의 몸에 불을 붙였다. 1960년대 동대문 일대에서 봉제 노동자로 일하던 3만 명 중 80퍼센트 이상이 10~20대 여성 노동자였다. 사람들은 이들을 '여공'이라 불렀다. 여성 노동자 중 70퍼센트 이상이 초등학교를 졸업하지 못했고, 고등학교에 다녀본 이들은 단 1퍼센트에 불과했다. 노동자 대부분은 허리조차 펼 수 없는 자리에서 매일 1년 내내 아침 7시 출근해 밤 11시 30분을 넘겨 열여섯 시간씩 일했다. 한 달에 쉴 수 있는 날은 하루뿐이었으니 주당 110시간씩 일을 한 셈이다. 여성은 싼값에 부리는 노동력이었다.

분명 문제를 해결하려는 시도는 있었다. 그동안 브랜드가 갑이고 공장이 을이었다면, 이를 뒤집으려는 시도가 있었다. 공장이 브랜드의 구매 관행에 순위를 매기는 베터바잉(Better Buying) 조사가 등장한 것이다. 공정의류재단은 기업이 쓰고 있는 인건비와 사회적 책임 비용을 계산할 수 있는 정교한 비용 산출 도구를 만들기도 했다. 하지만 2021년 1월, 인도의 타밀나두 H&M 의류 공급 공장에 근무하던 여성 노동자가 또 사망하는 일이 있었다. 그는 공장 감독관으로부터 괴롭힘을 당하고 있다고 신고했지만 직장 내에서는 아무런 조치가 취해지지 않았고 결국 집 근처 농지에서 죽은 채 발견됐다. 이 공장은 H&M뿐 아니라 다른 서구 패션 브랜드에도 옷을 납품하는, 인도에서 네 번째로 큰 대규모 공급업체다. 아시아최저임금동맹은 이 사망사건을 두고 "의류공장에서 이뤄진 젠더 기반의 폭력에 대해 제대로 대응하지 못한 직접적인 실패 사례"라고 비판했다.[15]

옷에 '공정거래 인증마크' 태그를 다는 것만으로는 부족하다. 웹사이트의 활짝 웃는 모델 옆으로 '지속가능성'이라는 단어를 멋지게 걸어두는 것만으로도 부족하다. 이제는 정부가 나서야 한다고 전문가들은 입을 모은다.[16] 패스트패션 산업에 종사하는 여성 노동자들에 대한 성범죄는 구조적인 문제를 기반으로 이뤄진 사회적 범죄다.

인스타그램 신화

"나 여기서 사진 좀 찍어줘. 발끝 맞추고 하늘 많이 나오게." 어딜 가도 인생샷을 찍기 위해 옷, 메이크업, 포즈, 장소까지 연구하는 여성들의 모습은 너무 익숙해서 이상하다는 생각조차 들지 않는다. 원래 그런 것 정도로 생각했다.

자연스러운 피부결처럼 보이되 얼마나 섬세하게 연신 브러쉬를 덧댔는지는 얘기하지 않고, 혈색과 어울리는 옷을 골라 입되 거울 앞에서 몇 번이나 옷을 갈아입었는지는 얘기하지 않아야 한다. 외모강박은 철저히 따르면서도 무심한 척할 때 비로소 완벽해진다. 옷장 앞에 서서 끙끙 앓는 것은 공공연하게 알려졌지만 비밀에 부쳐야 하는 기밀인 셈이다.

문제는 그것이 세상의 전부인 것처럼 대하게 되는 주객전도의 현상이다. 우리가 옷을 사는 게 아니라, 옷이 우리를 고른다. 옷장을 사서 두는 게 아니라, 옷장이 우리 집을 잡아먹는다. 기분을 좋게 하려고 샤넬백을 사는 게 아니라, 샤넬백을 사지 않아서 불행해진다.

좋아하는 친구에게 불면증에 좋은 약을 아느냐고 묻는 메시지가 왔을 때, 조금 과장하면 심장이 쿵 내려앉는 것 같았다. 회사 스트레스 때문에 잠이 잘 오지 않아 물어본 거라며 걱정하지 않아도 된다고 덧붙였지만, 잠을 못 잔다는 친구의 말에 며칠 동안 불면증에 대한 기사까지 찾아봤다. 그러다 흥미로운 사실을 하나 알게 됐다. 여성이 남성보다 휴대전화와 소셜미디어 사용으로 인한 불면증이 더 높다는 것이었다. 영국에서 11~18세 사이의 유아 및 청소년이 한밤중 휴대전화 사용으로 수면 장애를 더 많이 경험했는데, 여자아이들의 수면 장애 증가가 특히 두드러졌다.[17] 스웨덴에서는 13~24세 사이의 여성 열 명 중 한 명 이상이 정기적으로 정신건강 전문의에게 상담을 받고 있다. 스마트폰과 소셜미디어 사용이 원인이었다.

호모 포토그라피쿠스(Homo photographicus). 우리는 사진 찍는 인간이 되었다. 우리가 볼 수 있다는 것은 누구에게나 보일 수도 있다는 가능성을 내포한다. 하지만 카메라의 발명으로 우리는 보는 것보다 보이는 것에 대해 더 인지하게 됐다. 소셜미디어의 등장은 보이는 나에 대한 집착을 심화했다. 우리는 여행과 맛집에 가서도, 언제 어디에 누구와 있었는지보다 제3의 관객, 팔로워를 위한 촬영에 열을 올린다. 그 시간, 그 공간에 나와 함께하지 않은 사람들을 위해 현재의 순간이 끊임없이 소외된다. 찍는다, 고로 나는 존재한다. 딱 한 번뿐인 경험과 존재의 순간은 그렇게 사진으로 박제된 채 모든 생명력과 의미를 잃는다.

소셜미디어는 나날이 발전한다. 엄지와 검지를 벌려 사진의 확대가 자유로워지면서 피부의 미세한 솜털과 땀구멍까지 화소 단위로 확인할 수 있다. UHD, 4K…… 이미지의 자잘한 질감을 디테일하게 보여주는 디지털 기술은 '보이는 존재'라는 자의식의 증대로 이어졌다. 자발적으로 '보이는 존재'가 되겠다며 발 벗고 나서는 이들이 너무나 많아졌다. 심지어 누군가에게 보이는 대가로 돈과 권력까지 얻을 수 있는 세상이다.

하루는 어느 유튜브 영상에서 이런 말을 들었다. "자, 이제 아이라인을 점막 안쪽까지 꼼꼼히 채워줍니다." 예……? 점막을 채우라고요? 인스타그램 영상에서는 이런 이야기도 들었다. "이 옷을 입은 채로 앉지는 못해요. 근데 어차피 사진 찍을 때는 서서 찍을 거잖아요?" 예……? 앉을 수도 없는 옷을 입는다고요……? 보이는 존재가 된다는 건 이렇게나 쉽지 않다. 어느 누구도 현실 세계의 일상에서는 내 안구 점막에 까만 선이 잘 채워져 있는지 확인하려는 목적에서 눈부신 조명을 내 얼굴에 쏘지 않는다. 화려한 라운지 바 앞에서, 제대로 앉지도 못한 채 오로지 인스타그램용 사진을 촬영하려 용을 쓰는 행태도 기이하기 그지없다.

그러나 내 이런 생각을 가뿐히 무시하듯 이들의 동영상과 사진 아래에는 '정보 좀요.'라는 댓글이 무수히 많이 달려 있다. 사진에 등장한 제품이 무엇인지 확인하고 따라 구매하려는 이들이 '정보'를 구하는 것이다. 소셜미디어는 완벽하게 아름다운 사람들의 모습을 무한정 제공한다. 쇼핑은 내가 더 나은 모습이 될 수 있다고 끊임없이 부추긴다. 지금보다 더 화사한, 생기 있는, 통통 튀는 내가 될 수 있다고.

소셜미디어는 당신이 보는 존재가 아닌 보이는 존재임을 각인시킨다. 나아가 당신을 보이는 존재로 전락시킨다. 우리는 끊임없이 '친구 추가'를 제안받지만, 어쩐지 삶은 질투심과 자괴감, 외로움으로 더욱 가득하다. 소셜미디어는 연결과 행복을 약속하지만 우리에겐 고독만이 남는다. 사진 위에 빠르게 떴다 사라지는 하트의 잔상은 더없이 공허하고 허무하다.

미국의 패스트패션 브랜드 아소스는 시트콤 「프렌즈」에서 나온 소품을 어디서 살 수 있냐는 소비자 문의가 빗발치는 데서 힌트를 얻어 '스크린에서 본 그대로(As Seen On Screen)'라는 이름으로 패션 플랫폼 사업을 시작했다. 제품마다 유명 연예인의 이름을 붙이고, 나아가 해당 제품과 비슷하면서도 비교적 저렴한 패스트패션을 함께 판매해 수익을 폭발적으로 늘리기 시작한 것이다.

2018년 3월에는 이런 기대에 부흥하듯 인스타그램에 쇼핑 기능이 도입됐다. 인플루언서의 사진을 가볍게 누르기만

해도, 사진 속 아이템의 가격을 확인하거나 브랜드 웹사이트에 방문할 수 있다. 피드에서 본 상품을 즉시 구매할 수 있는 '지금 구매하기' 기능도 추가됐다. 해당 기능을 담당하는 비즈니스 매니저는 쇼핑 기능 도입 직후 매출이 8퍼센트 가까이 늘어난 브랜드도 있다고 자랑했다. 이로써 소셜미디어는 완연히 새로운 쇼핑의 장으로 거듭났다. 오늘날에는 특히 10~20대 소비자의 소셜미디어 구매력이 빠르게 확대되고 있다.[18]

소셜미디어 속 광고 이미지는 영원히 잡을 수 없는 환상을 우리 눈앞에 들이민다. 광고를 본 소비자는 해당 광고 상품을 구입하면 이루어질 수 있을 법한 자신의 모습을 선망한다. 하지만 그것의 현실화는 끊임없이 연기된다. 옷장 앞에 서서 무엇을 입을지 고민하는 우리는 현재에 존재하지 못한다. '살 빼면 입겠다.'며 우리가 매일같이 미래를 기약하는 옷들이 현재의 우리 옷장을 가득 채우고 있는 것처럼.

소셜미디어뿐 아니라 수많은 쇼핑몰, 소셜미디어, 홈쇼핑 광고가 패스트패션 소비를 부추긴다. 이 광고들은 소비자로 하여금 그 상품을 구입하면 자신이 선망의 대상이 될 것이라 상상하도록 의도된 것이다. 우리는 이제 보이는 존재가 되다 못해, 자기 자신마저 보이는 존재로 인식하며 자기검열에 돌입한다. 거울을 볼 때도 본인을 보는 게 아니다. 왼쪽으로 오른쪽으로 몸을 비틀며 여러 각도에서 제 모습을 확인한다. 애플리케이션으로 연신 자신의 몸을 깎아내야 비로소 만족한다.

영국 매체 《텔레그래프》에 따르면, 16~60세 여성 2491명을 대상으로 조사한 결과, 한 여성이 일평생 어떤 옷을 입을지 고민하는 데 쓴 시간을 모두 합해보니 무려 287일, 약 9개월이었다. 응답자 절반은 주중 잠자리에 들기 앞서 다음날 무얼 입을지 15분가량을 고민하고 평균적으로 옷 두 벌을 미리 입어본다고 했다. 주중 아침에는 평균 16분, 주말 저녁 약속을 위해서는 약 20분을, 공휴일에는 무려 52분을 옷을 고르고 외모를 단장하는 데 쓴다.[19]

누군가는 그냥 예쁘게 입고 싶은 것뿐이라 항변할 수도 있다. 그런데 안타깝게도 패션의 기준은 아름다움이 아니다. 우리는 유명인들이 한없이 낯선 스타일의 옷과 신발을 착용한 모습을 처음 보고는 충격이나 경악에 가까운 반응을 내보인다. '이런 게 유행이라고……?' 하지만 얼마 지나지 않아 이런 아이템들도 무더기로 복제돼 홍대와 강남 거리에서 흔하디 흔하게 볼 수 있게 된다. 똑같은 운동화, 심지어 똑같은 바지와 티셔츠, 가방의 사람들이 지하철 같은 칸에서 어색하게 마주치는 상황도 어렵지 않게 볼 수 있다.

그럼 아름다운 패션의 기준은 어디에 있을까? 패션은 일종의 학습이다. 예컨대 커다란 숟가락으로 매운 음식을 떠먹는 소셜미디어의 한 영상을 볼 때, 저건 내가 좋아하는 음식이 아니라고 생각하면서도 어느새 그 음식을 즐겨 먹는 자신을 발견하게 되는 것과 비슷하다. 그런데 하물며 가장 최신 유행하는 가방과 신발, 심지어 유행하는 빵까지 우리 눈앞에 대령하니, 그것들을 사지 않고 배길 수나 있을까? 심지어 보여지기로 한, 나와 비슷한 나이 또래의 친구들이 현실 세계에 그것들을 입고 나온다면 말이다.

패스트패션은 우리에게 5000원, 1만 원만 있으면 더 나은 옷을 입을 수 있다고, 어디를 가도 눈에 띄는 주인공이 될 수 있다고, 더 나은 네가 될 수 있다고 끊임없이 속삭인다. 광고를 보는 구매자들은 그 광고의 상품을 구입하면 이루어질 수 있을 법한 자신의 모습을 부러워하게 된다. 광고는 한 사람으로 하여금 그 상품을 구입하면 자신이 선망의 대상이 될 것이라고 상상하도록 의도된 것이다.

나아가 사람들은 서로 어떤 옷을 입고 있는지를 더욱 적극적으로 감시하기까지 한다. 그 감시의 굴레에 서로를 가둔다. 소셜미디어가 발달하며 우리는 보이는 것에 대해 더욱 골똘히 고민한다. 인플루언서들이 무슨 옷을 입었는지를 끊임없이 궁금해하고 선망한다. 그리하여 모두가 어떤 옷이 유행하는지 살피는 데 너무 많은 시간과 돈을 쓰게 됐다. 2019년 통계청이 발표한 생활시간 조사에 따르면, 사람들이 용모 유지 같은 자기관리에 쓰는 시간은 하루 1시간 27분으로 전년도에 비해 9분 정도 증가했다.[20]

사람들은 유행에 쉽게 휩쓸렸다가 유행이 지난 것에 금방 싫증을 느끼고 새로운 유행을 찾아 떠난다. 그사이 패스트패션 회사 CEO는 세계 5위까지 부호의 자리를 지키며 배를 불리고, 저임금 국가의 노동자들은 착취당하다 죽음에 이르며, 눈덩이처럼 불어나는 섬유폐기물은 지구를 덮치고 있다.

100% secondhand

7

친환경처럼 보이지만 친환경이 아닌 것

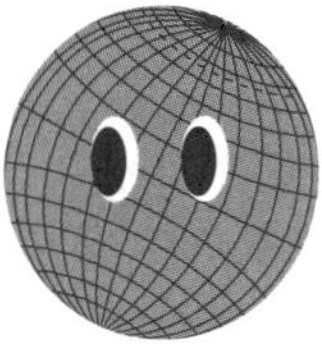

'에코프렌들리' 컨셔스패션부터 그린워싱까지

도입부만 들어도 가슴 뛰는 캐럴이 거리를 가득 채우는 겨울. 빨간 리본에 반짝반짝 포장지의 선물 모양으로 화려하게 꾸며진 백화점이나 쇼핑센터 건물은 겨울을 상징하는 하나의 장면이 됐다. 꼭 무언가를 구매하려는 목적이 아니라도, 쇼핑센터는 가족이나 친구, 연인과 함께 찾아 즐길 수 있는 일상의 한 공간으로 자리 잡았다. 도시에서 겨울을 즐기는 방법이 건조한 히터 열기가 빵빵한 백화점뿐인가 싶다가도, 각 잡힌 쇼핑백을 양손 가득 든 채 먼지 한 톨 없는 매끈한 대리석 복도를 걷고 있노라면 '제법 좋은 삶이다.'라는 풍족함에 가슴이 벅차오르기도 한다.

옷을 사지 않는 내게도 겨울 백화점은 한 번쯤 들르게 되는 공간이었다. 하루는 영어로 '크리스마스 슈퍼 세일'이라고 크게 적힌 빨간 포스터가 붙은 매장 앞을 지나갔다. "어? 이런 옷이면 사도 되는 거 아니야? 크리스마스 선물로 하나 사줄까?" 친구는 이렇게 말하며 벽면을 가리켰다. 갈색 크라프트지로 만든 가방이 걸려 있었고, 벽에는 초록색 크레파스 질감을 표현하려는 듯 삐뚤빼뚤 '에코프렌들리'라는 문구가 커다랗게 프린트돼 있었다. 벽을 가득 채운 빼곡한 작은 글씨가 섬유폐기물과 기후위기의 문제점을 꽤나 상세히 설명하고 있었다.

쇼핑센터 내부의 가장 넓은 벽을 할애해 지구가 얼마나 빠른 속도로 오염되고 있는지 설명하는 장면은 일견 퍽 감동적이었다. 버려진 페트병을 재활용해 만들었다는 티셔츠 한 장이 전장을 진두지휘하는 장군처럼 위풍당당하게 매장 전면에 자리하고 있었다. 옷에는 가격표와 함께 100퍼센트 재활용 폴리에스테르 성분표, 에코프렌들리 제품임을 알려주는 태그, ESG를 위한 해당 브랜드의 노력을 줄줄이 적은 안내문 등 서너 장의 종이 조각이 플라스틱 줄에 엮여 매달려 있었다. 티셔츠 뒤로는 여느 때처럼 형형색색의 새 옷들이 매대에 줄지어 걸려 있었다.

돈의 흐름 자체를 바꾸려는 혁신적 시도를 표방하며 패션계에서도 이와 비슷한 움직임이 보이는 듯했다. 패스트패션에 대적하겠다는 듯 '컨셔스패션(conscious fashion)'이라는 새로운 단어가 출현한 것이다. 의식 있는 패션을 뜻하는 이 신조어는 소재 선정부터 제조 공정까지 친환경적이고 윤리적으로 만들어진 패션 아이템을 일컫는 데 사용된다.

윤리적 소비라는 개념은 일찍이 18세기부터 존재했다. 윤리적 소비는 소비자가 개인적이고 도덕적인 믿음에 근거해 내리는 의식적 소비 선택을 말한다. 당장 자신에게 경제적 이득이 되지 않더라도 지구와 이웃에 미치는 장기적 영향을 고려하는 관점에서 구매를 결정하는 것이다. 여기에는 환경이나 동물보호뿐만 아니라 생산자에게 정당한 비용을 지불하는 등 공정무역, 지역사회를 위하는 로컬푸드 등의 개념도 포괄된다. 컨셔스패션은 다양한 분야를 아우르는 윤리적 소비 중에서도 패션산업의 변화를 보여주는 예다. 패스트패션의 앞잡이로 환경오염과 각종 착취의 혐의를 받던 기업들은 뒤바뀐 소비자 의식에 부응하기 위해서라도 필히 변화를 꾀해야 했다.

패스트패션의 폐해를 지적하는 목소리가 나온 지도 벌써 20여 년이 되어간다. 점점 더 많은 이들이 자신의 꽉 들어찬 옷장에서 문제점을 인식하기 시작했다. 멋을 내기 위해 옷을 사 입는다는 게 실은 전혀 멋지지 않음을 깨달은 것이다. 무와 비움의 철학을 추구하는 무인양품, 곤도 마리에의 메시지(이에 대해서는 227쪽에서 조금 더 자세히 이야기할 예정이다.) 등이 유행하며 라이프스타일로서 미니멀리즘을 추구하는 사람들도 늘었다. 패션업계로서는 이런 흐름이 달가울 리 없었을 것이다. 아무리 할인폭을 늘리고 무료배송 쿠폰을 뿌려도 사람들이 제품 구매 자체를 꺼리면 매출에 막대한 지장이 오기 때문이다. 그래서일까, 몇몇 기업은 소비자들이 '마음 편히' 구매할 수 있도록 친환경 사업을 펼치는 쪽으로 방향을 틀기 시작했다. 언젠가부터 대형마트와 백화점에서 쇼핑을 마치고 나온 사람들의 손에 'Save the Earth!'라고 적힌 쇼핑백이 들리기 시작한 것도 이런 맥락에서 촉발된 변화였다.

H&M은 2020년 F/W 시즌의 옷과 액세서리 일부를 폐기물을 이용해 제작했다. 목재 펄프와 섬유, 와인을 만드는 과

정에서 남은 포도 껍질과 줄기 등을 재활용했다. 2030년까지 판매 제품의 원료 100퍼센트를 재활용 섬유로 쓰겠다는 계획도 발표했다. 자라도 환경단체 인증 소재나 재활용 섬유 등을 사용한 제품을 선보였다. 유니클로는 2020년 한 시즌에만 약 4800만 개의 폐페트병을 회수해 재활용했다고 밝혔다. 청바지를 만드는 과정에서 물 낭비를 줄이는 '블루사이클' 기술도 선보였다. 국내 아웃도어 패션 브랜드에서도 잇따라 재활용 섬유를 활용해 옷을 만드는 변화가 시작됐다.

효과는 엄청났다. 노스페이스가 나일론과 페트병을 재활용해 선보인 '에코플리스'는 일시 품절될 정도로 인기를 끌었다. 내셔널지오그래픽은 2021년 상반기 친환경 소재 의류 생산을 전년 대비 200퍼센트 더 늘렸다. 친환경 소재를 내세운 제품이 젊은 소비자들 사이에서 인기가 높은 덕분이었다. 컨셔스패션 시장은 앞으로 점점 더 몸집을 키울 전망이다. 2019년 기준 전 세계 약 63억 5000만 달러(7조 6100억 원)에서 2023년 약 82억 5000만 달러(10조 원) 규모로 성장할 것으로 예측된다.

이런 기업들의 변화는 계획 단계부터 언론을 통해 대대적으로 알려졌다. 마치 걱정 말고 원하는 품목을 사라는 듯 상의, 하의, 액세서리 등으로 구분되던 쇼핑몰 웹사이트에는 '지속가능성' 카테고리가 추가됐다. 패션 플랫폼 메인 화면에도 '그린 시리즈'나 '에코 라인' 같은 이름의 페이지가 새롭게 등장했다. 버려진 페트병과 의류를 재활용한 재생 소재 제품이나 유기농 천연 섬유, 물 절약 기법을 활용한 상품들로 제품 라인을 따로 구성해 판매하기 시작한 것이다.

풍요로운 연말을 만끽하던 그날, 나는 '지속가능성'이라는 키워드를 보고도 마음 놓고 옷을 장바구니에 담을 수 없었다. 어딘가 마음 한구석이 찜찜했다. "왜 안 돼? 버려진 페트병으로 만든 건데 왜 사면 안 돼? 버려질 뻔한 폐기물로 만든 옷이잖아." 친구는 몇 년째 옷을 사지 않고 있는 나라면 척척 답을 해줄 거라고 생각했는지 연신 질문을 쏟아냈다. 하지만 옷가게 벽면을 가득 채운 지속가능성에 대한 작은 글씨들에 압도돼 나는 우물쭈물하고 말았다. 패스트패션의 대안으로 등장한 재활용 옷이 왜 문제인지 속 시원히 설명하지 못했다. 내가 고집을 부리고 있는 건가? 패션업계의 변화가 정말 지구에 도움이 되는 방향인 건 아닐까?

집에 돌아와 몇 번의 검색만으로 이내 어렵지 않게 문제가 무엇인지 파악할 수 있었다. 패션업계에서 일부 노력하고 있는 건 사실이지만, 패스트패션이 야기한 문제를 직접적으로 해결할 만한 규모는 전혀 아니었다. '지구를 위한 패션'이나 '에코 패션' 같은 표현은 마치 '건강에 좋은 햄', '돈을 아낄 수 있는 신용카드', '다 널 위해서 하는 말'처럼 애당초 어울릴 수 없는 단어들을 억지로 끼워 맞춘 것만 같다.

2022년 9월, 지속가능한 패션의 선두주자로 손꼽히는 H&M은 소비자를 기만했다는 혐의로 미국 뉴욕 연방법원에 소환됐다. 이들이 내세운 그린워싱 마케팅 때문이었다. 그린워싱은 친환경을 상징하는 색인 '그린(green)'과 이미지 세탁을 뜻하는 '화이트워싱(whitewashing)'의 합성어로, 실상 환경에 긍정적 영향을 미치지 않음에도 친환경적이라 속여 홍보하는 '위장환경주의'를 가리킨다. 친환경 캠페인 기구인 변화하는 시장재단(CMF, Changing Markets Foundation)에서 발간한 보고서에 따르면, H&M은 CMF에서 설정한 가이드라인을 무려 96퍼센트나 위반했다. 지속가능한 패션을 표방하며 출시한 '컨셔스 컬렉션(Conscious Collection)'의 원재료 가운데 무려 72퍼센트가 합성성분이었던 것이다. H&M뿐만 아니라 아소스의 친환경 의류에도 재활용이 가능한 합성물이 단 9퍼센트밖에 포함돼 있지 않았다. CMF는 친환경을 표방하는 패션 브랜드 대부분이 그린워싱을 자행하고 있다고 지적한다.

사실 '친환경'이라는 표현을 사용하려면 섬유, 물류, 폐기 과정 모두가 친환경이어야 한다. 친환경 의류 제작에 쓰일 섬유는 자연에서 농약, 화학비료, 살충제 사용 없이 재배해야 하고, 옷으로 만드는 가공 과정에서도 생태계에 해로운 오염물질이 나오지 않아야 한다. 옷으로서의 기능과 수명을 다해 폐기를 해야 할 때도 생분해돼 자연으로 돌아가야 한다. 과연 가능할까? 바나나잎을 거미줄로 엮어 어디에도 앉지 않고 중요 부위만 가린 채 움직이는 것을 '옷'이라고 부를 수 있다면…… 그때에야 비로소 '친환경'이라는 이름을 붙일 수 있을 것 같다.

실제로 국내 조사 결과, 데상트 매장에서 전시·판매되는 외투 40여 종 가운데 리사이클 인증마크가 부착된 제품은 5종에 불과했다. 디스커버리나 노스페이스에도 리사이클 섬유를 사용한 제품이 있었지만 종류가 매우 한정적이었다. 자사 웹사이트에서 지속가능성과 지구 환경을 들먹이고 쇼핑백에 '지구를 위한다'는 말을 당당히 적을 만큼 진정으로 친환경적인 제품을 생산하는 브랜드는 너무나 적었다. 이는 엄연히 소비자를 기만하는 행위다. 문제 해결을 위한 실질적 노력은 일절 하지 않은 채 이를 가장한 행동이 유의미한 시도처럼 부풀려져 소비욕구를 자극하는 것이다. 전 지구적으로 커져가는 기후위기의 심각성만큼 그린워싱은 더욱 교묘하게 상품 곳곳에 스며들고 있다. 패션기업에서 지속가능성이라는 단어를 사용하는 자체가 문제적인데, 어째서 공정거래위원회는 패션 브랜드를 대상으로 어떤 규제도 하지 않는지 이해하기 어렵다.

반면 2022년 영국 경쟁감시당국(CMA, Competition and Markets Authority)은 패스트패션 업계의 그린워싱에 칼을 빼 들었다. 그린워싱을 퇴치할 목적으로, 13개 항목으로 구성된 가이드라인을 발표했다. 아소스, 부후, 조지(George) 세 회사를 그린워싱 혐의로 입건해 조사에 착수했다. CMA는 부후가 내세운 '미래를 위한 준비(Ready for the Future)'라는 캠페인 슬로건의 모호성, 지속가능성 소재 성분, 재활용 소재 사용에 대한 상세 정보 누락 등을 조사 대상에 포함했다. 조사는 최대 2년간 진행될 걸로 보인다. 이 과정에서 패션업계의 그린워싱을 막기 위한 기준점이 세워질 것이라는 기대감이 모이고 있다.

앞으로 패스트패션 업계의 그린워싱에 대한 비판은 더욱 엄격해질 것으로 예상된다. 그동안 H&M, 월마트, 나이키 등 250여 개 기업에선 '힉 지속가능성 지수(힉 MSI, Higg Material Sustainability Index)'를 기준으로 자사의 지속가능성을 홍보해 왔다. 하지만 이 지표 자체가 실제 환경에 대한 영향을 측정하는 표준이 되기에 불충분하다는 문제가 제기됐다. 노르웨이에서는 해당 지수가 친환경 마케팅의 근거나 표준으로 사용하기에 충분하지 않다고 보고, 정부 차원에서 이를 법규 위반으로 규정해 사용 중단 명령을 내렸다. H&M에 대해서도 동일한 혐의로 힉 지수 사용 중단을 권고했다.

그린워싱은 기후위기 해결에 도움이 되기는커녕 오염을 가중시키고 소비자를 기만한다. H&M을 상대로 집단 소송이 제기된 것도 이런 이유 때문이었다. 소송을 제기한 한 당사자는 이렇게 말했다. "H&M의 일반 제품이 아니라 컨셔스 컬렉션을 구입하느라 더 높은 값을 지불했지만, 그럴 만한 가치의 제품이 아니었다." H&M이 거짓과 오해로 점철된 기만적 마케팅으로 의식 있는 소비자들을 속여 부당 이득을 취했다는 것이다. 아직 최종 판결이 나오진 않았지만, 패션업계에서 밥 먹듯 입에 올리던 '지속가능성'이라는 표현을 더는 맹신할 수 없음을 인지하기에는 충분한 계기가 됐다.

우리나라는 현재 패션산업의 지속가능성에 대한 지표는 물론, 생필품이나 식품 등에 사용되는 유기농 인증, 친환경 마크 인증 제도에 관해서도 제대로 된 기준과 원칙이 없다. 업체마다 자체적으로 만든 친환경 마크를 부여하기 일쑤고, 이에 대한 적합성의 여부는 명확히 밝혀진 바가 없다. 그토록 이야기하는 '친환경 패션'은 어디에도 없다. 가치소비를 위해서라면 비싼 비용도 기꺼이 지불하는 이들이 많아지고 있는 만큼 이제는 친환경 마케팅에 대한 규제가 정말로 필요하다.

폐페트병 티셔츠로는 지구를 구할 수 없어

버려진 페트병 등 폐자원을 이용해 새 옷을 만드는 자체는 어쨌든 환경에 이롭지 않을까? 결론부터 말하면, 전혀 도움이 되지 않는다.

패션업계는 폐페트병에 화학적 반응을 일으켜 실을 뽑아낸 뒤 원단공장과 염색공장을 거쳐 옷을 만든다. 티셔츠 한 장을 만드는 데 500밀리리터 생수병이 약 15개 필요하다. 공정 방법이 비교적 쉬워 패스트패션 브랜드들도 앞다퉈 폐페트병을 이용한 티셔츠를 만들기 시작했다.

우리나라에서 한 해 동안 수거되는 폐페트병은 약 30만톤에 달한다. 이 무지막지한 양을 옷으로 재활용한다니 무척 고무적으로 느껴질 수 있지만 실상은 딱히 그렇지 않다. 재활용 업체에 수거된 폐페트병의 재활용률은 기존에도 80퍼센트에 달했다. 라벨, 불순물 등을 걸러내고 여러 번 세척해 균일한 입자의 조각을 만들면 순도 높은 플라스틱 원료로 새롭게 거듭나는 것이다. 이는 각종 용기, 인조 솜, 포장재 등을 만들 때 활용됐다. 그런데 최근 패스트패션 업계가 폐페트병을 활용하기 시작하며 폐페트병의 수요와 가격이 급등했다. 한국페트병재활용협회 권두영 부회장은 "지금 우리나라는 폐페트병 구하기 전쟁"을 벌이고 있다고 설명했다. 폐페트병 압축품의 가격은 1년 사이 최소 60퍼센트 이상 올랐다. 'Eco', 'Earth' 태그를 달기 위한 자원의 쟁탈이 시작된 것이다.

그사이 옷은 해마다 1000억 벌 이상 만들어지고 330억 벌씩 버려진다. 생산하는 옷도, 출시되자마자 버려지는 옷도 이렇게나 많은데, 패스트패션 업계에서 이 문제를 외면한 채 '친환경'을 입에 올리는 건 어불성설이다. 생산 과정에서 원단 하나만 바꿨을 뿐 그렇게 만들어진 옷의 생애가 달라지는 건 아니다. 싼값에 팔려 옷장에 머물다가, 한 계절이 지나면 금세 버려져 소각장이나 개발도상국의 강산에 쌓이는 옷의 슬픈 여정은 매한가지다. 페트병 티셔츠를 만들려면 각종 공정과 탄소배출 과정을 거쳐야 하는데, 이렇게 만들어진 티셔츠가 또 다시 한 계절 만에 버려진다면 결국 환경에는 아무런 도움도 되지 않는다. 게다가 페트병 소재도 일종의 합성섬유이기 때문에 소각하거나 매립할 때 이산화탄소가 배출된다는 점에서 한계가 있다.

오늘날에는 '친환경'이라는 명분만 내세운 채 옷을 계속 생산하고 판매하기보다 옷 생산량 자체를 줄여야 한다. 한국환경공단 자원순환정보시스템에 따르면, 2020년 한 해에만 섬유폐기물이 37만 664톤이나 발생했다. 그중 재활용된 폐섬유류는 2만 1433톤으로, 고작 6퍼센트에 불과하다. 나머지는 일제히 매립되거나 소각됐다. 재활용 섬유를 만든다면 폐섬유를 우선적으로 활용해야 하고, 무엇보다 공급을 통해 버려지는 양 자체를 줄여야 한다.

말하자면 우리에게 필요한 것은 옷장에 잠들어 있는 티셔츠와 청바지도 오래오래 입을 수 있다는 새로운 패러다임의 패션이지, 폐페트병으로 티셔츠나 청바지를 만들기 위한 물 절약 공정 과정이 아니다. 기후위기를 고민하는 소비자도, 섬유폐기물로 몸살을 겪고 있는 지구도 그런 걸 필요로 하지 않는다. 오로지 제조와 판매를 통해 이득을 취하고자 하는 패스트패션 기업에게나 필요할 뿐이다. 페트병 티셔츠는 지구를 위한 결정이 아니라 매출을 늘리기 위한 기업의 마케팅 전략에 불과하다.

물론 패션업계에서도 새 옷을 만들기만 하는 것은 아니다. H&M, 자라, 유니클로 세 회사 모두 고객들이 입지 않는 중고 옷을 수거하고 있다. 할인 쿠폰을 주거나 새 옷으로 바꿔준다며 옷 반환을 촉구한다. 하지만 이들의 매장을 여러 차례 방문해 옷 수거함을 확인해봤지만, 그때마다 옷이 쌓여 있는 모습은 한 번도 본 적이 없다. 새 옷이 가득 찬 매대와는 상반되는 모습이었다.

자라는 이 캠페인을 통해 5년간 94개국에서 헌 옷 6만 2000톤을 수거했다.[1] 유니클로는 2020년 8월까지 75개국에 의류 총 4111만 벌을 전달했다고 발표했다.[2] 난민, 빈곤층 등 사회적 약자가 많은 아프리카와 아시아 국가들에 3000만 벌 이상을 기부했다는 것이다. 패스트패션 기업에서 자화자찬하듯 내보이는 이런 지표에는 커다란 함정이 숨어 있다. 앞서 1장에서 살펴본 것처럼 기부는 쓰레기를 떠넘기기 위한 핑계일 가능성이 다분하다. 기부라는 명분하에 서구 및 개발 국가에서 발생한 섬유폐기물이 비서구 및 저개발 국가의 산과 강에 쌓이는 상황을 우리는 이미 들여다보지 않았던가.

2022년 기준, 패스트패션 산업은 여전히 연간 3퍼센트씩 성장하고 있다. 하지만 기후위기 문제가 해결되지 않으면 패션산업도 지속될 수 없다. 유럽의 한 온라인 패션몰 CEO는 《파이낸셜타임스》와의 인터뷰에서 이렇게 말했다. "패션산업은 세계적인 지속가능성 문제의 일부분이다. 세계 의류업계는 향후 10년 안에 패스트패션 사업 모델을 포기해야 한다."[3] 패스트패션 시대도 곧 끝날 수밖에 없을 거라는 목소리가 나오는 것도 무리는 아니다.

빈티지숍이라는 이름의 패스트패션

쇼핑 중단의 설움과 어려움을 달래준 것은 빈티지숍이었다. 빈티지(vintage)란 본디 '와인의 원료가 되는 포도를 수확하고 와인을 만든 해'를 의미한다. 해마다 일조 시간과 강수량 등 포도 농사의 기후 조건이 달라지므로 어떤 해에 수확한 포도로 와인을 만드느냐에 따라 맛과 가격이 달라진다. 즉 빈티지는 와인의 품질을 예측하고 마시기에 적절한 시기 등을 판단하는 데 참고가 된다. 오늘날 일상적 맥락에서는 잘 숙성된 포도주처럼 오래되어 좋은 제품, 혹은 복고풍 디자인의 소품이나 의류 등을 총칭하는 의미로 쓰인다. '오래돼도 가치 있는(oldies-but-goodies)' 내지 '오래돼도 새로운(new-old-fashioned)' 것을 가리키는 것이다.

누군가 입고 버리려고 한 옷이 다시 살아났다는 안도감, 버릴 뻔한 옷을 입는 것이니 환경에 나쁜 영향을 '덜' 미칠 거라는 근거 없는 기대감을 품고 빈티지숍을 찾았다. 저렴한 가격으로 유니크한 스타일에 도전해볼 수 있어 좋았다. 그러면서도 빈티지 쇼핑을 너무 자주 하는 건 또 마음에 걸려서, 정말 사고 싶은 유형의 옷이 생길 때만 이따끔 방문했다. 하지만 섬유쓰레기에서 솎아낸 옷을 세탁해 쓰레기 산처럼 쌓아놓고 판매하는 창고형 매장을 보면 마음이 심란해졌다. 유튜브에 '#제로웨이스트'라는 해시태그를 걸고 중고의류 쇼핑이나 하울을 하는 사람들을 보는 게 처음에는 반가웠으나 요새는 딱히 그렇지 않다. 인스타그램 광고를 통해 '매일 새 옷이 업데이트돼요!'라고 홍보하는 모습도 그다지 달갑게 보이지 않는다. 매일 업데이트되는 아이템이 어떻게 '빈티지'라는 건지 의문이 들기도 한다.

언젠가는 빈티지숍에 갔다가 마침 그때 딱 유행하는 색감과 패턴의 카디건을 발견했다. 이게 빈티지라니! 신나게 옷을 사서 돌아왔다. 그런데 웬걸, 집으로 돌아오는 길에만 몇 명이

나 비슷한 옷을 입고 있었고, 지하철역 상가의 'NEW 신상!' 코너에도 완전히 똑같이 생긴 카디건이 걸려 있었다. 이런 경험 때문인지 마치 지난달 자라 신상품 코너에서 봤을 법한 빨간색 원피스를 빈티지숍에서 보게 된다면, '건졌다'는 생각이 들면서도 패스트패션을 소비하던 지난날로부터 내가 조금도 달라지지 않은 것 같다. 시한부 신세에 처한 옷의 생애를 겨우 눈곱만큼 연장시킬 뿐이라면 빈티지의류를 사 입는 것도 유효한 해결책이 될 수 없다. 그만큼 매일같이 옷들이 버려지고 있다는 의미니까. 옷이 만들어지고 유통되고 버려지는 과정 자체에 긍정적 기여를 할 수 없다는 사실에 절망감이 느껴졌다.

결국 내가 다시 깨달은 핵심은 옷을 사지 않는 것이었다. 비유적으로 표현하자면 플라스틱 컵 대신 종이컵을 쓰는 것은 제로웨이스트가 아니다. 종이를 만들려면 나무를 소비해야 하고, 비닐이 섞인 재생지는 유해물질과 중금속이 남아 있을 때가 많다. 유리병에 든 음료를 마시는 것도 제로웨이스트가 아니다. 유리 역시 생산과 재활용 과정에서 에너지를 많이 쓰고 무게 때문에 유통이 비효율적이기 때문이다. 어떤 물질을 단순하게 다른 물질로 바꾸려는 시도는 오히려 상황을 악화시킬 수 있다. 따라서 패스트패션 문제를 해결하는 방법은 페페트병 티셔츠를 사는 것도, 빈티지숍 옷을 사는 것도 아니다. 이미 만들어진 물건을 어딘가에 보낸다고 해서 그것이 고스란히 다른 자원으로 재활용될 것이라는 막연한 희망을 품지 말자. 내 수중에 있는 물건을 되도록 여러 번 오랫동안 쓰는 것이 가장 좋은 제로웨이스트다. 각각의 패션기업들이 자사에서 만든 옷, 그러니까 자신들이 만든 쓰레기를 수거해 새로운 형태의 무언가로 제작하지 않은 한, 패스트패션에서 빈티지숍으로의 이전은 사실상 유통하는 회사만 달라진 것으로 보아도 무방하다. 제작한 옷을 직접 수거해 옷의 순환고리를 내부적으로 돌릴 때, 비로소 문제 해결에 (조금) 가까워질 수 있지 않을까.

곤도 마리에의 배신

이토록 풍요로운 시대, 전 세계 어디에 있더라도 누구와도 소통할 수 있는 소셜미디어는 우리의 삶을 더 외롭게 한다. 소중한 생일을 잊지 않게 됐지만 돌고 도는 선물의 늪에 우릴 빠뜨렸다. 온라인 세계에서 제약 없이 무한한 자유를 만끽하면서도 막상 극히 한정적인 공간, 그러니까 자기 옷장조차 어떤 물건으로 채워야 할지 갈피를 잃고 만 것이다. 그 결과 모두가 똑같이 생긴 조명과 화분을 방에 들이고, 똑같은 옷이 가득 찬 옷장을 가지게 됐다. 사고 또 사는 시대, 우리는 이제 버리지도 못한다. 옷장에는 옷들이 쌓여만 간다.

왜 못 버릴까? 첫째, 너무 많이 산다. 사는 속도를 따라잡으려면 스마트폰 스크롤을 내리는 것만큼 물건을 쉽게 버려야 하는데, 사는 것만큼 버리기가 쉽지 않다. '소유 효과' 때문이다. 살 때는 돈만 내면 물건이 내게 오는 것이지만, 버리는 것은 다르다. 엄밀히 말해 돈을 지불하고 우리 집에 배달 온 물건이 '내 것'이 된다는 것부터 의미는 달라진다.

심리학자들은 물건이 실용적 차원에서 긴장 완화, 만족감을 주지만, 상징적 차원에서는 신분이나 사회적 소속감을 나타내거나 소유자가 이를 자기와 동일시한다고 본다. 나아가 물건은 성공을 상징하기도 한다. 인지심리학자 대니얼 카너먼과 행동경제학자 리처드 세일러는 이 사실을 확인하기 위해 한 가지 실험을 진행했다. 이들은 한 학생 집단에 소속 대학 로고가 새겨진 머그컵을 주고, 다른 학생 집단에는 그 머그컵의 값에 해당하는 현금을 줬다. 몇 분 후, 컵을 받은 학생들에게 그 컵을 얼마에 되팔고 싶은지를 물었고, 현금을 받은 학생들에게는 옆에 있는 학생의 컵을 구매하는 데 얼마를 지불할 용의가 있는지 물었다. 결과는 놀라울 만큼 큰 차이가 났다. 컵을 불과 몇 분이라도 소유한 집단은 평균 5.25달러를 불렀고, 현금을 받은 집단은 컵을 2.75달러에 사겠다고 불렀다. 이처럼 대상을 소유한 뒤 그 가치에 대해 소유하기 전보다 훨씬 높게 평가하는 심리를 '소유 효과'라 한다.

이런 심리적 효과 때문에 사람들은 이미 가지고 있는 무언가를 포기하기 힘들다. 따라서 물건을 사게 한 것은 쇼핑몰 광고였지만, 보내야 하는 것은 오롯이 나 혼자 해야 한다. 전적으로 나만의 어렵고 무거운 책임이 된 것이다. 따라서 집 밖으로 옷을 쫓아내는 일은 그 행위에 돈을 지불할 필요가 없음에도 사기로 결정하는 일보다 훨씬 더 높은 강도의 고민을 필요로 하게 되는 것이다. 따라서 우리는 옷을 살 때 내가 싼값에 옷을 사온다고 생각할 게 아니라, 내가 스스로 돈까지 지불해 가며 월세도 내지 않고 내 집에 머무르는 내 '소유'의 물건을 모셔오는 것임을 명심해야 한다.(쇼핑몰은 이런 '소유 효과'를 정확히 알고 판매 전략에 이용한다. 사지 않아도 되니 '일단 입어보세요.'라고 한다거나, 일단 물건을 받아보고 사용해보다가 이후 한 달 내에 '무료반품'이 가능하다는 식으로 소비를 권유한다.)

이런 혼란을 구원해주겠다고 나타난 인물이 있었으니 바로 곤도 마리에였다. 2010년대는 그야말로 곤도 마리에 열풍이었다. 2011년 발간한 저서 『정리의 힘』은 전 세계 1200만 부 이상 팔렸고, 2015년 《타임》 선정 "영향력 있는 100대 인물"로 꼽혔다. 이른바 미니멀리즘 라이프스타일이 유행의 궤도에 오르는 데 큰 영향을 미쳤다. 2019년에는 넷플릭스 시리즈 「설레지 않으면 버려라」를 통해, 넘쳐나는 물건 때문에 삶의 소소한 행복을 잃어버린 이들을 위해 '버리는 법'을 친절히 알려줬다. 사람들은 곤도 마리에의 신성한 '손 맞춤'을 거친 뒤에야 옷장에 가득 쌓인 옷들을 비로소 끄집어낼 수 있었다. 이들은 곤도 마리에가 자신의 행복을 찾아줬다면서 감사의 눈물을 보였다.

글쎄, 내가 보기엔 너무나 기이했다. 결국 몇 분 보지도 못하고 화면을 껐다. "가족들이 자신이 쓰겠다고 남겨두라고 할 수 있으니 가족 몰래 가져다 버리라."는 곤도 마리에의 충고를 사람들이 선뜻 받아들이는 모습에 충격을 받기도 했다. 전 세계의 추앙을 받는 '버림 전도사'의 말에 전혀 공감되지 않는다니, 내게 무슨 문제가 있는 걸까?

곤도 마리에의 조언은 내가 기대한 '버리는 법'과 사뭇 달랐다. 가족 누구라도 쓸 수 있게 하거나 하다못해 나눔을 통해 쓰임새가 다할 때까지 노력하는 것이야말로 물건을 소유한 사람의 의무가 아닐까? 멀쩡한 물건을 왜 버린단 말인가? 그의 말대로라면 나의 이런 생각은 모두 자기합리화이자 소유 효과에 절여져 물건을 버리지 못하는 저장강박증의 증상일 것이다. 하지만 그러면서도 나는 사람들이 자기 살림을 세세히 살펴봄으로써 궁극적으로 자신의 취향과 상황을 잘 파악하게 될 수도 있겠다고 생각했다. 사적이고 안락한 공간인 집에 정말 필요한 것만 소유한 채 생활해본다면, 앞으로 무언가를 사야 할 때 더 신중하고 주의하게 되지 않을까?

그런데 곤도 마리에의 다음 행보는 가족 몰래 물건을 버리라는 조언보다도 충격적이었다. Konmari.com. 자기 이름을 딴 쇼핑몰 '곤마리'를 개설해 '마리에에게 설렘을 주는 물건 125가지'를 판매하기 시작한 것이다. 배신감이 치밀었다. 설레지 않는 물건은 버리라더니, 이제 "150달러 이상 구매 시 무료 배송"이라는 배너를 내걸고는 설렘을 주는 물건을 사라니? 수건 보관용 라탄 바구니가 3만 5000원, 대나무 연필꽂이가 2만 5000원이었다. 그는 이제 와서 자기가 "무소유를 주장한 게 아니며 단지 설렘을 주는 물건이 아니면 버리라고 했을 뿐 설렘을 주기만 한다면 많은 물건을 소유해도 괜찮다."고 반박했다.

급기야 2023년 1월 말에는 《워싱턴 포스트》와의 인터뷰에서 본인의 집이 현재 엉망진창이고, 정리정돈은 더 이상 우선순위가 아니라며 사실상 정돈 포기 선언을 했다.[4] 그의 정리 솔루션 참석을 위해 온라인 테스트와 500달러의 인증 비용에 추가로 1500달러의 비용을 따로 내야 했던 사람들을 뒤로 하고 말이다. 그는 "완벽한 정리보다 일상의 행복이 중요함을 깨달았다."고 덧붙였다. '버리는 행위'마저 라이프스타일로 만들어 버린 구루의 허상을 목도한 것에 대한 씁쓸함을 느낀 사람들이 많았을 것이다.

모두가 더 사야 한다고 외치는 세상에서, 곤도 마리에라는 인물은 비우는 삶, 정리하는 삶을 통할 때 비로소 진정한 설렘과 기쁨을 찾을 수 있다고 말했다. 살다 보면 우리는 몰랐던 것을 알게 되기도 하고, 어떤 배움이나 여러 계기를 통해 전과는 다른 방식과 믿음을 갖게 되기도 한다. 상황이 변했는데도 무조건 전에 믿었던 방식만을 고집한다면 그것이 오히려 융통성 없는 모습이라고 생각될 수도 있을 것이다. 하지만 버림마저 어려워진 사람들에게 구세주처럼 나타났던 이가 "설레기만 하면 많은 물건을 소유해도 된다."며 온라인 쇼핑몰을 여는 모습은 모든 게 엉켜버린 옷장만큼이나 혼란스럽다. 곤도 마리에 식의 정리와 버림 끝에는 또다시 소비가 우릴 기다리고 있었다. 쓰레기 줍기를 위한 '플로깅 키트'가 판매되고 있는 것처럼 말이다.(화장품회사 키엘은 쓰레기를 줍는 플로깅을 응원하는 취지에서 플로깅 에코백, 장갑, 다회용 마스크, 마스크 커버, 자외선 차단제를 종이 박스에 포장해 '환경 인플루언서'들에게 배달했다.)

다시 한 번 원점으로 되돌아온 것 같지만, 결국 잘 버리기의 시작은 애초에 집에 많은 물건을 들이지 않는 것에 있다. 우리를 쉽게 현혹시키는 '미니멀리즘', '환경보호', '제로웨이스트' 같은 거창한 다짐이나 라이프스타일도 맹신할 수 없다.

기술이 발달하면 나도 옷을 살 수 있을까

너무 오래 입어 색이 누렇게 변하고 목 주변이 못나게 늘어난 티셔츠를 입을까 말까 고민하고 있으면 기분이 급격하게 안 좋아진다. 빈티지숍에 가면 취향이 아닌 옷만 가득할 때도 있다. 애초에 '빳빳하고 새하얀 반소매 티셔츠'는 빈티지로 구하기 어렵다. 이럴 때는 '간절히' 새 옷을 사고 싶어진다. 노동자 착취 없이 공정무역을 거치고, 염색 등 생산 과정에서 생태계 오염이 발생하지 않고, 폐기 후에도 다시 새로운 옷으로 활용될 수 있는 새 옷은 어디에서야 구할 수 있을까?

친구 Y는 한국의 많은 여성들이 한 번쯤 사용하거나 최소한 들어봤을 패션 플랫폼에 근무한다. Y는 패션 혁신이 이뤄진다면 나 역시 마음 편하게 원하는 대로 흰 티를 살 수 있을 거라 격려했다. 또 지금까지는 생산 단가를 낮추는 게 패스트패션의 가장 큰 목표였다면, 이제는 윤리적 과정을 거쳐 제품을 생산·유통하고, 나아가 환경오염을 줄이는 방향의 혁신이 이뤄질 것이라고 했다. 디자이너 K의 이야기도 떠올랐다. "다른 것도 아니고, 옷은 의식주 중 하나잖아요. 쉬인 같은 플랫폼이 더 성장하면 궁극적으로 재고도 없어지고 오염도 안 생길 테니, 패션이 꼭 나쁜 건 아니지 않을까요?" 지금은 패스트패션의 어두운 면에 대해서만 이야기할 수밖에 없지만, 혁신만 되면 정말 옷을 죄책감 없이 마음껏 사도 되지 않을까? 예쁜 옷을 사는 사람을 탓할 게 아니라 기술혁신이 있으면 더 나은 세상이 되지 않을까? "사실 쉬인이 빌런 취급을 받고 있지만, 이렇게 기술혁신하는 기업이 더 많아져야 한다고도 생각해요." Y와 인터뷰를 마치고 며칠을 고민했다. 지금 우리는 과도기에 있는 걸까? 이 모든 혁신이 마무리된 이후의 미래를 상상해본다. 우리는 원하는 옷을 마음껏 일회용품처럼 사 입고 버리면서도 환경파괴로부터 자유로워질 수 있을까?

몇 날 며칠 체한 것처럼 속을 답답하게 만들던 고민은 '밀키트'와 함께 꿀떡 내려갔다. 친구들과 가평 근처로 캠핑을 갔을 때였다. 캠핑장에 도착하자마자 내가 외쳤다. "장보러 가자!" 그러자 친구 하나가 이렇게 답했다. "너무 많이 사진 말자. 캠핑장으로 밀키트 주문해뒀단 말이야." 부산에서 맛있기로 소문 난 전골을 가평에서 받아 끓여 먹을 수 있게 된 것이다. 밀키트에서 벗겨낸 열댓 가지의 플라스틱 쓰레기를 발밑에 두고, 쫀득한 납작 당면을 입에 한 가득 물고 씹어 먹으며 마음속으로 생각했다. 혁신은 '혁신'이 아니라고.

서로 자기가 가장 빠르다며 로켓배송, 새벽배송, 당일배송을 약속하는 유통업계 덕분에 롤러스케이트를 신을 틈도 없어졌다. 유통산업의 거대한 흐름을 이끄는 쌍두마차, 미국의 아마존과 중국의 알리바바 덕분이다. 이들은 시스템을 자동화해 재고와 물류 관리의 비효율을 없앴고 곧 운영 비용을 절감했다. 그렇다고 우리는 더 나은 삶을 살게 됐는가? 관련 업계에서는 차별과 불평등, 환경오염이 사라졌는가? 기업은 상세하고 구체적인 고객 데이터 수집이 가능해졌고, 이를 토대로 고객은 맞춤화되고 개인화된 경험을 제공받을 수 있게 됐지만, 우리는 전보다 더 행복해지지 않았다.

에너지 효율이 좋은 LED 기술을 떠올려보면 답은 더 간단히 나온다. "LED는 기존 모델보다 에너지를 최소 75퍼센트 적게 사용하며 기구를 잘 설계하면 조명이 필요한 공간에만 빛을 쏨으로써 광공해를 예방할 수 있다. 환경친화적 조명 시스템은 전 세계에 쉽게 갖출 수 있기 때문에 빛을 연구하는 과학자들은 이러한 조명 시스템을 구축해야 한다고 주장했다. 그러나 정반대의 상황이 벌어졌다. LED가 인기를 끌면서 우리가 연료비에서 절약한 돈을 더 많은 조명을 사는 데 쓴다는 증거가 늘어난 것이다."[5]

패션업계의 혁신은 사실 이미 꽤나 진행됐다. 많은 패션기업이 재고 관리 효율화를 위해 공급망을 철저히 추적하고 관리한다. IT 기술을 활용해 한 가지 제품을 만드는 데 필요한 원단과 자재들이 어디서 어떻게 가공되는지, 자재와 제품들이 어느 지역에 도달해 있는지, 생산이 끝난 제품이 물류센터에 잘 입고됐는지 등을 실시간으로 확인할 수 있다. 이런 시스템을 가장 선진적으로 구축한 건 스페인의 인디텍스다. 자라, 마시모두띠, 풀앤베어 등 SPA 브랜드 10여 개를 소유한 인디텍스는 브랜드별 유통센터와 대규모 물류센터, 자체 개발한 물류 시스템 덕분에 전 세계 매장으로 최대 48시간 안에 제품을 발송할 수 있는 기반을 마련했다. 하지만 이 모든 혁신의 목적은 결국 기존과 똑같은 착취적 성장에 있다. 새롭게 갖춘 첨단 기술을 활용해, 한 해에 옷 9200만 톤이 버려지는 와중에 신제품 1000억 벌을 아무렇지 않게 찍어내고 있다.

3D 템플릿 기술이나 머신러닝 등 패션업계만의 기술 등도 실질적 차원에서 친환경에 기여하지 못하고 있다. 디자이너가 원하는 의상 요소를 선택해 입력하면, 재봉까지 마무리된 옷이 '출력'되는 기술이 이미 개발돼 있다. 기존에는 아무리 정형화된 옷이라도 각각의 패턴을 직접 디자인하고 재봉해야 했기에 많은 폐기물이 발생했다. 하지만 최근에는 원하는 디자인 요소를 고르기만 하면 자동으로 재봉이 완성된 상태에서 세부 디자인을 할 수 있다. 생산 과정이 효율적으로 바뀌고 있는 것이다. 단순한 의상의 경우, 3D 템플릿을 활용하면 기존보다 작업 시간을 50퍼센트까지 줄일 수도 있다. 복잡한 의상도 40퍼센트 이하까지 낮아졌으니 꽤 유의미한 결과라 할 수 있다. 제품 한 개를 생산할 때 발생하는 폐기물의 양은 전보다 훨씬 줄어들 수 있다. 그러나 이는 어디까지나 생산력 향상에 주안점을 둔 기술이다. 예전 같았으면 제품 한 개를 생산했을 시간에 이제는 두 개, 세 개까지 생산이 가능해졌을 뿐 패스트패

션 업계 전체에서 배출하는 쓰레기의 양이 이로써 줄어들게 되리라는 보장은 없다. 실제로 3D 기술과 데이터베이스 활용 능력을 접목해 최근 급속도로 성장 중인 샵사이다, 쉬인은 벌써부터 신진 가해 기업으로 지목되고 있다. 패스트패션 영역에서 아무리 기술이 혁신되더라도 그 덕분에 환경에 대한 악영향이 줄어들게 되리라고는 차마 기대할 수 없는 것이다.

지금까지의 기술혁신은 더 많은 생산을 가능하게 한다. 템플릿 기반 3D 가상 패션 기술은 반복적이고 시간이 많이 드는 패턴 간 재봉 작업을 자동화해, 디자이너의 작업 시간 즉 생산 시간을 단축해준다. 여기에 소셜미디어 등을 통해 의상 구성 요소와 결제 정보에 대한 데이터베이스가 함께 쌓이면 생산에는 더 빠른 속도를 낼 수 있게 된다. 매번 처음부터 새로 만드는 방식이 아닌, 정형화된 패턴 블록에서부터 바뀐 디자인만 수정하면서 데이터의 재활용이 가능해지다 보니, 무궁무진한 새로운 조합, 아니 새로워 보이는 조합이 탄생할 수 있다. 패턴 블록이 교체되더라도 메타데이터를 이용해 자동으로 재봉이 이루어지므로, 바뀐 패턴 블록에 대해서는 재봉 과정이 생략되는 원리다. 이 외에 수요 기반의 온디맨드(on-demand) 생산 방식도, 새로운 친환경 제작 방식도, 전체 패션시장의 폭발적인 성장 속도 앞에서는 혁신의 발걸음이 앞을 향해 있다고 보기 어려울 것 같다. 패스트패션의 기술혁신이 곧 기후위기에 대한 문제를 해결하리라 하는 기대는 다소 막연하고 요원하게 들린다.

리베카 헌틀리는 『기후변화, 이제는 감정적으로 이야기할 때』에서 '낙관주의 편향'이라는 표현을 사용해, 기술혁신이 기후변화 문제를 해결하리라 보는 것이 "가장 교활하고 매력적인" 희망 사항이라고 지적한다. 예컨대 일론 머스크와 리처드 브랜슨이 이산화탄소를 빨아들이는 기계를 합작 개발한다면 지구온난화 걱정 없이 우리가 누리던 것을 그대로 누리며 살 수 있으리라는 희망 같은 것 말이다. '낙관주의 편향'이라는 말을 처음 쓴 것은 1980년 사회과학자 닐 와인스타인인데, 이는 우리 주변에서 쉽게 만날 수 있는 꽤나 익숙한 사고방식이다. 우리가 미래에 겪을 가능성을 현실적으로 보여주는 예측보다 우리가 더 성공할 가능성이 높다고 생각하는 본능적인 믿음이다. 주변 친구나 또래, 동료에 비해 스스로 미래에 알코올중독자가 되거나 이혼할 가능성이 낮다고 믿는 경향처럼, 산불이나 폭우 등 기후변화가 현실이라는 것을 누구보다 잘 알고 있지만 정작 우리 자신과 친구, 가족은 그러한 영향을 받지 않을 것이라고 낙관하는 것이다. 기술혁신이 우리를 구원하리라는 믿음은 문제 해결이 마냥 순탄하리라는 착각에 빠지게 하고, 기술의 위험성을 염려하는 사람들의 목소리를 빼앗는다. 게다가 "낙관의 목소리를 조금 더 키우면 전면 부정의 늪에 빠지기 쉽다."[6]

우리는 그동안 소비를 줄이기보다 소비 위에 초록색 물감을 덧칠하는 데 열을 올렸다. 휘발유 대신 전기를, 석탄이 아닌 바람과 태양 에너지를 이용하면서 말이다. 물 자체를 아껴 쓰기보다 물을 덜 먹는 식기세척기를 이용하는 데 자족했고, 빨랫감을 햇볕에 건조하기보다 저전력 건조기를 집에 들이면서 문제의 본질을 외면해왔다. 정부와 기업은 플라스틱 일회용품을 줄이자는 대대적 선언을 기념하기 위해 공짜 텀블러와 에코백을 마구잡이로 생산해 배포했다. 하나라도 덜 소비하는 대신 하나라도 더 만드는 쪽을 택했다. 당연히 소비는 전혀 줄지 않았다. 옷장은 점점 커지고 옷장에 채워 넣는 옷도 많아졌지만, 어째서인지 개개인의 삶과 우리가 살아가는 세상 모두 나빠지기만 하고 있다.

100% secondhand

8

그럼에도 불구하고

옷을 사지 않겠다는 결심은 고요하기만 했던 일상에 하나 둘 작은 변화의 물결을 일으켰다. 네일아트는 괜찮나? 샴푸를 서너 번씩 푹푹 짜 머리를 연거푸 감겨주는 미용실에 가는 건? 모든 게 일회용이 되는 호텔로 하룻밤 휴가를 떠나는 것은? 새 옷을 사지 않겠다는 각오가 쏘아 올린 공은 생각보다 훨씬 거대해져서 때로 내 삶을 짓누르는 것 같았다.

처음에는 이런 질문이 힘들고 버거웠다. 방송사로부터 '옷 안 사는 20대'를 취재하고 싶다는 연락을 받으면, 녹화를 앞두고 옷장에 있는 수백 벌 가운데 일부라도 어딘가에 숨겨야 하는 건 아닌지 고민했다. 명품산업의 폐해를 신랄하게 비판하는 원고를 쓰다가도, 어떤 명품가방을 살지 후보군 사진을 보내온 친구들에게 천연덕스럽게 답장을 보내야 했다. 마음에 들지 않는 옷을 입고 출근을 하다가, 주름이 채 펴지지도 않은 말쑥한 새 옷을 입은 채 손가락 끝까지 우아한 포즈를 취한 마네킹 옆을 지날 때면 허무함마저 느껴졌다.

이런 고민은 꼬리에 꼬리를 물면서 어떤 감정으로 고착화됐다. 바로 '외로움'이었다. 혼자서 이렇게 유난을 떠는 게 무슨 의미일까 싶은 외로움. 그래서 결론을 내렸다. 그래, 어쩌면 혼자서 하는 것은 아무 의미가 없다고. 책을 여기까지 읽은

독자 여러분께서는 이게 무슨 김새는 소리냐고 말씀하실 수도 있겠지만, 사실이 그렇다. 그야말로 나 혼자서만 옷을 사지 않는다면, 환경운동가 행세를 하며 자기위로감만 느낄 뿐 아무런 변화도 의미도 불러일으킬 수 없다.

그래서 나는 어느 곳에서 어떤 모습으로 살건, 나와 이런 실천을 함께할 사람들을 찾아 나서기 위해 한 글자 한 글자 글을 쓰기 시작했다. 나처럼 평범한 쇼핑광이었던 20대 여성일 수도, 온라인 쇼핑몰에 입점해 새로운 브랜드를 꿈꾸는 30대 사장님일 수도, 물류 체계를 혁신하는 기업 담당자일 수 있다. 패션산업의 세 단계, 다시 말해 원·부자재를 만들어 유통하고, 옷을 디자인해 제작하고, 구매자들의 집 앞까지 배송하고, 나아가 폐기물을 처리하기까지 모든 과정에 걸친 변혁이 일어날 때, 나의 미약하기 그지없는 '옷 안 사기 프로젝트'도 비로소 성과로 이어질 것이다.

『쓰레기 거절하기』에 등장하는 '말레네의 스키복' 이야기가 떠오른다. 저자 산드라 크라우트바슐은 2009년부터 가족과 함께 플라스틱 없이 살기로 하고, 이 실험의 여정을 책으로 기록했다. 프로젝트를 시작할 당시 각각 열세 살과 일곱 살이었던 아이들은 처음부터 엄마의 계획에 적극적으로 따른다. 그중 둘째인 딸 말레네가 열다섯 살 생일을 맞아 최초로 자기만의 스키복을 갖고 싶다고 선언한다. 어릴 적부터 일생 내내 필요한 물건 대부분을 오빠에게서 물려받던 말레네가 이번만큼은 세련된 여성용 스키복을 생일 선물로 요구하고 나선 것이다. 가족들은 모든 식구에게 자유롭게 결정하고 거부할 권리가 있어야 한다는 데 이견이 없었다. 이들은 말레네의 스키복을 찾아 머나먼 여정을 떠난다.

겹겹이 포장된 선물을 사는 걸 당연하게 여기는 걸로도 모자라 '쓸데없는 선물'을 장난삼아 주고받는 우리와 달리, 산드라의 가족에게는 기준에 맞는 물건을 사는 것은 고사하고 찾는 것조차 쉽지 않다. 가족은 우선 지인이나 인근 중고매장에 적당한 물건이 있는지 문의한 끝에, 일주일 만에 무료 또는 저가에 매입할 수 있는 스키복 다섯 벌을 찾아낸다. 하지만 안타깝게도 그중 말레네의 마음에 쏙 드는 옷은 없었다. 결국 중고품 대신 공정무역으로 생산된 스키복을 찾아보기로 하지만, 주인공 가족이 설정한 기준에 부합하는 제품은 어디에도 없었다. 말레네가 원한 스타일의 옷은 하나같이 공정무역 상품이 아니거나 오래 입을 수 있도록 만들어지지 않았다.

11월 초부터 시작한 스키복 찾기는 1월 말까지도 성과가 없었다. 온 식구가 스키 여행을 가기로 한 생일까지 3주밖에 안 남은 시점이었다. 말레네는 단념 끝에 오빠가 입던 스키복을 물려받겠다고 먼저 한발 물러난다. 이에 산드라가 이런 제안을 내놓는다. "엄마랑 스키복 사러 가자. 생산지나 소재 같은 거 따지지 말고 네 마음에 드는 걸로 아무거나 골라. 단 150유로 이내에서."

그렇게 말레네와 산드라는 스키 용품점에 방문하는데, 믿기 어려울 만큼 많은 스키복이 판매되고 있었다. 가족들이 세운 원칙을 끝까지 고수했더라면 말레네에게 결코 사주지 못했을 스키복들이 시중에 그렇게나 많이 출시돼 있던 것이다. 게다가 시즌이 끝나며 많은 제품이 할인 중이었기에 말레네는 불과 몇 분 만에 마음에 드는 스키복을 찾아냈다. 산드라는 계산 직전까지 망설이는 말레네를 보며 스키복 하나조차 자신들 마음대로 살 수 없는 현실에 탄식한다.

스키복을 찾으러 몇 개월을 돌아다닌 말레네에게 자원을 낭비하지 않는 새 옷이 있었다면 어땠을까. 다소 뒤늦기는 했지만 이제 말레네 가족의 상상이 상상에만 머물지 않는 세상이 점차 도래하고 있다. 일각에서나마 소비자의 의견에 따라 기업이 변화하기 시작한 것이다. 온 우주가 개인에게 소비만을 간절히 강요하는 시대이지만, 우리가 소비를 중단함으로써 벌어질 기적은 어쩌면 이미 시작되고 있는지도 모른다.

라이프스타일, 유행 소비를 넘어선 삶의 양식으로

라이프스타일마저 소비되는 시대다. 미니멀리즘을 이야기하며 미니멀리즘 플라스틱 서랍을 팔고, 플라스틱 문제를 이야기하며 일회용 종이 빨대를 판다. 하지만 소비만능주의에서 벗어나는 다양한 삶(이를 '라이프스타일'로 칭할 수 있으면 좋겠다.)이 등장한다는 것은 분명 반가워할 일이다. 소비 외에 우리가 택할 수 있는 삶의 모습을 살펴보자.

1. 미니멀리즘

미니멀리즘이라는 단어는 1960년대 예술계에서 사용되기 시작했다. 복잡한 곁치장이나 불필요한 부속을 작품에서 완전히 없애고 사물의 본질만을 드러내려는 음악이나 미술을 가리켰다. 최소한의 색이나 기하학적 뼈대만을 표현하는 단순한 형태가 미니멀리즘의 대표적 특징이 됐다.

그 후 예술 영역을 넘어 삶에 비슷한 원리를 적용하는 라이프스타일로서 미니멀리즘이 등장했다. 소유와 소비를 줄이고 본인이 가진 것에 만족하며 사는 삶의 형태를 말한다. 생활이 단순해지면 삶은 오히려 풍요로워진다는 것이 미니멀리즘 라이프스타일의 핵심이다. 이때 중요한 건 무작정 물건의 개수를 줄이는 게 아니라 소비와 더불어 기존 삶에 불필요했던 요소를 제거하고 자기 자신에 더욱 집중하는 것이다.

2. 과시적 비소비

2023년 트렌드 키워드로 '과시적 비소비'가 꼽혔다.[1] 그동안 얼마나 좋은 호텔로 호캉스에 갔는지, 얼마나 비싼 시계와 가방, 차를 샀는지를 과시해왔다면 이제는 '소비하지 않는 나'를 과시하는 것이다. 누구에게도 과시하지 않아도 되는 사회에 살게 된다면 좋겠지만, 좋아요 알림이 주는 도파민으로부터 자유롭지 못하는 현대인에게 과시적 비소비는 나름의 순기능을 기대해볼 만한 현상이다.

과시적 소비보다 먼저 등장한 개념이 있다. 바로 '과시적 환경보호'다. 행동경제학자 스티븐 섹스턴과 앨리슨 섹스턴은 사람들이 환경친화적 성향을 남들에게 드러내려는 의도에서 친환경적 제품을 소비하기도 한다는 사실을 밝혀냈다. 『쇼핑보다 투표가 중요하다』에는 과시적 환경보호의 사례로 도요타의 하이브리드 자동차 '프리우스'를 구매하는 행위가 소개된다. 전기로도 달릴 수 있어 환경적 가치가 있는 프리우스는 외형 디자인이 독특해 멀리서 봐도 누구나 구별하기 쉽다. 그래서인지 친환경 가치를 높게 인정하는 지역일수록 프리우스의 판매량이 높았다. 미국에서 프리우스를 구매한 사람의 절반 이상이 '내가 어떤 사람인지를 보여준다.'는 점을 구매 요인으로 꼽았다.[2] 여기에서 기인해 자신의 윤리성을 인정받으려는 과시적 소비 행위를 가리켜 '프리우스 효과'라는 말이 생겨나기도 했다.[3]

비소비, 환경보호, 비건 지향 같은 개인적 실천의 목적이 과시에 있다면, 나는 기꺼이 과시하는 존재가 되겠다. 하지만 과시적 환경보호는 그린워싱과 결부되기 쉽다. 또다시 자본주의와 소비주의의 늪에 빠질 위험이 있다. 인스타그램에 쓰레기가 반쯤 찬 플로깅 봉투를 찍어 포스팅하고, 흐물거리는 종이 빨대를 두세 개씩 바꿔 가며 쓰고, 폐자원으로 만든 신상품 옷을 변함없이 구매해서는 문제를 해결할 수 없다. 파타고니아 티셔츠를 입는 걸로는 우리가 당면한 위기의 현실을 바꿀 수 없다. 그렇게 손쉽게 풀릴 거였다면 애초에 기후 문제에 위기나 재난 같은 단어를 사용하지도 않았을 것이다.

따라서 과시적 환경보호는 어디까지나 시작점이 돼야 한다. 그 이후에는 진정한 의미의 환경보호를 실천해야 한다. 비소비를 전시하는 소비자에서 변화를 요구하고 직접 행동하는 시민으로 거듭나야 하는 것이다. 그러려면 자신이 궁극적으로 지향해야 할 방향에 대해 자문하고 고민할 시간이 필요하다. 우선 단기간이라도 소비 지옥의 악순환을 벗어나보자. 하루도 좋고, 며칠이라면 더 좋다. 자본과 소비로 버무려진 가짜 일요일에서 벗어나 진짜 일상을 적극적으로 되찾을 때, 과시적 비소비 이후의 다음 단계가 열릴 것이다. 공정과 정의의 가치에 공감하는 당찬 MZ세대로서 인스타그램에 소신 발언을 남기는 것만으로는 더 나은 세상을 만들 수 없다.

3. **반소비주의**

반소비주의는 오늘날 세상 곳곳에 만연한 소비지상주의, 자본만능주의에 반대하는 문화다. 돈을 쓰지 않고서는 물 한 모금도, 밥 한 끼도 먹기 어려운 사회에서 '반소비주의'라니, 지나치게 급진적이고 거창하게 느껴질지도 모르겠다. 나 또한 처음에는 그랬다. 하지만 옷을 사지 않기로 한 나의 다짐 역시 큰 범주에서 반소비주의임을 뒤늦게 깨달았다.

물건을 수리하는 것도, 재능을 교환하는 것도, 소비를 최대한 줄이며 자원을 낭비하지 않으려는 것도 모두 반소비주의적 실천에 해당한다. 일례로 사회운동가 칼레 라슨은 쇼핑카트를 이용하는 데도 동전을 투입해야 하는 대형마트 측의 정책을 비판하기 위해 일부러 찌그러진 동전을 투입구에 쑤셔 넣어 카트를 망가뜨렸다. 사기업의 재산을 훼손해가면서까지 일종의 문화훼방(culture jamming)을 실천한 라슨의 행동은 오늘날에도 많은 이들에게 논란의 대상이 될 게 분명해 보인다. 그럼에도 라슨은 반소비주의 잡지 《애드버스터즈》를 창간해 광고가 인간과 자연환경에 얼마나 파괴적인지를 끊임없이 설파하는 한편, 주변의 동료 디자이너들에게도 자본에 공모하기보다 사회적 · 환경적 책임을 이행할 것을 간청하는 등 반소비주의적 행보를 일관되게 이어갔다.

그 밖에 가장 대표적인 반소비주의 캠페인으로는 '아무것도 사지 않는 날(Buy Nothing Day)'이 있다. 블랙프라이데이 바로 다음 날부터 11월 마지막 주에 펼쳐지는, 현대인의 생활 습관과 소비 행태에 대한 반성을 촉구하는 캠페인이다. 상품이 생산돼 소비되기까지 모든 과정에서 발생하는 폐단, 이를테면 환경오염, 자원 낭비, 노동 문제, 불공정거래 등을 고발하고, 오늘날 유행, 쇼핑, 소비에 중독된 라이프스타일을 되돌아보게끔 유도한다.

4. **수리할 권리**

"내 물건은 내 손으로 직접 고칠 수 있게 해주세요!" 우리가 사는 세상에서는 이 당연한 요구도 수십 년째 제자리걸음을 하고 있다. 소비자가 구매한 물건을 직접 수리할 수 있게 해달라는 '수리할 권리'에 대한 이야기다. 사용자가 일상에서 겪는 문제를 해결해 더 편리한 생활을 제공하겠다고 약속하는 기업들은 '서비스 제공'이라는 명분하에 우리의 주체성을 하나둘 침범하더니 이제는 수리할 권리조차 빼앗았다.

손에서 미끄러진 휴대폰이 대리석 바닥을 강타한 직후 심장이 내려앉은 경험, 엎어져 있는 휴대폰을 조마조마한 마음으로 뒤집어본 경험을 모두들 한 번쯤 해봤을 것이다. 무자비하게 깨진 화면에 마음이 무너져 내린 것도 잠시, 이내 '이 참에 휴대폰을 바꿀까?'라고 생각을 고쳐먹게 되는 건 그만큼 액정을 수리하는 데 적잖은 비용이 들기 때문이다.

수리할 권리에 대한 요구가 처음 터져 나온 건 2000년대 초 미국에서다. 애플은 소비자가 자사 제품을 직접 분해해 수리한 경우, 제품 보증 대상에서 제외하는 정책을 시행하고 있었다. 공인 서비스센터가 아닌 사설 업체를 이용해 수리한 고객도 마찬가지였다. 하지만 정작 사용자가 공인 서비스센터에 고장 제품을 가져가더라도 애플은 수리보다 전체 교환을 권하는 등 소극적 대처로 일관했고, 결국 유사한 불만을 겪은 고객들로부터 문제 제기가 시작됐다.

이는 애플만의 문제가 아니었다. 100만 원을 넘나드는 고가의 청소기를 주력 상품으로 내세워 가전업계의 명품으로 불리는 다이슨은 고장 제품을 수개월이 지나도록 수리해주지 않거나 수리 대신 할인 쿠폰을 제시하며 새 제품 구매를 권유해 도마 위에 올랐다. 세계 1위 전기차 제조사 테슬라는 고객에게 지나치게 높은 수리비를 전가하고 기나긴 시간이 지나도록 수리 제품을 되돌려주지 않아 피소까지 당했다. 이렇듯 사람들은 각 기업과 정부를 향해 수리할 권리를 요구하기 시작했고, 실제로 유럽과 미국 등지에서는 수리할 권리를 법적으로 보호하려는 움직임이 확대되고 있다.

제조자가 소비자에게 제품을 판매하는 게 아니라 제품 사용권을 임대하는 개념으로 접근해야 한다는 주장도 있다. 그렇다면 제품 소유자는 구매자가 아니라 기업이 되는데, 제품 수명이 길어질수록 기업의 이익으로 이어질 수 있다. 이 같은 발상이 실현된다면 고의로 제품 수명을 단축해 기후위기를 가속화하는 '계획적 진부화'도 자연스럽게 사라지지 않을까?

5. **리페어 컬처**

수리할 권리와 더불어 물건을 고치고 아껴 오랫동안 사용하려는 '리페어 컬처(repair culture)'도 주목받고 있다. 기업과 정부에 수리할 권리를 요구할 것뿐만 아니라 수리를 즐길 수 있는 하나의 문화로 받아들이자는 것이다. 사실 우리는 리페어 컬처와 유사한 캠페인을 경험한 적이 있다. '아껴 쓰고 나눠 쓰고 바꿔 쓰고 다시 쓰자'는 아나바다 운동에 익숙한 우리에게는 이미 리페어 컬처의 정서가 몸에 배어 있는지도 모른다.

수리할 권리가 주로 값비싼 가전제품만을 대상으로 논의되는 데 반해, 수리 문화는 여기서 한층 확장된 범주를 아우른다. 우리는 옷이나 가방, 필통 같은 일상품을 하나씩 손수 고쳐보며 수리 문화를 어렵지 않게 경험해볼 수 있다.

국내에서 수리 문화를 실천하는 대표적인 이들로는 '죽음의바느질클럽'이 있다. 제20회 한국대중음악상 2관왕에 빛나는 포크 음악 듀오 선과영의 구성원이자 부부이기도 한 복태와 한군은 2016년 치앙마이로 가족 여행을 갔다가 손바느질로 아이 옷을 만드는 새로운 삶의 방식을 마주했다. 이들은 이를 계기로 한국으로 돌아와 바느질 수업을 열기 시작했고, 오늘날까지 바느질과 관련된 다양한 활동을 전개하고 있다.

나는 복태와 한군에게 바느질에 대한 고충을 털어놨다. "10분 동안 양말만 꿰매고 있으면 저는 목이 뻐근하더라고요. 내가 뭐 하고 있는 건가, 시간 낭비한다는 생각도 들고요." 그러자 바로 그 작은 움직임에 집중하는 게 바느질의 묘미라는 답이 돌아왔다. 옷을 자세히 들여다보고 실들의 세세한 조합을 알아가는 것. 복태와 한군은 바느질이야말로 눈앞의 순간에 가장 일상적이고도 손쉽게 집중하는 방식이라고 설명했다. 이렇듯 리페어 컬처란 내게 일생을 내준 물건을 살피고 돌봄으로써 일상의 기쁨을 찾아가는 문화다.

6. **미닝아웃**

신념을 뜻하는 '미닝(meaning)'과 자신의 지향성이나 사상을 대외적으로 밝힌다는 의미의 '커밍아웃(coming out)'이 합쳐진 조어다.(다만 이렇게 맥락을 제거한 채 커밍아웃이라는 표현을 아무데나 사용하는 것을 두고 여러 비판이 제기되고 있으니 주의를 요한다.) 소셜미디어 등을 통해 자신이 구매한 물건에 대해 비판 혹은 지지하는 목소리를 내는 행위를 말한다.

과거에는 소비자 운동이 특정 기업이나 물건을 사지 않는 불매운동에 그쳤다면, 최근에는 그러한 비소비를 이곳저곳에 공유하며 기업의 행보를 바꾸는 데 큰 영향을 미치기도 한다. 예컨대 재활용이 어려운 화장품을 만드는 기업, 아쿠아리움에서 바다의 날 행사를 하는 기업, 노골적인 그린워싱을 시도하는 패스트패션 브랜드 등의 공식 계정을 태그하고 게시물을 올리는 방식으로 기업을 압박하는 것이다. 일례로 어느 시민단체는 과대포장된 용기를 모아 한 식품업체에 직접 보내고 이를 소셜미디어에 공유했는데, 이에 해당 기업은 과대포장을 줄이겠다는 입장을 내놓았다. 자신의 소비 습관과 신념을 밝히는 행동은 개인의 실천을 강요하는 차원이 기업이나 정부의 정책 변경으로 이어지면서 더 큰 영향을 미치고 있다.

특정한 문구가 쓰인 티셔츠를 입고 휴대폰 케이스를 드는 것에 대한 왈가왈부가 제도나 법안의 변경 촉구보다 더 중요하게 여겨지는 것은 문제다. 하지만 바다거북 영상이 빨대 숙청으로 이어졌던 것처럼 오늘날 인터넷에 올라오는 사진과 글, 영상은 전 세계에 빠르게 퍼져 때로는 그 어떤 정치 참여보다 실효적 변화를 이끌어내기도 한다.

새로운 패러다임을 만들기 시작한 패션업계

소비만이 전부였던 사람들의 일상에 다양한 대안적 라이프스타일이 등장한 것을 계기로 비즈니스와 경영 부문에서도 심상치 않은 변화가 만들어지고 있다. 기업의 장기적 성장과 투자 가치를 가늠할 지표로서 ESG, 다시 말해 친환경(environment), 사회적 책임(social), 투명한 지배 구조(governance)가 커다란 주목을 받기 시작한 것이다.

ESG 열풍을 계기로 버려진 자원을 활용해 자신만의 브랜드를 만드는 기업이 우후죽순 나타났다. 많이 만들어 싸게 팔아 마진을 남기겠다는 기존의 경영 전략과 유통 구조를 뒤집은 회사도 있다. 물론 자본주의 사회에서 유효한 비즈니스로 자리 잡으려면 그 이상의 전략이 필요하다. 기업 활동에서 발생하는 폐기물을 어떻게 더 친환경적으로 처리할 것인지를 비롯해 한계와 숙제가 여전히 남아 있다. 그럼에도 소비자와 기업의 고민이 한데 모인 건 분명 유의미한 변화다. 덕분에 소비자는 더 나은 선택과 소비를 고민할 수 있고, 새 옷을 사지 않아도 자기만의 개성을 찾을 수 있게 됐다.

버려진 자원의 특성을 그대로 이용하는 기업의 대표 주자는 프라이탁이다. 프라이탁을 처음 알게 된 것은 회사 동료가 아주 투박하고 낡아 보이는 가방들의 여러 모델을 보여주며 어떤 걸 살지 고민이라고 밝혀왔을 때였다. 가방끈은 안전벨트였고, 가방 겉감은 어떤 공장에서 본 듯한 낡은 방수천이었다. 육중한 무게, 값비싼 가격도 인상적이었다.

프라이탁은 1993년 스위스 취리히에서 시작한 리사이클링패션 회사로, 새것은 헌것처럼 생기고, 헌것이 새것이 되는 마법이 일어나는 곳이다. 디자이너였던 독일인 형제 마커스 프라이탁과 다니엘 프라이탁이 시작한 브랜드로, 도로 위를 달리는 트럭에서 영감을 받은 '메신저 백'을 선보이며 등장했다. 프라이탁 가방은 방수포 천의 상태에 따라 개별 제품의 모양새나 컨디션이 제각기 다르며 신상품 느낌이 전혀 나지 않는 특징이 있다. 재료 특성상 모든 생산 공정에서 사람 손을 거치기 때문에 가격은 비싼 편이다.

과거에는 비 오는 날에도 자전거를 타야 하는 우편배달부에게 큰 인기를 끈 데 반해, 30여 년이 지난 오늘날에는 기후위기를 염려하는 이들로부터 큰 호응을 얻고 있다.(물론 그와 같은 가치 지향 없이 단지 유행 아이템으로 소비되기도 한다.) 세계적으로 인기를 끌며 100퍼센트 재활용이 가능한 PET 소재나 자체 제작한 생분해 소재를 활용하기도 한다. 프라이탁 공장의 50퍼센트는 재활용 열로 운영되고, 가방 제작에 필요한 물의 30퍼센트는 빗물을 재활용한 것이다.

폐자원을 제품 생산에 재활용하는 브랜드

최근 폐자원을 활용하는 패션 기업이 국내외로 굉장히 많아졌다. 그중 주목할 만한 브랜드 몇 곳을 소개한다.

큐클리프 cueclyp.com

2016년부터 일상생활이나 각종 산업에서 발생하는 폐자원을 재활용해, 메시지와 이야기가 담긴 패션 제품을 만든다. 주로 오래된 우산, 현수막, 포스터 등을 활용해 지갑, 가방, 우산 등을 제작한다.

누깍 nukak.kr

모두를 위해 '두 번째 기회'를 만든다는 지향 아래, 광고 현수막, 타이어 이너 튜브, 카이트 서핑으로 사용된 돛 등을 활용해 가방과 지갑을 만들어 판매한다. 2022년 약 45.3톤의 탄소배출을 줄였다.

119REO 119reo.com

소방 방화복을 활용해 가방, 의자 등을 제작한다. 방화복은 안전을 위해 3년까지만 사용되지만, 충분히 튼튼한 소재여서 재활용의 폭이 넓다. 암 투병 소방관 등 다양한 계층에 수익금 기부를 이어오고 있다.

수미애 suumie.com

자신에게 주어진 숨만큼 바다가 내어주는 것을 품으며 살아가는 제주 해녀의 공생적 삶의 자세로부터 영감을 받았다. 버려지는 해녀복을 업사이클해 제품을 만들고, 옷의 수명을 늘리는 다양한 시도를 한다.

이윤 추구라는 목적 자체를 뒤흔드는 기업이 등장하기도 했다. 바로 파타고니아다. '우리는 우리의 터전인 지구를 되살리기 위해 사업합니다.' 1973년 암벽 등반가였던 이본 쉬나드는 피톤 장비(바위의 갈라진 틈새에 박는 금속 못)가 환경을 파괴할 수 있다는 사실을 깨닫고 환경에 영향을 덜 미치는 제품을 만들기로 결심하며 이 브랜드를 시작했다. 등산 제품에서 시작해 아웃도어 의류까지 제작하는 것으로 영역도 확대됐다.

『파도가 칠 때 서핑을』에는 쉬나드가 파타고니아를 창업하며 환경보호와 사업확장 사이에서 해온 깊은 고민들이 담겨 있다. 환경을 지키고자 한 행동이 결국 더 많은 제품 판매로 이어진다면 결국 회사의 미션이 실패하게 되는 아이러니를 따라 책을 읽다 보면, 삶의 여러 행동과 선택에 있어 나는 어떤 기준으로 살아가고 있는지 반추해보게 된다. 쉬나드의 이런 고민 끝에, 파타고니아는 한번 소비하면 영원히 사용할 수 있도록 유행을 타지 않는 좋은 제품을 판매하고, 옷을 여러 번 고쳐 입을 수 있도록 하는 '원웨어(Wornwear)' 캠페인도 진행하며 자신의 아이러니를 해결해나가고 있다. 재킷을 사지 말라는 광고도 패션업계를 넘어 전 세계에 큰 반향을 일으켰다. 파타고니아는 1993년에는 아웃도어 브랜드 최초로 플라스틱 병을 재활용한 소재를 사용했다. 또 화학비료를 사용하지 않은 목화에서 얻은 유기농 순면이나 염색 가공 처리하지 않은 캐시미어만을 사용한다. 그 밖에도 1985년부터 매출의 1퍼센트를 환경단체에 기부하고 있는데, 내가 활동가로 함께 하는 시셰퍼드 코리아도 이 펀딩을 받아 해양 생태계가 인간으로 인해 입은 피해를 덜기 위한 고민을 이어가고 있다.

물론 파타고니아의 한계도 지적된다. 파타고니아는 공정무역 프로그램을 통해 10개국 노동자 6만여 명에게 정당한 임금과 실질 혜택을 제공하겠다고 약속했다. 하지만 2023년 6월 네덜란드의 한 언론 플랫폼에서 폭로한 바에 따르면, "파타고니아 노동자들은 패스트패션을 만드는 공장과 같은 열악한 조건에서 일하고 있다."[4] 아웃도어 패션기업인 동시에 지구를 지키겠다고 자처한 디컨슈밍 1세대 기업이 가야 할 길은 분명 쉽지 않을 것이다.

산업 차원에서 발생한 환경오염을 디자인 차원에서 해결해보겠다는 브랜드도 있다. 소매, 몸통 등 패턴을 뜰 때 버려지는 원단을 최소화하는 기술을 새롭게 고민하는 것이다. 평면의 천이 어떻게 오려져 지금 입고 있는 옷이 됐을지 상상해보라. 특히 팔 이음매나 목처럼 둥그런 부분을 만들 때 자투리 천을 어떻게 최소화할 수 있을까?

국내 브랜드 파츠파츠는 재단 과정에서 원단이 낭비되지 않도록 옷을 어떻게 하나의 커다란 덩어리로 설계할 수 있을지 고민한다. 그런 궁리 끝에 2011년 단일 소재로 낭비가 적은 디자인 방식을 고안해냈다. 목을 감싸는 동그란 부분 외에는 재단폐기물을 전혀 발생시키지 않고도 티셔츠 모양을 만들어내는 데 성공한 것이다.[5] 그 밖에 어깨 부위나 치마 허리 부분에서도 입체적으로 재단하기 위해서는 V자로 많은 양을 도려

내야 해서 원단이 많이 낭비되곤 하는데, 파츠파츠는 새로운 원형을 활용해 앞뒤 패턴을 만들고 이를 퍼즐처럼 맞춰 배치함으로써 낭비 면적을 최소화했다. 나아가 재단 과정에서 각기 다른 색상과 질감의 원단이 서로 교환되도록 설계하는 방식을 통해 예술성과 장식성을 추구하기까지 한다. 하지만 이런 방식은 생산 시간을 늘리기 때문에 패스트패션 기업들은 이를 대안으로 진지하게 고려하지 않는다. 값싼 원사에 새 옷을 하나라도 더 조속히 찍어내는 게 이들 기업 입장에서는 훨씬 생산적이기 때문이다.

명품 브랜드의 (작지만 소중한) 반란

수많은 해외 명품 브랜드에서는 매 시즌 화려한 쇼와 화보를 선보이지만, 그런 이미지가 무색하리만치 불명예스러운 행보를 이어왔다. 0원. 국내서 가장 많은 매출을 올리는 루이비통을 비롯해 몽클레르, 발렌티노 같은 브랜드들도 2020년 기준 기부금이 무려 0원이다. 벌어들이는 수익에 비해 사회 공헌 활동은 턱없이 부족하다.

2022년 우리나라 명품시장 규모는 약 17조 원으로 전 세계 7위 수준이다.[6] 시장 규모와 영향력이 커진 만큼 국내 투자 및 사회적 책임에 대한 목소리도 높아지고 있다. 그래서인지 최근에는 전반적으로 기부금을 늘리는 추세다. 롤렉스의 한국

법인 한국로렉스는 2022년 전년 대비 268퍼센트 늘어난 12억 5100만 원을 기부했다. 그해 에르메스도 1년 사이 약 50퍼센트 이상 기부금을 늘렸다.[7] 물론 아직은 이들 브랜드가 자화자찬할 때가 아니다. 패션산업으로 벌어들인 수익에 정확히 반비례해 생태계 및 노동 착취를 일삼아왔기 때문이다.

최근 명품시장의 큰손으로 떠오른 밀레니얼 세대의 가치관을 조금만 살펴보더라도, 명품 브랜드의 변화는 선택이 아닌 필수다. 밀레니얼 세대에게 소비란 가치를 증명하는 일종의 표현 수단이다. 이들을 대상으로 진행된 설문조사에 따르면 스스로가 가치소비자인지 묻는 질문에 '그렇다'고 답한 비율이 79퍼센트에 달했다. 또 다른 설문에서는 열 명 중 여섯 명 이상이 ESG를 실천하는 착한 기업의 제품이 더 비싸더라도 구매할 의사가 있다고 답했다.[8]

사람들은 더 이상 단순히 품질이 좋다거나 디자인이 예쁘다는 이유만으로 소비를 결정하지 않으며, 제품의 무해성이나 경영인의 태도 및 도덕성 등 여러 가치를 꼼꼼히 살펴본다. 하이엔드 명품 브랜드도 예외는 아니다. 가장 구매력이 큰 소비층으로 부상한 밀레니얼 세대의 심기를 거스르지 않기 위해서라도 이런 흐름에 맞게 전략을 바꿔갈 수밖에 없다.

비비언 웨스트우드

메시지 전달을 위해 패션쇼를 철저히 이용한 디자이너와 브랜드도 있다. 비비언 웨스트우드가 대표적이다. 웨스트우드는 브랜드를 시작할 때부터 여성과 남성, 미와 추 같은 이분법을 탈피하고, 인종차별을 비롯한 사회 문제를 규탄해왔다. 2012년부터는 자본주의 경제 체제에서 명품 브랜드가 조장하는 과소비와 환경오염을 향해 과격하다 싶을 정도로 크게 목소리를 냈다. 2012년 "세계의 경제구조는 썩었다!"고 외치며 기후혁명을 선언한 웨스트우드는 그해 런던 패럴림픽 폐막식 현장에서 기후위기의 심각성을 알리는 게릴라 시위를 벌였고, 2013년 S/S 컬렉션 때는 커다랗게 '기후혁명'이라 적힌, 환경단체가 기자회견에 가져갈 법한 플래카드를 들었다. 모델들을 좀비처럼 꾸미고는 "아무런 변화도 일어나고 있지 않는 것처럼 행동하는 정치가 기득권의 낯짝 아래 썩어 문드러지는 현실"을 반영했다고 소개했다. 2018년과 2019년에는 기존 패션쇼 런웨이 방식을 벗어나 자원 낭비를 줄이는 디지털 형식으로 컬렉션을 선보였다. 깡통, 플라스틱 포크 등 쓰레기가 담긴 망사 스타킹과 생수병으로 만든 샌들 등을 통해 환경 문제의 심각성을 풀어내기도 했다.

브랜드 캠페인이나 시위, 행진에 참여하는 웨스트우드의 행보는 패션행동주의(fashion activism)라는 새로운 바람을 불러일으켰다. 패션행동주의는 패션을 매개로 사회·정치·경제·환경 등 세계가 당면한 다방면의 문제를 규탄하며 유의미한 변화를 이끌어내려는 노선을 말한다. 2022년 웨스트우드가 세상을 떠나자 유족들은 그의 행동주의적 철학을 이어가고자 비비언재단을 설립해, 기후위기의 심각성은 물론 반전(反戰)과

반자본주의의 메시지를 설파하고 있다. 다큐멘터리 「비비안 웨스트우드: 펑크, 아이콘, 액티비스트」를 통해서도 그의 여정을 확인할 수 있다.

스텔라 매카트니

폴 매카트니의 딸 스텔라 매카트니는 부모님을 따라 비건이 됐고, 2002년에는 S/S 시즌 파리 패션위크에서 자기 브랜드의 첫 컬렉션을 선보이며 비건패션계의 혜성처럼 등장했다. 오늘날에는 많은 패션 브랜드에서 동물성 자재를 사용하거나 동물실험을 거치지 않은 비건레더를 사용하지만, 2001년에만 해도 동물의 털과 가죽 없이 패션 사업에 뛰어든다는 건 얼토당토않게 여겨졌다. 죽은 동물의 몸에서 벗겨낸 가죽이 권세의 상징처럼 여겨지고, 그렇지 않으면 가짜 취급을 받으며 업신여겨지기 일쑤였다.

하지만 지난 20여 년간 매카트니는 비건패션을 위한 신기술을 개발하며 패션업계에 새로운 패러다임을 개척하고 있다. 2019년에는 아디다스와 협업해 물, 설탕, 효모 같은 재생가능한 성분으로 100퍼센트 자연 분해가 되는 테니스 원피스를 만들었고, 2022년에는 버섯으로 만든 인조 가죽 핸드백을 세계 최초로 선보였다. 누군가에게는 식량이 될 수 있는 자원으로 옷을 만드는 시도를 두고 여전히 갑론을박이 이어지고 있지만, 동물을 죽여 가죽으로 패션 아이템을 만드는 것만이 명품으로 여겨지던 업계에 매카트니가 혁신을 가져왔음은 분명하다. 최근에는 '스텔라 보이스(Stella Voices)'라는 캠페인을 통해 기후행동주의 분야에서 괄목할 만한 활약을 보이는 여성 다섯 명을 소개하고 지지하기도 했다.

오늘날 스텔라 매카트니는 전 세계에 100개 이상의 매장을 운영하고 있고, 글로벌 수익은 원화로 최소 2000억 원 이상일 것으로 추정된다. 그런데 선구적 행보 끝에 경제적 성공까지 거머쥔 매카트니의 이력에 쏟아지는 찬사를 보고 있노라면 다소 양가적인 감정이 드는 것도 사실이다. 생명을 죽이거나 착취해야만 브랜드가 성장하고 유지될 수 있던 패션산업에서 비건패션이라는 대안을 개척한 건 분명 높이 살 만한 일이다. 하지만 매카트니 본인이 어느 인터뷰에서 밝힌 것처럼 어쩌면 패션 사업과 지속가능성은 양립하는 게 불가능한 것인지도 모르겠다.

멀버리

영국 명품 브랜드 멀버리(Mulberry)는 2021년 4월 말부터 판매되는 모든 가방을 수리 · 재구매 · 재수선하겠다고 발표했다.[9] 자사 웹사이트에 재판매 코너를 개설해 고객들이 중고가방을 되팔 수 있게 한 것이다. 이렇게 멀버리는 온라인 소매업체와 제휴해 중고가방을 판매하고, 런던과 뉴욕에서는 제품 구매와 재판매가 가능한 오프라인 매장도 운영한다.

멀버리는 '땅에서 옷장으로'라는 지속가능성 전략과 함께 향후 10년 안에 재생적 · 순환적 비즈니스 모델을 구축하겠다는 목표를 발표했다. 공약에는 세계 최저 수준의 저탄소 가죽 개발, 100퍼센트 투명성의 공급망 설계, 2035년까지 운영 및 공급망 전반에 탄소배출량 제로 달성 등이 포함됐다. 그 밖에도 가방의 수명을 연장하기 위한 평생 서비스 보증 등 일상에서 경험할 수 있는 정책도 연이어 내놓았다. 기존 가방을 신제품으로 교환해주는 프로그램도 있는데, 이렇게 확보한 자사의 중고제품을 복원해 재판매한다. 가방을 평생 사용하게 하고 다시 수선해 되파는 자원순환의 콘셉트로, 매년 1만 개 이상의 가방을 수선·복원하고 있다.

명품 브랜드들의 이 같은 변화는 긍정적이지만, 사람들에게 흥청망청 쇼핑할 면죄부가 주어질 만큼 본격적이지는 않다. 무엇이든지 더 잘 팔려야 더 성공하는 자본주의 세상에서, 환경에 실질적으로 도움이 되는 행보와 위장환경주의(그린워싱)를 명확하게 구분하기란 여전히 쉽지 않다. 다만 처음부터 다짜고짜 완벽한 실천만을 요구하는 엄격한 순수주의로 일관하기보다 낭비와 오염으로 점철돼 있던 패션업계에 점진적으로나마 변화가 일어날 때 우리는 비로소 '지구를 위한 옷장'에 한 걸음이라도 가까워질 수 있지 않을까.

'지구가 아파요' 포스터보다 실질적인 제도 변화를 위해

기후위기 시대에 발맞춰 변화를 꾀하는 것은 기업만이 아니다. 각국 정부도 느리게나마 변하고 있다. 2022년 3월 유럽연합은 자라, H&M 등에 직접적 변화를 요구했다. 2030년까지 재활용 섬유를 일정 비율 이상 사용하도록 의무화하고, 재고품 폐기를 금지할 것을 명했다. 권고 차원에서 기업의 자율적 선택에 맡겨두기보다 문제를 제도와 규제 안으로 직접 끌고 들어와 패션산업의 오염을 직접 관리하겠다는 선언이었다.

"우리가 입는 옷은 세 번 이상 세탁한 후에도 계속 입을 수 있어야 한다." 지극히 당연하게 들리는 이 말은 유럽연합 집행위원회 부위원장 프란스 티메르만스가 패스트패션 제품의 형편없는 품질을 꼬집으며 남긴 말이다. 2030년까지 유럽연합 내에서 거래되는 모든 섬유 제품은 내구성, 수선 및 재활용 가능성 보장, 재활용 섬유 사용 확대, 유해물질 제거, 사회적 권리를 존중해 제조해야 한다. 유럽연합은 의류 제조 과정에서부터 수선할 권리를 보장하도록 했다. 한 옷을 오래 입게 하려는 지속가능한 순환 섬유 전략으로, 사실상 많이 싸게 파는 것이 곧 생존 전략이었던 패스트패션을 퇴출시킨 것이나 다름없다. 옷을 일회용품 팔듯 해치우며 돈을 벌던 패션산업은 이제 수선, 회수, 재사용, 재활용이 가능한 순환경제 비즈니스 모델에 한층 가까워졌다.

가정과 공장에서 바다로 흘러 들어가는 미세플라스틱도 한 나라를 넘어 전 세계가 해결해야 하는 문제다. 각국 정부 사이의 협업이 시급한 의제가 아닐 수 없다. 프랑스는 세계 최초로 '낭비 방지 및 순환경제법'을 만들어 2025년 1월 1일부터 자국에서 판매되는 모든 세탁기에 미세플라스틱 합성섬유 필터 장착을 의무화했다. 영국도 2025년부터는 새롭게 생산하는 가정용·상업용 세탁기에 미세섬유 필터를 의무적으로 탑재하게 하는 법안을 만들었고, 미국 캘리포니아주에서는 미세플라스틱 섬유 오염 감소를 위한 법안이 제출됐다. 그 밖에도 세계 곳곳에서 미세플라스틱 섬유에 대한 표준화와 규제 작업에 더욱 속도를 내야 하는 시점이다.

하지만 지금껏 아무런 규제도 없이 옷을 만들고 입고 버리느라 벌어진 수많은 문제를 미세플라스틱 필터만으로 해결할 수 있을지 미지수다. 결국 지속가능한 의류산업을 위해서는 산업 본연의 근본적 변화가 나타나야 한다. 애당초 직물, 섬유, 옷이 쉽게 재활용되도록 만들어져야 하는 것이다. 영국 러프버러대학교에서 지속가능한 섬유를 연구하는 체트나 프라자파티는 이 문제와 관련해 "현행 시스템에 재활용이 통합"되고 "옷 디자인이 재활용을 촉진하는 방식으로 바뀌어야" 한다고 말한다.[10]

정부의 변화는 비단 기업 규제에만 있지는 않다. 초등학교 시절, 사칙연산을 배우고 세계 지도를 외운 적은 있어도 기후위기의 심각성을 제대로 배운 기억은 없다. '지구가 아파요'

지구온난화 포스터 그리기, '외출할 땐 불 끄기' e절약 캠페인 표어 대회 정도만 떠오른다. 물론 그마저도 내용 자체보다 숨죽여 그림을 그리는 데 집중했던 기억만 선명하다. 그런 교육을 받고 자란 우리는 길에 쓰레기를 버리지 않거나 수도꼭지를 잘 잠그면 울고 있던 지구가 활짝 웃을 거라고 믿었다. 하지만 틀렸다. 애초에 지구는 울고 있지 않으며 해수면 상승으로 숨이 차올라 멸종을 향해 가는 것은 인류뿐이다.

비록 내 청소년기는 오래전에 지나가버렸지만, 2023년이 돼서야 교육 부문에서도 변화가 감지되고 있다. 교육부, 농림축산식품부, 해양수산부, 환경부 등 4개 부처는 '탄소중립 중점 학교' 40곳을 선정했다. 기후위기에 대응할 미래 세대의 역량을 키우고자 몇몇 학교를 선정해 환경교육 프로그램을 운영하겠다는 목표였다.

한편 2021년 3월 독일 연방헌법재판소는 자국 기후변화법 일부에 대해 위헌 판결을 내렸다. 이는 국제 판례가 드문 상황에서 변화의 시작을 알리는 기폭제가 됐다. 독일 헌재는 국가가 현재 세대와 미래 세대를 기후변화로부터 똑같이 보호해주지 못하는 것이 기본권 침해라고 인정했다.[11] 2023년 8월 미국 몬태나주에서도 유사한 판결이 나왔다. 법원은 주 정부가 기후변화를 고려하지 않은 화석 연료 정책으로 깨끗한 환경에서 살아갈 헌법상 권리를 침해했음을 인정했다. 이렇듯 기후재난이 일상이 된 오늘날 시민들을 보호하기 위해 정부가 책임과 의무를 다해야 한다는 것이 상식으로 자리 잡고 있다.

순환경제로 한 걸음

바다에서 태어난 고래는 죽는 순간에도 바다의 구성원으로서 역할을 다한다. 고래가 죽고 가라앉을 때 그 사체는 깊은 바다 생물들에게 풍부한 영양분을 제공한다. 거대한 유기물질 덩어리인 고래의 몸이 심해에 사는 유기체들에 풍부한 영양소가 되는 것이다. 고래 사체는 가장 먼저 은상어, 먹장어, 상어 등 몸집이 큰 포식자들이 약 2년간 먹을 식량이 된다. 그 후로는 벌레, 갑각류, 연체동물이 잔해처럼 남아 있는 지방을 먹는다. 그렇게 뼈대만 남게 된 고래 사체의 박테리아는 홍합, 벌레, 달팽이처럼 작은 종들을 끌어들여 더 거대한 군집을 만드는 요인이 된다. 이렇게 고래 사체에서 영양분을 섭취하기 위한 종들의 다양성은 심해저의 어떤 공동체보다 더 크다고 알려져 있다. 한 연구에 따르면 고래의 커다란 뼈는 무려 80년 넘게 해양 생태계의 먹이 공급원이 될 수 있다.

삶의 시작과 끝이 생태계 전체와 연결된 고래의 생애는 순환경제라는 개념의 이상향을 비유적으로 잘 보여준다. 자원을 투입해 만들어낸 생산물이 수명이 다한 뒤 재생산에 이용되지 못한 채 폐기물로 버려지는 기존 방식과 달리, 순환경제는 쓸모를 다한 제품이 동일 품목을 만드는 데 재사용·재활용되도록 자원의 선순환을 구축한다. 개인이 옷을 사지 않거나 신중하게 구매하는 것으로 노력을 실천하는 동안, 기업들은 이렇듯 순환경제 모델에 접근해볼 수 있다. 쉽게 말하면 옷의 시작과 끝을 연결해야 한다는 뜻이다. 고래처럼 말이다.

생산된 옷이 수명을 다한 뒤에 돌고 돌아 다시 옷이 되는 것이 가장 이상적인 순환 모델이다. 최근 패스트패션 기업들이 해결책이랍시고 내놓는 방식, 즉 옷이 아닌 다른 자원으로 새 옷을 만들거나 헌 옷을 다른 물건으로 재활용하는 것은 궁극적 해결책이 될 수 없다. 이는 옷을 만드는 데 이용된 자원의 생애를 임시 연장하는 것에 지나지 않을 뿐 결국에는 폐기물의 발생을 막지 못하기 때문이다.

두 사례를 하나씩 자세히 살펴보자. 다른 폐자원을 활용해 옷을 만드는 시도는 어떤가? 우선 기존에 공급하던 생산량을 줄이지 않으면서 모든 품목을 재활용 자원으로 만든다는 것은 현실적으로 불가능하다. 자원이 될 만한 소재를 구하기도 어려울뿐더러 그 과정에서 막대한 비용과 에너지가 들기 때문이다. 따라서 특정 제품에 국한해 재활용 원단을 활용하는 데 그치게 된다. 물론 그러면서도 기업은 '지속가능성'이나 'For the Earth' 같은 문구가 대문짝만하게 적힌 종이봉투를 찍어내고, 재활용 소재로 만든 옷을 구입하는 게 곧 기후위기를 해결하는 행동이니 걱정 말고 마음껏 사달라는 캠페인을 벌일 것이다. 그렇게 되면 결국 기업 전체에서 제품 생산에 사용하는 자원의 양은 기존에 비해 큰 변화가 없을 것이다.

그렇다면 버려진 옷을 이용해 다른 물건을 만드는 방식은 어떨까? 버려진 옷은 종종 분류 과정을 거쳐 재사용 원사로 거듭나 담요나 쿠션 등으로 만들어진다. 하지만 이는 폐기물을 유발하는 기존의 생산 및 폐기 과정의 양 끝단을 딱 한 단계씩 늘려놓았을 뿐 환경적으로 유의미한 조치가 아니다. 예컨대 재활용 담요가 나온다고 해서 담요 제조사의 기존 공급량이 줄어들리라는 보장도 없다. 게다가 재활용 과정 자체가 별도의 비용을 필요로 하기에 판매가는 자연스레 높아져 시장성이 떨어진다. 결국 패션업계에서 나온 쓰레기는 패션업계에서 스스로 처리하는 수밖에 없다. 버려진 옷을 해체하고 재활용해 새로운 디자인의 원사로 사용하는 방식으로 말이다.

나아가 자원을 처리하고 옮기는 과정에 필요한 전력을 공급하는 인프라 차원에서도 친환경적 전환이 필요하다. 이런 뒷받침 없이 순환경제 모델을 어설프게 시도하다간 오히려 이전보다 더 많은 탄소를 배출해 기후 문제를 악화시킬 수도 있다. 공급과 판매를 유지한 채 매출 증대를 기업의 목표로 삼는 상황이 계속된다면, 기업이 판매 활동을 펼칠 잠재적 고객층의 규모가, 달리 말해 인류 자체가 크게 줄어들고 없을 것이다.

순환경제 모델을 실천하려 애쓰는 기업들도 물론 있다. 영국 기업 티밀(Teemill)은 고객들에게 수명이 다한 제품을 발송해줄 것을 권장한다. 배송에 들어가는 비용은 모두 회사가 부담하고, 고객은 제품을 보내준 대가로 매장에서 사용할 수 있는 마일리지를 받는다. 티밀 측은 한 달 평균 1톤 정도의 중고제품이 들어온다고 밝혔는데, 이 제품들은 수선하거나 원단으로 순환하는 공정을 거친다. 이를 통해 천연직물 등 새 옷을 제작하는 데 필요한 재료의 투입량도 줄일 수 있었다. 방적, 염색, 재단, 봉제 등 생산 과정 전체를 인공지능으로 통합 관리하는 덕에 의류 수거와 생산도 효율적이다. 티밀은 재고를 쌓아두지 않아도 되는 실시간 온디맨드 형식을 현실화하는 소프트웨어도 직접 개발했는데, 이를 통 크게 타사와 공유하는 결정을 내리기까지 했다. 자신들이 개발한 기술의 이점을 순환경제로의 전환을 고민하는 기업들이 누릴 수 있도록 한 것이다.

옷을 따라다니던 그림자의 정체, 물류

내가 다니는 회사 건물에는 패션 플랫폼 A도 입주해 있다. A는 연 거래액 1조 원을 돌파했고, 누적 거래액은 무려 3조 원에 달한다. 점심시간이면 건물 1층에는 항상 DHL이라고 적힌 노란 트럭이 와 있다. 예전에는 이 트럭을 딱히 눈여겨보지 않았는데, 물류 없이는 패션도 없다는 K의 이야기를 들은 뒤로는 전국, 아니 세계 어디를 가도 DHL 트럭이 눈에 들어오기 시작했다. 서울은 물론 도쿄, 파리 등등 말 그대로 세계 어디에나 있었다. 마치 현대인을 따라다니는 노란 탈을 쓴 유령 같았다.

한국 기업이 베트남 공장에서 옷을 만들어 일본에 판다고 상상해보자. 인건비가 저렴한 해외 공장에서 제품을 생산하는 일이 늘어나며 옷이 탄생해 판매되는 과정은 기업간·국가간의 분주한 이동을 필수적으로 수반하게 됐다. 비록 제품은 세계 각지를 거쳐 생산되지만, 디자이너는 사무실에 앉은 채로도 옷을 만들어 판매할 수 있다. 디자이너는 자신의 디자인을 패턴사에 넘기고, 패턴사는 작업한 옷감을 공장에 넘기고, 공장은 샘플을 만들어 다시 패턴사에 넘긴다. 완성된 샘플에 불량품은 없는지 검수한 뒤 원하는 생산량에 맞춰 발주한다. 모든 소통은 유선으로 진행되고, 실물은 택배로 주고받는다.

K는 이 일련의 과정을 담담히 설명하다가 휴대전화에 있는 사진 한 장을 보여줬다. 과거에 일하던 사무실에서 촬영한 사진으로, 벽 하나가 온통 투명비닐에 쌓인 옷들로 뒤덮여 있었다. K는 자신이 담당한 부서에서 나온 샘플만 이 정도라고 덧붙였다. 그 회사는 업계에서 규모가 그리 크지 않은 곳이었다. K는 이렇게 부연했다. "우리가 이름이라도 한번 들어본 회사들에서는 이것보다 쓰레기가 수십 배, 수백 배는 더 나올 거예요." 이렇게 쌓아둔 옷들은 '삼촌'들이 달마다 모두 수거해간다. 그 옷들이 어디로 가는지는 알 수 없다고 했다. 아마 부도난 패션회사의 재고들과 한데 섞여 '사장님이 미쳤어요!'라는 글귀 아래에서 팔릴 것이다. 혹은 가나의 쓰레기 산더미에서 뼈만 남은 소들이 여물 대신 잘근잘근 씹게 되거나.

유행 주기가 빠를수록 물건을 보내고 받는 횟수와 주기도 가속화된다. 우리는 앞서 목화나 합성섬유 같은 원·부자재 생산 과정에서 발생하는 생태 오염과 옷을 만들고 판매하는 과정에서 생기는 자원 낭비에 대해 알아봤다. 그런데 이 모든 과정이 물류업계 덕분에 가능해진다는 사실을 고려해보면 머리가 아찔해진다. 멀버리에서 글로벌 마케팅 디렉터와 디지털

디렉터를 겸임하고 있는 샬럿 오설리번(Charlotte O'Sullivan)은 이렇게 지적한다. "패션 브랜드 공급망은 복잡하고 불투명하다. 물류는 직접 통제가 가장 어려운 요소다."[12] 그러므로 물류의 혁신 없이는 패션의 ESG 혁신을 기대하기 어렵다. 이 점을 인지하고 있는 자라 같은 기업에서는 근거리에 물류창고를 둠으로써 탄소배출을 줄이려 노력 중이라고 말한다. 그러나 이는 허울 좋은 명분일 뿐이다. 실제로는 빠른 배송이라는 메리트를 내세워 더 많은 소비를 촉진해 리드타임을 줄이는 전략으로 이용되기 때문이다.

인터넷 쇼핑의 발달로 물류는 패션산업에 더욱 깊숙이 침투했다. 인터넷 쇼핑은 사람들이 양질의 상품을 찾는 노력과 시간, 즉 탐색 비용을 줄여줬다. 퇴근길 지하철에서든 화장실에 앉아서든 언제나 쇼핑을 할 수 있게 된 것이다. 심지어 주문 바로 다음날 집 앞에 물건이 도착해 있기까지 하다. 어떤 이들은 인터넷 쇼핑 덕분에 '세상 살기 좋아졌다'며 격세지감을 느끼지만, 배송 과정에서 발생되는 탄소는 오늘날의 기후위기를 더욱 악화시키는 주요 요인이 된다. 아울러 이 같은 변화는 물류센터 노동자와 배송 기사를 더 열악한 노동 조건으로 몰아넣음으로써 가능해진 것이라는 점에서도 문제가 많다.

2022년 1월, 세계 최대 물류기업 DHL은 세계적인 ESG 흐름에 발맞춰 순환경제 실현을 위한 공급망 전환이 절대적으로 필요하다고 강조했다. DHL 최고사업책임자 카차 부시(Katja Busch)는 순환경제 전환에서 가장 중요한 것이 공급망 재설계라고 설명한다. 기존의 공급망을 깨려면 흔히 3R(감축(reduce), 재사용(reuse), 재활용(recycle))이라 알려진 과정뿐만 아니라 재판매(resell)과 수리(repair)를 덧붙여야 한다. 원자재를 실어 나를 때도, 수요에 따른 생산과 판매가 이어질 때도, 수명이 다한 제품을 재사용하거나 재활용을 위해 이송할 때도, 쓰레기장으로 향할 때도 모든 과정에는 물류가 필요하다. 따라서 순환경제를 실현하려면 친환경적 물류가 우선 가능해져야 한다.

그렇다면 친환경적인 물류는 어떻게 가능할까? DHL은 세 가지 핵심 요소를 강조한다. 그중 첫째가 소비자 행동 강화다. 소비자들이 순환 제품을 더 구매하도록 기업 차원에서 바우처 쿠폰이나 적립금을 지급하는 등 유인 동기가 필요하다는 것이다. 그런데 좀 의아하다. 패스트패션이 친환경적이려면 물류가 친환경적이어야 하는데, 물류는 또다시 그 실행의 몫을 패스트패션 기업에 떠넘기고 있다.

두 번째는 공급망 재설계다. 재고, 반품, 수명 종료 제품 등이 공급망으로 다시 들어오기 위해서는 수집과 반품 과정이 편리해져야 한다. 그러려면 물류업체와 소비자를 비롯해 배송 및 반품 과정에 관여하는 주체들이 긴밀히 협력해야 한다. 하지만 물건을 구매한 소비자들이 반품 과정에 기민하게 반응하도록 요구하는 게 가능할까? 그러려면 여기에도 일종의 보상이나 페널티가 있어야 할 텐데, 기업 측에서는 소비자에게 기존대로 편의를 제공하는 편이 더 간편한 해결책처럼 여겨질 수 있다. 그러므로 공급망 재설계에 관한 구체적이고 효과적인 방식은 향후 패션산업과 물류업계가 긴밀한 논의를 통해 직접 제시해야 할 것이다.

세 번째는 공급망에 분산된 데이터를 시각화해 한눈에 확인할 수 있어야 한다는 것이다. 생산, 유통, 폐기 과정을 모두 추적하려면 디지털 기술을 활용해야 한다. DHL은 블록체인, 디지털트윈 등을 이용해 제품 수명 주기를 추적함으로써 공급망의 투명성을 보장한다면 탄소배출을 줄일 수 있다고 설명한다. 하지만 지금도 기술혁신으로 재고를 추적하고 효율적 판매 전략을 고안하는 패션회사는 자라를 비롯해 다수 존재한다. 그럼에도 이들 기업은 해당 기술을 순환 공급망을 설계하는 데 동원하지 않는다. 다시 말해 기술의 부재로 문제를 해결하지 못한다기보다 순환경제로 전환해야 할 적극적 필요성을 기업과 정부 모두 느끼지 못하고 있는 것이다.

자라는 뉴욕시에 한정해 순환경제를 실현하기 위해 헌 옷에 대한 수거 신청을 온라인으로 받고 있다. 오프라인 매장에 직접 들르지 못한 고객의 집에 직접 방문해 물건을 수거해 오는 방식이다. 이처럼 패션과 물류는 친환경의 시도에서도 서로 떼려야 뗄 수 없는 관계다. 하지만 패션업계와 물류업계 모두 ESG의 중요성을 앵무새처럼 강변하면서도 막상 양자 모두 먼저 나서지는 않는 실정이다. 하지만 지금 움직이지 않으면 결국 자신들의 사업 자체가 위기에 처할 것이다. 전례 없는 위기에 맞서기보다 어느 쪽이라도 먼저 움직이는 편이 모든 기업의 생존에 이로울 것이다.

100% secondhand

9

새 옷을 사지 않고도 새 옷을 입는 법

새 옷을 사지 말자는 것은 근사한 날에도 낡은 헌 옷을 입고 궁상 떨자는 게 아니다. 멋을 내지 말자는 것도 아니다. 마음에 들지 않는 옷을 입고 나온 날의 기분을 나도 잘 알고 있다. 새까만 차 옆을 지날 때마다 차창에 비친 내 모습을 보며 애꿎은 옷매무새만 연거푸 다듬은 경험을 해보지 않았을 리 없다. 하필 그런 날에 좋아하는, 혹은 싫어하는 사람을 만나본 적이 있기에 멋을 내지 말라는 요구는 너무나 가혹하다.

새 옷을 사지 말자는 것은 멋을 내지 말자는 게 아니라 오히려 그 반대다. 옷을 단순한 물건 이상으로, 나 자신을 표현하는 가장 친밀하고 직관적인 수단으로 여기고 존중하자는 말이다. 옷은 우리 일상에 생기를 불러일으키고 타인에게 메시지를 전달할 주요한 매체다. 그러므로 우린 분명 우리에게 맞는 옷을 더 잘 입어야 한다.

내가 좋아하고 싫어하는 것이 무엇인지, 어떤 사람으로 보이고 싶은지 하나씩 살펴보자. 오로지 매출을 위해 대중이라는 추상적 집단이 좋아할 만한 옷만을 대량으로 취급하는 쇼핑몰에서는 이 문제에 대한 해답을 찾기 쉽지 않다. 내일이면 사라질 게 뻔한 트렌드에 아슬아슬하게 올라타려는 어느 불행한 인플루언서의 피드에도 해답은 없을 것이다. 답은 오로지, 오히려 내 안에 있다. 덜 소비하고 더 충만하게 존재할 때 우리는 충분히 잘 먹고 잘 입고 잘 살아갈 수 있다.

지금 당장 옷장으로 가서, 눈을 감고 무작위로 옷을 하나 골라보자. '진심으로' 좋아하는 옷이 손에 잡힐 확률은 얼마나 될까? 그리 높지 않다면, 우리의 소비 습관은 물론 현재 옷장에 있는 옷들을 재고해봐야 한다. 여러분의 시행착오를 조금이나마 줄일 수 있도록 지금껏 내게 도움이 된 방법 몇 가지를 소개하고자 한다. 어떤 방법은 사이즈도 색상도 딱 맞는 옷을 발견한 것처럼 반가울 것이고, 어떤 방법은 손가락 한 마디만큼 허리둘레가 애매한 바지처럼 고민을 유발할지도 모른다. 옷을 입다 보면 우리는 '이 바지는 예쁘긴 하지만 밥 먹으러 갈 땐 잘 안 입게 된다.'든지 '이 원피스는 두께도 탄성도 적당해 장거리 여행에 딱'이라는 식으로 옷 각각에 대한 최적의 쓰임새를 자연스레 체득하게 된다. 내가 아래에 제시하는 방법들도 사람마다 비슷하게, 또 전혀 다르게 활용할 수 있을 것이다. 모두가 스스로에게 맞는 방식을 찾아갈 수 있길 바란다.

사고 싶은 게 있을 땐 중고품부터 찾아보기

지금까지 만들어진 옷만 서로 바꿔 입어도 우리는 죽을 때까지 '새 옷'을 입을 수 있다. 누군가의 헌 옷은 내게 새 옷이다. 그러니 옷장을 정리한 후에도 꼭 필요한 옷이 생겼다면 중고옷을 구매해보자.

최근에는 중고거래가 아주 성행하고 있다. 필요한 물건을 당근, 번개장터, 중고나라 등에서 저렴하게 구매할 수도 있다. 혹시 찾고 있는 색감이나 재질, 패턴의 옷이 없다면 키워드로 알림 설정을 걸어두면 된다. 당장은 매물이 없더라도 판매자가 나타나면 알림을 받을 수 있다. 심지어 '미개봉 새상품'이나 '한 번 입고 파는' 물건도 넘쳐나니 새 옷 '같은' 헌 옷이 아니라 '진짜' 새 옷도 구할 수 있는 셈이다.

오프라인 중고매장에 방문할 수도 있다. 2023년 중고옷 거래는 전년 대비 12퍼센트 성장했다.[1] 하나금융경영연구소 자료에 따르면, 4조 원이었던 2008년 국내 중고거래 시장 규모는 2021년 24조 원 정도로 여섯 배가량 성장했다.

패션업계 역시 중고문화를 빠르게 산업화하고 있다. 롯데쇼핑은 중고나라에 300억 원을 투자하며 지분 93.9퍼센트를 인수했다. 롯데백화점 강남점에는 중고 거래 및 대여 서비스를 겸하는 매장 클로젯셰어가 들어섰다.

미국에서는 의류 재판매 플랫폼인 스레드업, 스왑닷컴 등이 인기를 끌고 있다. 스레드업은 중고품 사진 촬영, 가격 책정부터 최종 판매, 배송, 물류 등을 위탁 처리한다. 중고 패션 아이템을 팔고자 하는 소비자가 더 편리하게 사고 팔 수 있도록 중간 과정을 대신하는 것이다.

우리나라에도 리클 등 중고옷을 수거하는 전문 기업이 등장했다. 물론 탄소배출을 줄이려면 도보로 갈 수 있는 거리에서 거래하는 것이 가장 좋겠지만, 버리기엔 아깝고 더 이상 입지 않는 옷을 처리하기 어렵다면 중고 판매 위탁 서비스를 한번쯤 이용해봐도 좋겠다.

유튜브와 패션 인플루언서의 경향도 바뀌고 있다. 패션 유튜버들은 새 옷 하울링을 넘어 중고옷 하울, 제로웨이스트 패션 팁을 공유한다. '100만 원어치 옷 샀습니다!' 대신 '빈티지 매장에서 중고옷 털고 왔습니다' 같은 제목의 영상이 인기를 끌기 시작한 것이다. 영상에는 옷을 어디에서 샀는지 묻는 댓글에 답글이 달리지 않는다. 대신 '옷 조합이 예쁘다.'거나 '특정 액세서리로 포인트를 주는 게 인상 깊다.'처럼 일상에서 누구나 활용할 수 있는 패션 팁이 공유된다. 유튜브 콘텐츠를 시청한 결과로 원치 않는 옷이나 택배 쓰레기, 카드 빚이 아니라 일상에서 활용할 수 있는 실용적 팁이 남는 것이다.

다만 7장에서 언급한 것처럼 빈티지라고 마음 놓고 구매하거나 되파는 건 환경 문제 해결에 크게 도움이 되지 않는다. 빈티지의류 소비는 옷의 수명을 아주 조금 연장시킬 뿐이라는 걸 기억하자. 이런 식의 소비를 너무 자주 하게 되면 옷이 만들어지고 버려지고 유통되는 과정에 긍정적 기여를 할 수 없게 된다. 빈티지숍을 가는 건 중고문화를 즐기는 방식 중 하나지만 그것만으로는 충분하지 않다. 자본주의가 더욱 교묘하게 우리 삶에 스며드는 만큼 돌다리도 열 번, 백 번씩 두들기지 않으면 그린워싱에 퐁당 빠지기 십상이다.

부모님 옷장 살펴보기

아주 큰 옷장이 있어 옷을 버리지 않고 모아둘 수 있다면 언젠가 다시 꺼내어 입을 날이 온다는 이야기가 있다. 유행은 돌고 돈다. 트렌드는 사람이 만들어내는 것이니 한계가 있을 수밖에 없기 때문인데, 이는 사실 옷을 사지 않기로 한 이들에게 반가운 소식이다.

옷을 사지 않기로 결심하고 엄마의 옷장 문을 열었을 때, 나는 짜릿했던 쇼핑의 추억보다 더 큰 벅찬 감정에 휩싸여 미소가 새어 나왔다. 세상의 그 어떤 옷보다도, 감히 값을 매기기 어려울 정도로 가치 있는 옷들이 내 눈앞에 펼쳐졌기 때문이다. 부모님의 옷장은 옷을 구매하지 않으려는 이들에게 보물창고 같은 곳이 된다. 혹시 부모님의 옷장에서 입을 만한 옷을 발견했지만 어딘가 조금 촌스럽다고 생각했다면, 장담하건대 1~2년만 더 기다려보자. 유행이 자기 발로 직접 걸어와 잠들어 있던 옷을 깨워주는 모습을 목격할 수 있을 것이다.

엄마 옷을 입는다는 것은 섬유폐기물, 순환경제 같은 어려운 용어를 언급하지 않아도 충분히 값진 일이다. 초등학생 시절, 우리 집 앞에는 작은 옷가게가 하나 있었다. 회사에 다니면서 까탈스러운 초등학생 딸아이 두 명까지 키우던 엄마에게는 유일한 쇼핑 장소였다. 엄마는 가끔 중요한 모임을 앞둔 날 저녁에 우리 자매와 함께 그 가게를 찾았다. 하루는 청록색 블라우스를 입고 탈의실을 나온 엄마를 보며 언니와 내가 연신 엄지손가락을 치켜들어 엄마를 웃게 한 적이 있었다. 엄마는 그 옷이 썩 마음에 들었는지 20여 년이 지난 지금까지 잘 보관해두다가 내게 물려줬다. 엄마에게 그 '새 옷'을 선물받은 뒤로 나는 가장 중요한 일이 있을 때마다 엄마의 청록색 블라우스를 꺼내 입는다. 이보다 멋진 경험이 또 있을까?

옷 하나를 사면 기본으로 십몇 년은 거뜬하게 입는 우리 엄마는 내가 20대 후반이 된 지금까지도 젊은 시절에 산 옷들을 잘 관리하고 있다. 덕분에 구입한 지 20년이 지났어도 나는 엄마의 옷을 입고 다닐 수 있게 됐다. 그럴 때면 종종 누군가 "이 옷 어디서 샀어?"라고 묻기도 하는데, 그럴 때마다 마음이 그렇게 뿌듯할 수가 없다. "20퍼센트 할인해서 샀어.", "오픈런해서 한정판 겨우 산 거야." 같은 답변보다 훨씬 당당하게 대답할 수 있다. 내 바깥에 존재하던 아름다움의 기준을 내 안으로 가져오는 경험을 모두가 해볼 수 있기를 바란다.

쩌렁쩌렁 "옷 안 사요!" 외치기

옷을 사지 않겠다는 결심을 알리고 다니는 것도 도움이 된다. 옷을 사지 않기로 결심했다고 선언해버린 이상, 정말 옷을 살 수 없게 된 것이다. 친구들은 종종 내게 말했다. "'컨셉'에 잡아 먹혀서 이제 옷을 못 사고 사네, 얘가." 그런데 그 '컨셉'이 정말로 내 소비 충동을 잡아주기 시작했다. 공개 선언이 없었다면 혼자 결심을 지켜나가기 쉽지 않았을 것 같다. 사람들은 보통 자신의 평판을 신경 쓰기 마련이다. 그러므로 자신의 목표를 대외적으로 알리는 건 그 자체로 노력의 동기가 된다. 목표 달성에 실패하면 사회적 평판이 떨어지기 때문이다. 옷을 사지 않고 싶거나 쇼핑 횟수를 한 달에 한 번으로 줄여보고 싶다면, 그 목표를 소셜미디어에 공유해보는 게 어떨까?

이런 공개 선언으로 얻을 수 있는 또 하나의 장점은 친구들로부터 헌 옷을 선물받는 기회가 늘어난다는 것이다. "버릴 거 있으면 소연이 줘야겠다." 한 친구가 이런 말을 내뱉다가 순간 입을 틀어막았다. "미안! 방금 한 말 되게 이상하게 들렸겠다. 버린다는 게 아니라 멀쩡하고 입을 만한 옷 준다는 말이었는데……." 끝을 흐리는 친구의 말이 끝나기도 전에 내가 허공에 손을 내저으며 말했다. "아니야, 전혀 그렇게 듣지 않았어! 멀쩡한 옷 주면 나야 고맙지!"

사람들에게 '나 옷 안 사요!'라고 소문을 내기 시작한 뒤로 멀쩡한 옷들이 속속 들어오기 시작했다. 누군가가 버릴 옷이 내게는 새 옷이 된다는 것이 전혀 불쾌하지 않다. 오히려 그런 기회가 진심으로 감사할 뿐이다. 한번은 회사 동료가 바구니째 옷을 가져왔다. 내가 입고 싶은 옷을 하나씩 골라서 가져가면, 나머지는 도로 가져가 팔거나 기부하겠다고 했다. 점심시간이 끝나고 도란도란 모여 중고옷 언박싱을 하자, 다른 동료들도 몰려와 구경을 시작했다. "이 옷은 결혼하기 전에 잘 입었는데…… 이제는 못 입겠더라." 옷에 얽힌 사연도 하나씩 들을 수 있었다. 그렇게 동료에게 받은 옷을 1년 뒤 유럽으로 퇴사 기념 여행을 떠나며 가져갔다. 여행지에서 찍은 사진과 함께 동료에게 줄 작은 선물을 사서 돌아왔다. '옷 줄 거 생겼는데 만나.' 오랜만에 연락을 해오는 친구들의 메시지도 반갑다. 그렇게 선물받은 중고옷들을 펼쳐 옷장에 걸다 보면, 옷이 아니라 추억이 하나씩 쌓이는 느낌이다.

옷을 '산다'는 게 아니라 '받는다'는 데는 보이는 이상의 의미가 있다. 동료의 옷을 받으며 평소라면 알 수 없었을 인생 이야기를 들을 수 있었고, 그 옷을 더 소중히 입을 수 있었다. 돈을 주고 샀다면 엄두내지 못했을 색감과 스타일에도 과감히 도전했다. 물론 친구나 동료에게 받은 옷이 모두 내 스타일인 것은 아니다. 그럴 때는 옷을 주려는 친구에게 조심스레 양해를 구하거나 이미 옷을 받은 뒤라면 친구에게 사정을 공유한 뒤 추후 집에 방문할 손님 가운데서 새 주인을 찾아준다. 옷과 옷을 연결하는 매개체가 된다는 것은 꽤나 즐거운 일이다.

한 가지 유념할 게 있다. 친구들에게 옷을 받으려면 옷장 정리에 더욱 신경 써야 한다. 처음 옷을 받기 시작할 때는 옷 정리의 중요성을 몰랐다. 그저 새 옷을 사지 않아도 이렇게 멋진 옷들을 구할 수 있다는 사실에 설렐 뿐이었다. 그 결과, 버리지 않는 예전 옷들과 친구들에게 받아온 옷들이 뒤섞여 옷장이 그야말로 난장판이 됐다. 평소 입지 않은 새로운 스타일의 옷도 '언젠가 입겠지'라는 마음으로 일단 받아 쌓아두기만 하는 경우도 생겼다. 친구들에게 '선물받은' 옷이라는 생각에 손이 잘 가지 않는 옷도 버리기가 어려워진 것이다.

"이놈의 헌 옷들 좀 당장 갖다 버려!" 상황이 이렇게 되니 언니는 아침마다 소리를 지르기 일쑤였다. "내 헌 옷보다 언니가 산 새 옷들이 훨씬 많거든!" 궁시렁대며 옷가지를 끌어안았지만 처분이 어렵다는 사실을 인정해야 했다. 오렌지빛 햇살이 사선으로 쏟아지던 어느 날 오후 거실 소파에 앉아, 차마 가까이 다가가기도 어려워 보이던 옷장을 문지방 너머로 바라봤다. 옷을 토해낼듯 꽉 들어찬 옷장과 그 옆에 쌓인 헌 옷 보따리를 보며 더 이상은 안 되겠다고 생각했다. 그때부터 나름의 기준으로 옷 분류를 시작했다. 옷을 사지 않기로 결심한 뒤로 오히려 옷장 정리가 더욱 중요해진 것이다.

옷 눈에 보이게 정리하기

흰색 상의가 몇 벌 있는가? 청바지는 몇 벌 있는가? 단번에 대답하지 못할 수도 있다. 우리는 그저 옷을 사고 또 사왔을 뿐이니까. 어떤 옷들이 옷장에 쌓여 있는지 살펴볼 여유조차 허락되지 않았던 것이다. 나 또한 값싸게 건져온 옷들을 차곡차곡 쌓아두느라 바빠 내게 어떤 옷이 있는지, 어떤 옷을 즐겨 입고 있는지조차 파악하지 못하고 있었다. 당시 내 쇼핑 패턴을 돌아보면 시시각각 변하는 감정의 배출과도 같았다. 이를테면 구체적인 휴가 계획이 전혀 없음에도 휴가철에 어울릴 원색 원피스가 보이면 일단 쟁여두고, 회사에서 프레젠테이션을 할 일이 없는데도 각 잡힌 정장이 멋있어 보이면 구매하는 식이었다. 옷장은 내가 아무렇게나 감정을 배출하듯 충동구매로 들여온 옷들을 쉴 틈 없이 꾸역꾸역 받아냈다. 사연 없는 무덤 없다고 했지만, 옷 무덤인 내 옷장에는 사연 없는 옷들이 많아도 너무 많았다. '내가 이런 옷을 샀다고?' 어느 순간 낯선 옷들이 옷장 여기저기에 걸려 있는 모습을 마주하게 되었다.

새 옷을 사는 것이 하나의 사건이라면, 옷장에 있는 옷을 잊은 채 다시 사고야 마는 것은 사고와 같다. 누구도 바란 적 없지만 일어나버리는 안타까운 사고. 이를 방지하기 위해서라도 내게 어떤 옷이 있는지 살펴보는 것은 매우 중요하다.

♦ 옷은 눈에 보이는 곳에 두자. 상의는 옷걸이에, 하의는 바지걸이에 걸어 행거에 진열을 해두는 것이 가장 쉽다.
♦ 수납공간을 활용하겠다며 가방 안에 가방을 넣어두거나, 모자 등 액세서리를 겹쳐두는 것도 도움이 되지 않는다. 외출 준비를 할 때 내가 활용할 수 있는 아이템들을 한눈에 파악할 수 있도록 하는 것이 중요하다.
♦ 공간의 제약으로 서랍이나 상자 안에 옷을 넣어두어야 한다면, 칸마다 어떤 옷이 들어 있는지 라벨을 달아 유형별로 정리해두는 게 좋다. 넣어둘 공간이 없다는 이유로 2~4단 서랍 안쪽까지 옷을 밀어 넣으면 옷은 물리적으로도 심리적으로도 망가지고 멀어진다.

눈에 보이게 옷을 정리하는 것은 의외로 짜릿하다. 쇼핑만큼 자극적이진 않더라도 잔잔하고 소소한 만족감을 가져다준다. 쇼핑할 때 우리 뇌에서는 기분을 좋게 만들어주는 신경전달 물질인 도파민이 분비된다. 그래서 쇼핑이 의욕, 흥미, 성취감을 고취하는 것처럼 느껴진다. 하지만 이런 현상은 일시적일 뿐이다. 우리 모두가 경험하고 있듯 이 기분을 다시 느끼려면 더 큰 소비와 쇼핑이 필요하다. 반면 옷장 정리는 다르다. 옷장 정리는 한번 해두면 그날 밤 옷장 문을 열 때도, 다음날에도 기쁨과 만족감이 유효하다. 긍정적 영향이 일상에 꾸준히 지속되는 것이다.

전문가들은 개인의 공간을 잘 정리해두는 것이 개인의 자존감을 채워주고 삶의 만족도도 높일 수 있다고 말한다.[2] 환경에 대한 통제력을 새롭게 느낄 수 있고, 물건을 제자리에 정리함으로써 자유와 해방감을 느낄 수 있다. 옷들에 숨 쉴 여유를 허락해주는 옷장에서 옷을 꺼내 입으면 상쾌한 마음으로 아침을 맞는 데도 도움이 될 것이다.

물론 옷이 가득 쌓인 옷장을 고작 하루 정리했다고 해서 극적인 변화가 일어나지는 않을 것이다. 하지만 우리는 옷장을 깔끔해 '보이게' 만들어 인스타그램으로 전시하려는 게 아니다. 핵심은 그저 내가 더 편안하고 효율적으로 옷을 입기 위함임을 잊어서는 안 된다. 유튜브에서 찾아본 미니멀리즘 인테리어 영상 속의 집처럼 옷장이 곧장 깔끔해지지 않더라도 정리를 포기하지 않기를 바란다. 수백 가지 옷이 눌러 담긴 옷장은 결코 하루아침에 깨끗해질 수 없다. 쇼핑을 멈춰 새 옷 유입을 막고 현재 소장 중인 옷 안에서 나름의 질서를 만든다면 그것만으로도 충분하다.

옷장을 정리하는 방법은 옷의 취향만큼 사람마다 다양할 수 있다. 어떻게 정리해도 좋지만, 자주 입을 옷이라면 눈에 보이고 손에 닿는 곳에 펼쳐져 있어야 한다는 게 핵심이다. 그렇기에 혼란 속에서도 자기만의 질서를 유지하는 데 익숙한 맥시멀리스트일수록 정리는 더더욱 필수다.

옷은 아이템 하나하나보다 어떻게 조합하는지가 더 중요할 때가 많다. 예컨대 하얀색 치마만 있으면 충분히 잘 입을 수 있는 분홍색 블라우스도 혼자 덩그러니 걸려 있으면 좀체 손이 가지 않는다. 똑같은 옷도 어떻게 조합하는지에 따라 다양한 스타일로 연출할 수 있는 만큼 어울리는 매칭을 미리 찾아두는 것도 도움이 된다. 그렇지 않으면 출근을 앞둔 바쁜 아침마다 입을 옷이 없다며 기분을 버리게 된다.

1. 용도에 따라 정리하기

주말과 평일, 오전과 저녁, 회사와 취미 활동 등 상황에 따라 옷을 다르게 입는 경우가 많다면 이 방법을 추천한다. 예를 들어 독서실 공부와 면접 준비를 병행하고 있다면, 옷장 한편은 독서실에 갈 때 입는 옷들로, 다른 한편은 스터디나 면접에 갈 때 입을 만한 옷으로 배치한다. 혹은 자주 손이 가진 않지만 특별한 날 입을 만한 옷을 제3의 공간에 정리한다. 이렇게 정리해두면 상황에 따라 한정된 범위 안에서 옷을 고민할 수 있어 시간과 에너지를 절약할 수 있다. 공간 여유가 없다면 옷걸이 위쪽에 색깔이 다른 머리끈을 걸어두거나 색 표시를 다르게 구분하는 것도 좋다. 이제는 특별한 약속이 있는 날, 평범하기 그지없어 보이는(하지만 분명 그동안에는 잘만 입고 다녔을) 옷이 가득한 옷장을 보며 한숨을 푹푹 내쉬는 일이 줄어들 것이다.

2. 색상별로 정리하기

다양한 색을 즐겨 입는다면 이 방법을 추천한다. 어떤 색의 옷이 있는지 한눈에 파악할 수 있게 정리해두면, 색의 조합을 활용해 훨씬 다양한 룩을 연출할 수 있다. 예를 들어 상의를 파란색 니트를 입기로 결정했다면, 여기에 어울리는 색깔로 범위를 좁혀 어울리는 하의를 고를 수 있다. 색마다 옷의 위치를 한눈에 보기 어려우면, 이미 사둔 옷들도 제대로 활용하지 못하게 된다. 비슷한 톤의 옷을 즐겨 입는다면, 채도에 따라 옷을 줄 세워보는 것도 도움이 된다. 같은 계열의 색이더라도 서로 다른 채도로 매치하는 '톤온톤' 연출도 훨씬 쉬워질 것이다.

3. 손이 가는 정도에 따라 정리하기

옷장이 크거나 공간 여유가 있다면 추천한다. 옷장은 세 개 구역으로 나눈다. 1구역에는 일주일에 한 번 이상 입는 옷을, 2구역에는 한 달에 한 번 정도 입는 옷을, 3구역은 1년에 한 번 아주 특별할 때만 입는 옷을 정리한다.

1구역과 2구역의 차이를 판단하기가 쉽지 않을 수 있다. 하지만 이 과정을 자기 취향과 옷의 필요성을 직시하는 기회로 활용해볼 수 있다. 이를테면 나는 1구역에 해당하는(일주일에 한 번 이상 입는) 옷이 매우 적었는데, 막상 쇼핑할 때는 2구역(한 달에 한 번 정도 입는) 옷을 구매하려 했다. 입는 빈도별로 옷을 구획해 보관해두면, 쇼핑 시에도 '2구역 옷은 이미 많아. 산다면 1구역 옷을 사야 해.'라고 절제할 수 있게 된다.

3구역으로 좌천될 옷을 정리하는 과정도 중요하다. 3구역 옷은 옷장에 걸려 있기보다 상자 등에 넣어둬도 무방하다. 많은 미니멀리즘 책에서는 3구역에 해당하는 옷을 버리라고 이야기하지만, 나는 3구역 옷도 잘 정리해두면 언젠가는 쓸 날이 돌아온다고 믿는 편이다. 실제로 나는 여행이나 특별한 행사가 있을 때, 3구역에 잠들어 있던 옷을 유용하게 활용한 적이 많다. 3구역 정리에서 중요한 것은 1년에 한 번씩은 옷을 꺼내 존재를 확인하고 활용법을 상기해보는 것이다. 이렇게 옷에 활기를 넣어주면 새로 산 것처럼 반갑고 소중해진다.

시간이 지나며 유행, 취향, 필요도가 바뀌면 3구역에 잠든 옷들이 1구역이나 2구역으로 이동할 수도 있다. 혹은 3구역에서 어떤 옷의 존재 자체를 자꾸 잊게 된다면 기부하거나 내놓는 편이 나을 수도 있다. 3구역을 계속 잘 관리한다면 나만의 새로운 빈티지숍이 될 수 있다. 한때 나는 꽤 큰 옷장을 구비해 3구역 옷들도 옷장 안쪽에 정리해뒀는데, 친구들이 집에 놀러 오면 그 옷장에서 옷을 편히 가져갈 수 있게 했다.

4. 옷과 기념품 구분하기

유럽 여행에서 매일같이 입던 체크셔츠, 생일파티를 함께한 빨간색 미니 드레스, 취업 후 첫 월급으로 산 가방 등 의미와 추억이 가득하지만 평소에는 손이 가지 않는 아이템들은 옷보다 기념품에 가깝다. 그러므로 이들이 있어야 할 곳도 옷장이 아니다. 이 아이템들은 따로 모아 상자에 넣어 보관하는 게 좋다. 그러면 입을 옷이 없다는 투정에서 이 소중한 옷들을 슬며시 보호해줄 수 있다.

앞서 소개한 팁들이 어렵게만 느껴졌다면, 옷 정리를 가장 쉽게 하는 마지막 비밀을 공개한다. 바로 정리해야 하는 옷 자체를 줄이는 것, 즉 쇼핑을 줄여가는 것이다. 쇼핑을 줄이려면 옷을 산다기보다 옷이 내 공간을 비집고 들어온다고 발상을 전환하는 것이 큰 도움이 된다. 낯선, 아니 생판 처음 보는 옷이 현관문을 두드렸다고 벌컥 문을 열어주지 말자. 나와 잘 맞는 옷일지, 옷장에 있는 터줏대감들과도 사이좋게 지낼지, 오래도록 함께할 수 있을지 나름대로 기준을 높이는 것이다. 그리고 그 기준은 가격이나 옷이 아니라 나 자신이나 내 공간에 둬야 한다. 퍼스널 컬러나 핏 진단을 통해 자신에게 맞는 스타일링을 찾는 데 도움을 받아봐도 좋다.

다만 옷장을 정리할 때 한 가지 명심할 게 있다. 쉽게 버리지 말자. 미니멀리즘을 주제로 시중에 나와 있는 책들에는 버리는 것이 가장 흔하고 대표적인 해결책으로 제시된다. 심지어 어떤 '미니멀리즘' 책에서는 무지성 쇼핑을 막기 위해 매 계절이 시작하기 전에 80만 원어치 쇼핑을 '미리' 하라는 내용도 실려 있다. 이런 '미니멀리즘 전문가'의 말은 듣지 않는 게 좋겠다. 안 입는 옷이더라도 과감히 버리지는 말자. "좋아, 오늘부터 정리 시작이야. 아침에 입을 옷도 없는데 다 버리고 시작하자!" 이런 식의 접근은 굉장히 위험하다. 너무 빨리 많이 처분해 옷장이 비어버리면, 우리는 또 인터넷 쇼핑몰을 뒤지면서 빈자리를 채워 넣을 옷들을 찾게 된다. 고민 없이 새로 들여온 옷들은 불과 며칠 만에 또다시 공간만 차지하는 눈엣가시 같은 존재가 된다. 그러므로 일단 버리고 싶은 마음은 잘 붙잡고, 지금 옷장에 어떤 옷들이 있는지 파악하는 게 중요하다.

손이 가지 않는 옷을 대하는 질문 가이드

앞서 우리는 옷이 어떻게 생산되고 폐기되는지를 상세히 살펴봤다. 기부된 옷조차 어떤 처지가 되는지에 대해서도 면밀히 들여다봤다. 그래서 쉽게 버리라는 식의 조언은 쉽게 받아들일 수 없다. 내가 제안하는 옷장 정리는 무작정 버림을 전제하지 않는다. 하지만 그동안 사온 옷이 많다면 대체 어떡해야 할까? 각오하고 감수하자. 일단은 지금껏 구매해온 옷을 끌어안은 채 새 주인을 찾아주거나 다른 용도로 활용하는 등 해결 방식을 차차 고민해보자. 혹은 손이 가지 않는 옷들과 관련해 아래와 같이 자가 진단을 해보는 건 어떨까?

왜 입지 않았을까?

1. 스타일이 바뀌어서

→ 어떤 스타일이 내게 어떤 이유로 안 어울리는지 알아채기

2. 유행이 지나서

→ 활용법 고민하기

→ 유행은 지났지만 내 취향에 맞게 레이어드 할 수 없을까?

→ 운동이나 휴가 등 특별한 상황에서 입을 순 없을까?

3. 체형이 바뀌어서

→ 체형이 바뀐다면 입고 싶은 옷인가?

→ 목표하는 체형이 있다면 왜 그 체형을 목표하는가?

→ 현실적으로 도달 가능한, 또 도달이 필요한 목표일까?

4. 옷이 망가져서

→ 어떻게 재사용 · 재활용해볼 수 있을까?

→ 자르거나 붙여서 일상에서 활용할 수 있는 방법은 없을까?

→ 캐리어에 이름표를 대신해 식별표처럼 묶어두기

→ 마음에 드는 패턴을 남겨 활용하기

→ 보온, 방수가 뛰어나다면, 다르게 재활용할 수 없을까?

5. 하의나 상의를 잘 매칭하면 입을 수 있을까?

→ 가방이나 액세서리를 더한다면 어떨까?

6. 꼭 어울릴 만한 친구의 얼굴이 떠오르지는 않은가?

7. 입으려는 게 아니라 소장하려는 목적은 아닐까?

→ 옷장에는 '입을 옷'이 들어가 있어야 한다.

→ 추억을 위해서라면 상자를 따로 만들어 보관하자.

옷 관리는 꼼꼼하고 철저하게

불과 몇 년 전만 해도, 싼 옷을 열 벌, 아니 50벌도 살 돈으로 비싸고 질 좋은 옷 한 벌을 사는 게 낫다는 걸 이해하지 못했다. 한 번 입고 버리더라도 여러 벌을 사는 게 더 이득이라고 생각했다. 하지만 자원 낭비와 환경오염의 측면에서도, 아름다워지려는 노력의 측면에서도 '한 번 입고 버릴 옷'을 옷장에 쟁여두는 것은 전혀 도움되지 않는다. 물론 비싼 옷은 무조건 오래 입을 수 있고, 싼 옷은 오래 입을 수 없다는 뜻은 아니다. 나는 11년 전 H&M에서 5000원에 구매한 티셔츠를 아직도 잘 입고 있다. 다만 대개의 패스트패션 회사에서 소비 사이클을 단축시키려 쉽게 늘어나고 망가지는 옷을 만들어내고 있다는 건 엄연한 현실이다.

가장 친환경적인 옷은 파타고니아의 유기농 목화 플리스도, 프라이탁에서 만든 세상에 하나뿐인 가방도 아니다. 내가 가진 옷을 최대한 오래 입는 게 가장 친환경적이다. 제로웨이스트 제품을 찾아보거나 업사이클링 브랜드를 구매하기보다 보유한 옷과 아이템을 두고두고 활용하는 게 가장 좋다.

그러므로 오늘날 우리의 의생활에서는 옷을 꼼꼼히 관리하는 일이 무엇보다 중요하다. 온갖 종류의 옷을 아무렇게나 세탁해서는 안 된다. 세탁기와 건조기에 마구잡이로 넣고 돌리다간 금세 목이 늘어나거나 보풀이 생겨 옷을 못 입기 부지기수다. 아무리 원체 약하게 만들어진 옷이라고 해도 일단 구매해 내 옷장에 들어와버린 이상, 적어도 옷 안쪽에 달린 케어 라벨을 잘 살펴 소재에 맞게 옷을 섬세히 관리해나가자.

케어라벨에는 섬유 비율과 제조국, 세탁기 사용 시 주의할 점, 적정 세탁 수온 등을 알려주는 세탁 표시 기호가 적혀 있다. 원사 이름까지 꼼꼼하게 나와 있기도 한데, 소재까지 모두 파악하고 있을 필요는 없다. 필요 시에만 세탁할 옷이 어떤 성분으로 만들어졌는지를 확인하고, 그때그때 해당 옷감의 세탁법을 검색해 참고하면 된다.

세탁법을 확인할 수 있는 기호는 크게 다섯 가지다. 옷의 성분에 따라 세탁법이 완전히 달라질 수 있으니, 내가 입고 있는 옷의 성분을 잘 파악해 소재에 맞춰 관리하면 옷을 훨씬 오래 입을 수 있다.

그 밖에도 아이템마다 아래 방법을 활용하면 옷을 오래 입는 데 도움이 된다.

- 흰 면: 목이나 소매 등 누렇게 색이 변한 경우, 과탄산소다와 주방세제를 섞어 담가두면 오염을 뺄 수 있다.
- 리넨 소재 셔츠 및 바지: 30도가량의 미지근한 물에 중성세제(울샴푸)로 손세탁하면 더 오래 입을 수 있다. 섬유유연제를 사용하면 오히려 구김이 생겨 옷이 후줄근해질 수 있으므로 사용하지 않는 게 좋다.
- 가죽 재킷 및 가방: 가죽은 한번 망가지면 세탁소에 가져가도 별수가 없다. 평소에 잘 관리해주는 게 중요하

다. 가죽 관리용 크림을 마른 수건에 조금 덜어 쓸어내듯 닦아주면 오래 사용할 수 있다. 습기에 취약하므로 주머니에 제습 용품을 넣어두는 것도 좋다.

- 코트: 외출 후에는 이물질이 묻어 있지 않은지 잘 확인한 뒤 털을 빗질하듯 살살 쓸어내고, 바람이 잘 통하고 습하지 않은 곳에 걸어두자. 보관 시에는 다른 옷과 간격을 두고 보관하는 게 좋다.
- 청바지: 외출 후에는 뒤집어 항균 탈취제나 소독용 알코올을 뿌려 살균해준다. 오염이 심해 세탁이 필요하다면 가급적 청바지만 단독으로 세탁한다. 물 빠짐을 막고 형태를 잘 유지하기 위해 지퍼와 버튼을 채운 뒤 뒤집은 상태에서 중성세제와 찬물로 세탁하는 것이 좋다. 옷장에 보관할 때는 접기보다 돌돌 말아 보관하는 편이 모양을 유지하는 데 좋다.

계절이 지나 옷을 오랜 시간 입지 않고 보관해야 할 때는 특히나 꼼꼼히 세탁 후 보관하는 게 중요하다. 얼핏 깨끗해 보이더라도 옷을 제대로 세탁하지 않은 채 옷장에 넣어두면 눈에 보이지 않던 땀이나 각질, 미세한 얼룩 같은 오염물이 산화되면서 색이 변하고 옷감이 상하기 때문이다. 따라서 계절이 변하며 수납장에 옷을 오래 보관할 때는 각 원단에 맞게 세탁한 뒤 보관하도록 하자. 또 통풍이 되지 않고 옷에 곰팡이가 생길 수 있으므로 비닐에 씌우지 않은 채 보관하는 게 중요하다.

옷과 옷을 바꾸기, 대안 쇼핑의 등장

돈을 지불하고 새 옷을 사오는 기존의 쇼핑에서 벗어나 새롭고 대안적으로 옷을 마련하는 방식이 하나둘 등장하고 있다. 옷을 교환하는 행사, 옷을 수선해 오래 입을 수 있게 해주는 재봉틀 사용법 등을 배우는 클래스도 등장했다. 산업이 만들어낸 유행이라는 틀이나 습관적인 온라인 쇼핑에서 벗어나 자기만의 멋을 찾아가는 방법이 더욱 다양해진 것이다.

세상에 이미 나온 옷을 바꿔 입는 것만으로도 우리는 충분히 풍성한 의생활을 할 수 있지 않을까? 그 상상을 현실로 가능하게 만든 곳이 있다. 비영리 스타트업 다시입다연구소의 옷 교환 행사 '21프로(%) 파티'다. 이곳에서는 옷을 쇼핑할 때 돈이 필요 없다. 아니, 오히려 돈을 주고도 옷을 살 수 없다. 자신이 입지 않는 헌 옷, 그리고 그에 대한 이름과 이야기를 붙여주어야만 새로운 옷을 데려갈 수 있다.

다섯 벌 중 한 벌. 21퍼센트. 다시입다연구소는 사람들이 옷장 속에 쌓아두고 입지 않은 옷이 얼마나 있는지 조사한 끝에 이런 결과를 받아냈다. 다시입다연구소 소셜미디어에 업로드된 사진만 보더라도 옷은 사실상 점점 더 일회용이 되어가고 있다. 다시입다연구소는 옷장에 잠들어 있는 옷들에 다시 생명력을 불어넣을 계기를 마련해보고자 파티를 열었다. 그렇게 21프로 파티에서는 그간 옷장에 갇혀 잠자고 있던 옷들이 다른 주인을 찾아간다.

다시입다연구소의 정주연 대표는 외신 번역 일을 하다가 인간의 의식주 가운데서도 옷이 환경에 미치는 악영향을 처음으로(하지만 지속적으로) 접하게 됐다고 한다. 정주연 대표의 이야기는 옷을 사지 않기로 결심한 뒤 한동안 내가 걸어온 여정을 떠올리게 했다. '나만 모르고 있었나?' 일을 하다가 우연히 품게 된 문제의식은 지금의 21프로 파티로 이어졌고, 21프로 파티는 삶을 심각하게 위협하는 의류쓰레기 문제를 모두가 함께 조금씩 해결해나가는 실천의 장이 되고 있다.

21프로 파티에서는 옷에 가격표 대신 사연 카드가 붙어 있다. 언제 산 옷인지, 얼마나 자주 입었는지, 새로운 주인에게 보내는 이별의 메시지 등을 손으로 직접 적어 내려가야 한다. 검분이, 쵸니, 복숭이…… 21프로 파티에 나온 옷들에는 저마다 이름과 옷을 떠나보내는 주인의 가벼운 인사가 붙어 있다. 이 말들을 읽고 나면 옷을 데려가는 마음가짐이 새로워질 수밖에 없다. 단순히 돈을 지불하고 옷을 '구입하는' 게 아니라 내 공간과 내 삶에 '데려오는' 감정이 크다. 사연과 함께 교환해온 옷들은 그래서 내게 더 특별하다.

정주연 대표는 우리 사회에 수선문화를 자리 잡게 하는 게 궁극적 목표라고 밝혔다. 헌 옷 교환을 넘어 자신이 입을 옷을 직접 만들고 수선함으로써 옷에 대한 책임감을 기를 수 있다는 말이었다. 한 땀 한 땀 손으로 만드는 경험을 해보면 지금 가진 옷과 물건도 소중히 여기며 수명이 다할 때까지 사용하게 될 것이다. 때때로 환경운동은 개인의 욕구를 억압하고 옳

아매거나 죄책감을 전가한다고 여겨진다. 하지만 21프로 파티는 모두가 즐겁게 참여할 수 있는 파티라는 해결책을 생각해냈다. 모두가 즐겁고 재미있게, 또 기꺼이 참여할 수 있는 방식이야말로 '지속가능'을 실천할 수 있다.

다시입다연구소는 패션기업이 재고와 반품을 폐기하지 못하게 하는 법안을 마련하기 위해 서명 운동도 벌인다. 패스트패션을 생산하고 소비하는 기존의 굴레에서 벗어날 때, 우리는 비로소 모두의 파티를 즐기게 될 것이다. 우리에게 필요한 건 기후위기 시대에 걸맞은 새로운 패션 패러다임이다.

옷 교환을 도와주는 공간과 매장들

♦ 소우주 @mikrokosmos.forest.shop

돈을 주고 옷을 구매한다는 개념에서 벗어나 보유 중인 옷을 교환하는 행사가 계속 늘고 있다. '지속가능한 0(제로)의 생활'을 꿈꾸는 전주의 제로웨이스트 공간 소우주에서는 '물건 입양 프로젝트'를 진행한다. 입양 과정에서 물건을 가져가는 이는 물건을 어떻게 사용할지 다짐과 서명을 남겨야 한다. 장한결 대표는 이렇게 말한다. "다른 존재를 들여와 기르는 입양처럼 구매와 소비의 차원을 넘어 물건을 받아들이는 태도의 중요성이 드러나기를 바란다." 마침 소우주에 방문했을 때 장한결 대표가 내놓은 시스루 원피스가 마음에 들어 입양해왔는데, 이 원피스는 내 옷장의 가장 좋은 자리를 차지한 채 나와 종종 외출을 함께하고 있다.

한편 소우주가 위치한 전주에는 모양이 예쁘지 않아 상품성이 없다고 판단된 농작물을 모아 조금이나마 저렴한 가격에 판매해 낭비를 줄이는 노모어레프트도 활동 중이다. 소우주에서는 노모어레프트 공동구매를 진행하고 있다. 그때그때 주문자 여러 명이 신청한 농작물을 소우주에서 한꺼번에 배송받음으로써 각자 주문할 때보다 배송 과정에서 발생하는 탄소를 줄인다.

♦ 역(Yeok) @buam_station

버려진 옷감을 엮어 옷을 만드는 공방도 있다. 21프로 파티의 진행을 돕는 서포터즈는 조각보로 만든 앞치마를 입고 활동한다. 흔히 서포터즈 활동을 하면 별도 제작한 굿즈를 선물받는 경우가 많다. 하지만 굿즈보다 경험이 더 중요하다고 생각한 정주연 대표는 서포터즈와 업사이클링공방 역에 방문해 앞치마를 직접 만들어보기로 했다.

어릴 적 우리 집 식탁에도 반찬 위에 식탁보가 덮여 있었다. 할머니가 천 여러 장을 엮어 만든 조각보였다. 옛날에는 옷을 손수 짜서 입어야 했기에 천의 가치가 높았다. 조각이라도 함부로 버리지 않고 모아 조각보를 만들었고, 이것을 보자기나 상보로 일상생활 곳곳에서 널리 사용했다. 우리는 옷을 직접 만들거나 수선해 입을 수 있겠다는 생각을 좀체 하지 못하고, 내 손으로 할 수 있는 것이 생각보다 많다는 사실도 잊어버린 채 일상을 살아간다. 그런데 역에서는 동대문에 옷을 유통하는 봉제공장에서 남은 자투리 천을 수거해 옷이나 소품을 제작하려는 목적이 있는 방문객에게 선뜻 제공하고, 창의적으로 자기만의 옷을 만들 수 있게끔 수업을 진행한다.

옷장 안에 있는 옷을 꺼내 말을 걸어보자. 괜한 미련으로 먼지가 가득한 옷장에 처박아두기보다 멋지게 안녕을 고하고, 새로운 근사한 일상을 함께해줄 타인에게 기회를 주자. 쉽게 버려질 뻔한 것들을 꿰매고 엮고 고치고 다시 입자. 휴대폰 스크린에 정신을 빼앗겨 온갖 불필요한 물건을 가상의 장바구니에 담는 것 외에도 우리가 더 많은 일을 해낼 수 있다는 사실을 깨우칠 수 있을 것이다.

캡슐옷장 꾸리기

옷이 가득 찬 옷장 앞에 서면 입을 옷이 없어 고민인데, 옷 몇 벌만 꾸려 캐리어 끌고 떠난 여행에서는 이 옷 저 옷 잘도 조합해서 입는 경험을 한 번쯤은 해보았을 것이다. 비슷한 옷을 요리조리 서로 다르게 코디하며 제법 느낌 있게 스타일링한 스스로 모습에 감탄한 적도 있을 것이다. 이런 개념을 옷장에도 적용해보자는 것이 바로 '캡슐옷장(capsule wardrobe)'이다. 되는대로 옷을 쌓아두는 게 아니라, 오히려 몇몇 아이템으로 제한해 캡슐형 옷장을 만들어두고 그 안에서 자신만의 스타일링을 시도하는 것이다. 한정된 공간의 옷장에 어떤 옷을 넣을지 고민하다 보면, 자신의 체형이나 잘 맞는 색감, 취향에 대해 더 잘 알 수 있게 된다는 것이 캡슐옷장의 비결이다.

캡슐옷장이라는 개념은 1970년대 영국의 스타일 전문가

수지 포(Susie Faux)가 처음 사용했다.[3] 그전까지는 호환가능한 아이템이 아닌 한 벌로 입는 세트 아이템을 걸어놓았는데, 여러 개별 아이템을 구비해두고 조합해 입는 캡슐옷장이 참신하고 새로운 해결책으로 받아들여졌다.

캡슐옷장은 다양한 조합이 가능한 기본적인 옷들로 구성하는 것으로 시작한다. 여행을 갈 때 신중하게 고민하며 옷의 조합을 생각해 캐리어에 짐을 싸듯, 나의 옷장을 꾸리면 끝이다. 여기서 중요한 것은 신중히 고민한다는 것이다. 무지성 쇼핑으로 가득 찬 옷이 가득하면, 당연히 옷의 조합을 고민하는데 더 긴 시간이 걸리고 쉽게 좌절될 수 있다. 특정한 주기를 정해두고 캡슐옷장을 정리하면 더 짧은 시간 안에 나의 취향을 담은 패션을 완성할 수 있을 것이다.

캡슐옷장을 꾸릴 때는 실패 없는 조합을 위해 색상을 중심으로 꾸리는 경우가 많다. 애초에 '돌려 입기'가 목표인 옷장인 만큼 색을 조화롭게 꾸리는 것이다. 예컨대 아이보리색, 검은색, 하얀색 상의 세 벌과 카키색과 검은색 슬랙스, 청바지 하의 등 세 벌이 있다면 벌써 아홉 가지 조합을 만들어낼 수 있다. 여기에 신발, 가방, 벨트, 모자, 귀걸이 등을 활용하면 훨씬 더 다채로운 조합을 어렵지 않게 만들어낼 수 있다. 캡슐옷장을 어떻게 꾸려야 할지 낯설다면, 'capsule wardrobe'라는 검색어로 해외 블로그나 핀터레스트 게시글을 참고해보면 좋다.

캡슐옷장은 보통 신발을 포함해 20여 가지 아이템으로 구성되고, 필요한 아이템을 모두 고른 뒤에는 계절이 바뀌기 전까지 다른 아이템을 활용하지 않아야 한다. 캡슐옷장을 꾸리며 추가로 옷을 구입하기로 결정했다면, 오랜 기간 입을 수 있는 품질의 중고·업사이클링 제품을 구입하는 게 좋겠다.

옷을 매일같이 사왔음에도 또다시 '오늘 뭐 입지'라는 생각에 스트레스를 받고 있다면, 무분별한 쇼핑보다 내 옷장으로 또 하나의 작은 옷장을 꾸리는 캡슐옷장을 시도해볼 때다.

옷 대여, 패션 스트리밍 서비스 이용

옷을 빌려 입는 서비스도 등장했다. 따릉이, 에어비앤비, 쏘카 등 차량이나 공간을 다른 사람들과 나눠 쓰는 공유경제가 유행하며 옷을 빌려 입는 패션 스트리밍 서비스도 등장한 것이다. 파일이나 음악, 동영상 등을 다운로드하지 않고 바로 재생해 즐기는 스트리밍 서비스처럼 패션 아이템을 구매하는 대신 일정 기간 대여한 후 반납하는 개념이다. 우리나라 기업으로는 클로젯셰어가 옷이나 가방 등을 대여하는 서비스를 운영 중인데, 주로 비싼 명품만 대여하고 있다. 한 달에 여섯 벌을 빌려 입을 수 있는 의류 구독 서비스 패브(FAAV)도 등장했다. 미국의 관련 스타트업 르토트(Le Tote)는 설립 3년 만에 매출 140억 원을 돌파했고, 7년 만에 미국에서 가장 오래된 백화점 로드앤드테일러를 인수하는 등 빠르게 성장했다. 2009년 시작한 렌트더런웨이(Rent the Runway)는 기업가치 1조 원이 넘는 유니콘이 되기도 했다.

다만 환경오염을 덜어내기 위한 측면에서라면 옷 대여를 적극적으로 권하고 싶지는 않다. 핀란드 LUT대학의 연구에 따르면,[4] 옷 대여 서비스가 환경에 긍정적 영향을 미친다고 보기는 어렵다. 한 사람이 청바지를 입는 다섯 가지 시나리오로 나누어 살펴보았다.

1. 청바지를 표준 횟수(200회) 만큼 입고 버리기
2. 버리기 전에 평균보다 더 오래 입기
3. 팔거나 자선단체에 기부하기
4. 새 의복 재활용하기
5. 대여하기

다섯 가지 방식이 각각 지구온난화에 미치는 영향을 비교했는데, 옷을 빌려입거나 공유할 때 옷을 유통하고 이동시키는 과정에서 발생되는 탄소배출이 문제가 됐다. 옷을 재활용(recycle)하는 것 역시 중고옷을 새로운 옷으로 바꾸는 과정에서 배출되는 탄소의 양이 다른 시나리오에 비해 높았다. 청바지를 오래 입거나(reduce) 옷을 팔거나 기부(reuse)하는 게 지구온난화에 미치는 영향이 가장 적었다. 다만 가까이 위치한 이웃에게 옷을 빌리는 등 탄소를 적게 배출하는 운송 방식으로 물건을 주고받거나 공유하고, 평균적으로 입는 횟수보다 더 많이 입게 된다면 충분히 의미가 있을 것이다.

취향 찾기

유행하는 '머스트해브 아이템(must-have item)'을 사느라 온·오프라인을 숨 가쁘게 뛰어다니기보다 내 스타일의 옷을 옷장에 미리 갖춰두면 마음이 한결 여유로울 테다. 촉감이 좋으면서도 튼튼하고, 움직임을 제한하지 않으면서도 체형에 꼭 맞는 옷을 심사숙고해 골라보자. 자기 스타일을 찾으려면 꾸준한 노력이 필요하다. 운동기구를 산다고 몸이 저절로 좋아지는 게 아니듯 옷만 산다고 멋이 나는 건 아니다. 나만의 멋을 발전시키려면 운동할 때처럼 노력과 인고의 시간이 필요하다.

다음 같은 질문은 취향을 파악하는 데 도움이 될 것이다.

- ♦ 가장 좋아하는 셋업은 무엇이고, 이유는 무엇인가?
- ♦ 마음에 들지 않는 셋업은 무엇이고, 이유는 무엇인가?
- ♦ 지난 한 달 동안 가장 손이 자주 갔던 상의는?
- ♦ 지난 한 달 동안 가장 손이 자주 갔던 하의는?
- ♦ 입었을 때 어떤 느낌으로 보이길 바라는지?(형용사 세 개)

이때 나 자신을 위한 OOTD를 찍는 것도 도움이 된다. OOTD는 옷을 잘 입는 트렌드세터들만의 전유물이 아니다. 잘 입어서가 아니라 잘 알아채기 위해 자신의 모습을 찍어보자.

2주 동안 머리끝부터 발끝까지 담기는 거울 앞에서 사진을 찍어보자. 이런 프로젝트를 하고 있다며 지인에게 알리며 찍어달라고 요청해도 좋겠다. 2주 동안 찍은 사진을 한눈에 볼 수 있게 나열해두고, 어떤 옷을 입을 때 만족했는지(혹은 만족하지 않았는지)를 파악해보자. 구체적인 질문은 위에서 제시한 '손이 가지 않는 옷을 대하는 질문 가이드'를 따르면 좋다. 2주간의 옷 기록을 관찰하다 보면 내가 어떤 색감의 조화를 좋아하는지, 어떤 셋업을 입었을 때는 무슨 이유로 기분이 좋지 않았는지, 그 특징은 무엇인지 등을 정리할 수 있다.

1. Continue/Change 회고하기

좋았던 착장과 유지하고 싶은 사항을 메모하고, 마음에 들지 않았던 착장과 바꾸고 싶은 것을 나누어 적어보자. 마음에 들지 않았던 것은 이유를 명확히 밝혀 적는 게 좋다. 한 벌만 살펴보면 파악하기 어려울 수 있지만, 여러 벌이 모이면 '어두운 상의에 밝은 하의를 입는 건 별로 내 마음에 들지 않는구나.'라는 식으로 전체 경향을 알아볼 수 있다. 나쁜 것만 적지 않도록 주의하자. 마음에 드는 착장이 왜 마음에 들었는지 고민하고 적다 보면 자신만의 스타일을 찾아갈 수 있고, 쇼핑 시에도 훨씬 명확한 이유로 옷을 선택할 수 있게 된다.

2. OOTD 본격적으로 분석하기

2주간 입은 옷 중 출근복의 비율이 80퍼센트인데, 옷장에서 휴가용·주말용 옷이 차지하는 비중이 80퍼센트라면 문제가 분명하다. 이렇듯 내가 어떤 옷을 자주 입는지 알아채는 것이 중요한데, 이때 OOTD 촬영이 큰 도움이 된다. 촬영과 분석이 끝났다면, 옷장에서 OOTD에 맞는 옷을 확인하고 분류하자.

분류가 꼭 배타적일 필요는 없다. 상황에 따라 여러 갈래로 나누어 적되, 친구와의 모임이더라도 오후, 밤 등 시간에 따라 입어야 하는 옷의 분위기가 달라질 수 있을 때는 더 세부적으로 나누어 적는 게 좋다. 분류 후에는 자주 입는 옷의 비율에 맞게, 옷장에 옷이 구비되어 있는지 확인해보자.

나는 OOTD 분석으로 좋고 싫은 것을 아래와 같이 추렸다.

내가 좋아하는 것들

- 옷은 베이직하게, 아이템은 눈에 띄게
- 여름에는 어깨가 드러나는 민소매
- 겨울에는 목이 답답하지 않은 니트
- 편안한 옷들
- 색상: 블랙, 화이트, 아이보리, 네이비, 연핑크, 핑크, 청
- 미니멀한 크기의 액세서리

내가 싫어하는 것들

- 어깨가 좁아보이는 옷들(좁은 칼라, 목 끝까지 올라오는 홀터넥, 너무 딱 달라붙는 상의 등)
- 불편한 옷이나 신발(언제 어디서든 뛸 수 있어야 한다.)
- 혈액순환이 안 되는 하의
- 플로럴 패턴

이렇게 분석해보니 입을 옷이 없는 이유가 명확했다. 예를 들어 '여름 옷'이라고 사는 옷들이 '진짜 여름 옷'이 아니었다는 것을 발견했다. 에어컨을 과하게 틀어 오히려 카디건을 챙겨야 하는 지하철과 회사에서는 끈만 간신히 걸쳐 있는 민소매 상의를 입을 수 없다. 하지만 내 옷장에는 당장 햇볕이 내리쬐는 바닷가에서나 입을 수 있는 민소매와 반바지가 가득했다. 그러니 회사에 갈 때 입을 만한 옷이 없다며 좌절한 것이다. 옷장 정리를 하며 '어깨를 덮는 반소매 티셔츠'가 얼마나 있는지 살펴보니 비율이 정말 낮았다. 그동안 중독에 가까운 쇼핑을 이어왔던 내 옷장은 정작 일상에 필요한 옷을 전혀 제공하지 못하고 있었다. 그저 인터넷 쇼핑몰 광고에 뜨는 '페스티벌 옷', '올 여름 휴가 대비 옷'들에 현혹돼 장바구니에 담아온 것이다. 우리의 일상이 어떤 모양새로 흘러가고 있는지, 그에 따라 어떤 옷이 있는지 살펴보는 것이 중요하다.

옷은 우리 피부에 가장 가깝게 붙어 있는 물질이자 자기 자신을 가장 잘 드러낼 수 있는 수단이다. 따라서 스스로에 대한 공감과 이해를 기반으로 자신과 가장 잘 어울리는 옷들로 자신감을 채워가자.

에필로그 자기만의 멋

옷을 사지 않기로 결심한 내게 사람들은 말했다. 하루라도 젊었을 때 예쁜 옷을 입어야 하는데, 왜 남의 옷만 입냐고. 헌 옷만 입는 게 찝찝하진 않냐고. 처음엔 엄마도 그랬다. 패션이니 스타일이니 하는 말을 입에 달고 살던 네가 어쩌다 이렇게 변했냐고. 그래, 난 분명 멋있어지고 싶었다. 하지만 내가 어릴 적 TV를 보며 '패션 리더'들을 선망한 건 그저 겉모습 때문만은 아니었다.

패션은 '행위'나 '활동하는 것' 또는 '만드는 것'을 뜻하는 라틴어 팩티오(factio)에서 유래한 단어다. 여기에는 양식, 방식, 유행, 관습, 습관 등 많은 뜻이 담겨 있는데, 말하자면 모든 생활양식 자체가 패션이라 할 수 있는 것이다. 이 다양한 정의처럼 나도 그저 멋진 사람이 되고 싶을 뿐이다. 내 것이 아닌 사람과 자원, 미래를 착취하고 낭비하고 싶었던 건 아니다.

나는 숨이 붙어 있는 크고 작은 생명을 모두 사랑한다. 새벽에 일어나 할머니 댁 뒤뜰을 열면 봉숭아잎에 그렁그렁 매달린 이슬을 바라보는 게 좋았다. 마당에서는 잔뜩 신이 난 우리 강아지 방울이가 앞발을 콩콩 모래 바닥에 찍어내는 발자국을 바라보는 게 행복했다. 살아 있음에 감사하게 되는 순간은 항상 그런 곳에 있었다. 매끈하게 닦인 대리석 바닥의 백화점이나 편집숍이 아니라.

평소 환경보호를 열렬히 외치지만, 아침에 일어나 빵을 토스트기에 굽고 커피를 내려 마시고 지하철과 버스를 타고 성실히 출근하는 것만으로도 나는 엄청난 탄소와 자원을 낭비하고 있다. 그런 나는 내가 사랑하는 것을 사랑하고 싶어서 내 삶에 중요하지 않은 부분을 하나씩 떼어내기로 했다. 그렇게 가장 먼저 이별하게 된 것이 쇼핑이었다.

자주 실패하고 좌절하며 또 그 덕분에 결국엔 내가 원하는 삶의 방향으로 조금씩 가까워지고 있는 걸 느끼며 5년째 그 작은 결심을 유지해오고 있다. 네모반듯한 공허한 새 쇼핑백을 어깨에 두르는 것보다 친구의 소중한 사연이 차곡차곡 담긴 헌 옷을 선물받는 게 더 좋다. 엄마의 젊은 날이 녹아 있는 옷장 문을 열고 추억이 깃든 옷을 꺼내 내 일상에 살포시 포개는 게 더 좋다. 그 누구도, 그 어떤 것도 불필요하게 착취하거나 낭비하지 않고 살아가는 것, 그것이 내게는 멋이자 패션이다.

과학책 속 머나먼 이야기 같았던 기후위기는 이제 본격적으로 모습을 드러내며 우리 삶을 가까이에서 위협하고 있다. 새 옷을 사지 않는 건 앞으로 내 삶을 위협할 기후위기에 대응하는 여러 삶의 변화 가운데 가장 작은 시작에 불과할 것이다. 비건, 제로웨이스트, 탄소중립 등 더 크고 급진적인 변화와 도전으로 우리는 새로운 삶의 패션을 만들어가야 할 것이다.

쇼핑 중단을 결심하고, 글을 쓰고, 그 덕분에 여기저기 강연도 다니는 나를 보며 엄마는 자랑스러워했다. 하지만 단상에 서야 할 사람은 내가 아닌 엄마였는지도 모르겠다. 이사를 다닐 때마다 수고롭게 옷들을 정리하고 포장했을 엄마는 무슨 마음으로 이 많은 옷을 이고 지고 다녔을까? 옷이 상하지 않도록 바람을 쏘이고 닦아내며 무슨 생각을 했을까? 구구절절한 고민 끝에 옷 쇼핑을 겨우 멈출 수 있었던 나와 달리, 엄마는 이미 답을 알고 있었는지도 모른다. 엄마가 생각하는 멋은 무엇일까?

부족한 책이지만 누군가가 이 책을 읽고 자신이 무엇을 할 때 행복한지, 어떤 것을 사랑하는지, 어떤 사람과 어떤 가치를 멋있다고 생각하는지 고민하고 발견하는 데 도움이 되길 바란다. 그렇게 그가 패션을 자기만의 의미로 정의해나갈 모습을 상상하면, 걱정으로만 가득 찼던 마음도 점차 두근거리기 시작한다. 사람들마다 다채롭게 만들어나갈 자기만의 멋과 삶의 면면을 더 많이 보고 싶다. 그 모습을 더 많이 보게 될수록 어쩌면 내가 패션 디자이너라는 어릴 적 꿈에 오히려 더 가까이 다가간 것이 아닐까 싶다. 우리 모두가 저마다 자기만의 멋을 찾는 데 성공한다면 세상은 얼마나 더 멋있어질까? 좌절과 포기 대신 기대와 설렘을 담아 책을 마무리한다.

부록 제로웨이스트 옷장 실천에 도움이 되는 콘텐츠 추천

옷을 사지 않겠다는 결심에 큰 힘이자 길잡이가 된 자료를 소개한다. 쇼핑을 중단한다는 건 단순히 옷을 사지 않는다는 의미가 아니다. 원래부터 그랬다는 듯 내 주변을 둘러싼 자본주의와 소비문화를 정면으로 거슬러야 한다는 뜻이다. 아래 자료는 내가 이 사실을 깨닫는 데 많은 도움을 줬다.

패스트패션 산업의 이면을 더 심도 있게 알아보고 싶다면

[책] 나는 왜 패스트패션에 열광했는가(E. 클라인, 세종서적, 2013)

흔한 쇼핑중독자였던 엘리자베스 클라인이 책을 펴내기까지의 여정은 내 경험과 놀랍도록 비슷했다. 케이마트에서 15달러에 팔던 캔버스 신발이 7달러로 할인하자 똑같은 신발을 일곱 켤레나 사서 낑낑거리며 집으로 돌아오던 날, 저자는 무언가 크게 잘못되고 있음을 깨닫는다. 이 책은 저가 의류 체인이 등장하고 중간시장과 독립 유통업체가 붕괴된 과정을 따라가며 중국과 방글라데시 같은 비서구권의 의류공장을 직접 방문해 자신이 매일같이 사 모으던 '싸구려 옷'의 근원을 추적한다.

[책] 런웨이 위의 자본주의(탠시 E. 호스킨스, 문학동네, 2016)

"패션은 억압적인 동시에 해방적일 수 있고, 영예로운 동시에 끔찍할 수 있고, 혁명적인 동시에 반동적일 수 있다. 모든 문화가 그렇듯, 그리고 모든 사회적 현실이 그렇듯 패션은 모순을 타고났다. 이 책에 담긴 엄청난 모순들을 덮고 숨기는 지배문화의 능력이야말로 왜 사람들이 끊임없이 저항하지 않는지를 보여주는 핵심이다. 패션은 더 밝은 미래의 꿈을 향해 우리를 밀어 보내고 고무시킬 수 있지만, 철저히 억압할 수도 있다. 패션은 권력에 저항하는 동시에 너무나 흥미로운 권력 형태이기도 하다." 작가이자 사회운동가인 저자는 결국 자본주의 체제를 넘어서지 못한다면 패션산업을 둘러싼 온갖 모순과 문제를 해결할 수 없을 것이라고 역설한다.

[다큐] 환경스페셜 '옷을 위한 지구는 없다' 편(KBS, 2021)

우리가 버린 옷들은 결국 어디로 가는 걸까. 그 민낯을 끈질기게 추적했다. 버려진 헌 옷을 되새김질하며 멍한 눈빛으로 카메라를 응시하는 소의 눈망울은 어떤 수치(數値)와 말로도 표현할 수 없는 메시지를 우리에게 전달하고 있다. 유튜브에서 전체 방영분을 시청할 수 있다.

* 영상 링크: youtube.com/watch?v=gw5PdqOiodU

[다큐] 더 트루 코스트(2015)

형형색색 자수가 놓인 니트 원피스는 어떻게 맥도날드 콘 아이스크림보다 저렴한 걸까? 값싼 패스트패션 산업의 '진짜 비용'을 추적하고, 옷의 가격표에서 볼 수 없던 모습들을 면면히 담아낸다. 곧 무너질 게 뻔한 공장에 들어가야 했던 의류 산업 노동자, 비정상적인 수요를 감당하지 못해 죽음을 택한 20만 명의 농부, 강둑에 쌓인 옷들과 미세플라스틱…… 패션이라는 이름 아래 우리는 이 모든 걸 비용으로 부담해야 한다.

패션산업의 심각성을 좀 더 쉽게 이해하고 싶다면

[책] 지구인을 위한 패스트패션 보고서(민마루, 썬더키즈, 2021)

청소년을 위한 책으로, 티셔츠부터 청바지까지 옷에 숨겨진 이면을 드러낸다. 생태와 환경, 나아가 노동자와 인권 문제로도 연결되는 패스트패션의 어두운 그림자를 이해하기 쉬운 비유와 그림으로 명쾌하게 설명한다. 지금 이 책을 끝까지 다 읽고도 내심 '옷 하나 사 입는 게 그렇게까지 잘못된 거야?'라고 묻고 싶은 사람들에게 권한다.

옷을 사지 않기로 결심 후, 어떻게 살아야 할지 더 고민이 된다면

[책] 리페어 컬처(볼프강 M. 헤클, 양철북, 2021)

쓰고 버리는 시대, 잃어버린 것들을 회복하는 삶의 이야기가 담긴 책이다. 저자는 떨어진 가죽 멜빵바지를 고치기 위해 재봉틀에 실톳을 끼우느라 끙끙대고, 노트북 이어폰 단자에 낀 금속 조각을 꺼내기 위해 유튜브 영상 속 젊은 '랜선' 스승의 가르침에 귀를 기울이며 몇 날 며칠을 작업실에서 보낸다. 책을 통해 우리 모두의 내면에 잠재해 있는 기술자를 발견하는 기쁨을 발견할 수 있다.

[책] 쓰레기 거절하기(산드라 크라우트바슐, 양철북, 2020)

오스트리아의 작은 마을에서 물리치료사로 일하며 남편과 세 아이와 평범하게 살던 저자는 다큐멘터리 영화 「플라스틱 행성」을 보고 난 뒤 딱 한 달만 플라스틱 없는 삶을 살아보기로 한다. 호기심으로 시작한 플라스틱 제로 실험은 가족의 일상을 뒤바꿨고, 딸 말레네는 스키복 하나를 사지 못해 몇 달을 쩔쩔매기도 한다. 플라스틱 없는 삶을 실현할 수 있다는 사실을 일상적이고도 도전적으로 이야기한다.

[책] 파도가 칠 때 서핑을(이본 쉬나드, 라이팅하우스, 2020)

이본 쉬나드는 환경보호를 목표로 파타고니아를 창업했지만 결국 더 많은 제품을 생산하고 판매하게 됐다. 성공할수록 실패하게 되는 미션의 아이러니를 따라가다 보면, 삶의 여러 행동과 선택에 있어 나는 어떤 기준으로 살아가고 있는가를 반추해볼 수 있다. 1세대 디컨슈밍 기업 파타고니아가 환경보호와 사업확장 사이에서 해온 깊은 고민이 담겨 있다.

[책] 디컨슈머(J. B. 매키넌, 문학동네, 2022)

세상이 소비를 멈추는 날, 무슨 일이 벌어질까. 이 간단하고도 복잡한 상상으로 시작되는 책이다. 우리는 언젠가 소비문화를 떠날 수 있을까? 소비하지 않는다는 건 곧 우리 사회를 지탱하고 있는 자본주의의 종말을 예고하는 것 아닐까? 그게 가당키나 할까? 저자가 글을 쓰는 사이 코로나19 사태로 그의 상상이 현실이 됐다. 저자는 우리가 소비하지 않는 소비자, 즉 디컨슈머를 새로운 소비자 모델로서 지향하게 될 것이라 시사한다.

동물을 착취하는 옷부터 줄여가고 싶다면

[책] 지구를 살리는 옷장(박진영·신하나, 창비, 2022)

지속가능한 삶을 고민하는 비건패션 브랜드 낫아워스의 두 대표가 비건 소재의 제품을 만들기로 한 결심부터 제품 제작·판매 과정의 고민을 투명하게 담아냈다. 동물성 소재 사용에 대한 고민과 개개인이 일상에서 만들어내는 작은 변화와 실천의 이야기를 살펴볼 수 있다.

쇼핑 중단, 결심은 했지만 뭘 어떻게 해야 할지 모르겠다면

[책] 내 옷장 속의 미니멀리즘(아누슈카 리스, 스타일북스, 2018)

실제로 나에게 맞는 옷을 어떻게 추려갈지에 대한 실천적 조언이 아주 구체적으로 담겨 있다. 옷마다의 특징을 살펴보며 자신의 취향과 라이프스타일에 맞는 아이템을 이해하고 찾아갈 수 있다. 다만 이 책과 달리 시중에는 '제로웨이스트'나 '미니멀리즘'이라는 키워드를 달고도 쇼핑을 '미리' 하라거나 이 물건은 '꼭' 사라고 강조하는 콘텐츠가 판을 치고 있으니, 오히려 쇼핑을 더 하게 되는 함정에 빠지지 않도록 주의하자.

주

프롤로그 옷이라는 이름의 날개

1 Sophie Woodward, *Why Women Wear What They Wear*, Berg, 2007, ePub.
2 "Top online retailer bets on Azure to provide a stellar experience for 13 million customers worldwide," Microsoft, May 10, 2017, https://advocacypublic.clouddamppe.microsoft.com/en-hk/story/asos.
3 류정일, 「패스트패션업계에 '셰인' 돌풍 더 강해진다」, 《미주중앙일보》, 2021년 12월 27일, https://news.koreadaily.com/2021/12/26/economy/economy-general/20211226180017957.html.

1장 옷을 산다는 것의 진짜 의미

1 소준섭, 「청바지 한벌 만드는데 물 7000리터…과잉 풍요의 시대를 사는 우리들」, 《프레시안》, 2021년 8월 20일, https://pressian.com/pages/articles/2021082008321991660.
2 Anne-Marie Schiro, "Fashion; Two New Stores That Cruise Fashion's Fast Lane," *The New York Times*, December 31, 1989, https://www.nytimes.com/1989/12/31/style/fashion-two-new-stores-that-cruise-fashion-s-fast-lane.html.
3 "Fast Fashion Speeding Toward Ultrafast Fashion," Coresight Research, May 19, 2017, https://coresight.com/research/fast-fashion-speeding-toward-ultrafast-fashion.
4 "ASOS customers can now shop the latest fashion with Google Assistant," ASOS, October 11, 2018, https://www.asosplc.com/news/asos-customers-can-now-shop-latest-fashion-google-assistant.
5 최보윤, 「중국의 패션 공습… 쉬인, 美 패스트패션시장에 맹공」, 《조선일보》, 2021년 12월 21일, https://www.chosun.com/culture-life/fashion-beauty/2021/12/21/RCBPSSCQZFAFNAVGQMRMYZWXOM.
6 이준성, 「한해 800억벌 쏟아내는 패스트패션…의류쓰레기 처리는 '뒷

짐'」, 《뉴스트리》, 2021년 9월 28일, https://www.newstree.kr/newsView/ntr202109170003.

7 Rachael Dottle and Jackie Gu, "The Global Glut of Clothing Is an Environmental Crisis," *Bloomberg*, February 23, 2022, https://www.bloomberg.com/graphics/2022-fashion-industry-environmental-impact.

8 이준성, 「한해 800억벌 쏟아내는 패스트패션…의류쓰레기 처리는 '뒷짐'」, 《뉴스트리》, 2021년 9월 28일, https://www.newstree.kr/newsView/ntr202109170003.

9 Sea Turtle Biologist, "Sea Turtle with Straw up its Nostril - "NO" TO SINGLE-USE PLASTIC," YouTube, August 11, 2015, https://www.youtube.com/watch?v=4wH878t78bw.

10 Plastics – the Facts 2022, Plastics Europe, https://plasticseurope.org/knowledge-hub/plastics-the-facts-2022.

11 권기균, 「실험실서 장난하다 발견, 스타킹으로 여심 사로잡아」, 《중앙선데이》, 2011년 4월 24일, https://www.joongang.co.kr/article/5391784.

12 Rachael Dottle and Jackie Gu, "The Global Glut of Clothing Is an Environmental Crisis," *Bloomberg*, February 23, 2022, https://www.bloomberg.com/graphics/2022-fashion-industry-environmental-impact.

13 「환경파괴하는 패스트 패션」, YTN, 2018년 12월 3일, https://m.science.ytn.co.kr/program/view.php?mcd=0082&key=201812031640386180.

14 Ellen MacArthur Foundation, *A New Textiles Economy: Redesigning Fashion's Future*, 2017, https://ellenmacarthurfoundation.org/a-new-textiles-economy.

15 Abigail Beall, "Why clothes are so hard to recycle," BBC, July 13, 2020, https://www.bbc.com/future/article/20200710-why-clothes-are-so-hard-to-recycle.

16 Shilpa Kannan, "Where many of the clothes you throw away end up," BBC, July 12, 2017, https://www.bbc.com/news/business-40352910.

17 Joeanna Rebello, "World's cast-off capital goes from riches to rags," *Times of India*, October 31, 2015, https://timesofindia.indiatimes.com/home/sunday-times/deep-focus/worlds-cast-off-capital-goes-from-riches-to-rags/articleshow/49612121.cms.

18 최원형, 『환경과 생태 쫌 아는 10대』, 풀빛, 2019, 125쪽.

19 이재현, 「의, 옷이 오염시킨 땅에서 바로 입기」, 《똑스》, 2021년 4월 27일, https://www.dokdok.co/post/the-art-of-wearing-sustainably-in-a-land-

contaminated-by-clothes.
20 이경, 「"천연 염색은 환경을 오염시키지 않을까요?"」, 《e수원뉴스》, 2019년 6월 7일, https://news.suwon.go.kr/_Ext/news/viewPrint.php?reqIdx=201906071659144913.
21 유효선, 「녹색 의류생산과 관리: 섬유제품의 생산과 사용이 환경에 미치는 영향」, 《패션정보와기술》 7호, 2010, 91~100쪽.
22 Michele Bianchi, "How We Got Here: Organic Cotton," Patagonia, March 25, 2021, https://www.patagonia.com/stories/how-we-got-here-organic-cotton/story-97024.html.
23 KBS 스페셜 [종자, 세계를 지배하다] 제작팀, 『종자, 세계를 지배하다: 종자는 누가 소유하는가』, 시대의창, 2021.
24 김경학, 「인도 '나브다냐(Navdanya)' 종자주권 운동에 관한 연구」, 《남아시아연구》 20권 1호, 2014, 1~31쪽.

2장 당신은 단 한 번도 합리적으로 소비한 적 없다

1 하랄트 벨처, 『저항안내서: 스스로 생각하라』, 원성철 옮김, 오롯, 2015, 99쪽.
2 김종갑, 『외모강박: 나를 기쁘게 하지 못하는 몸』, 은행나무, 2021, 56쪽.
3 박재홍, 「"가장 끔찍한 설 선물, 백화점 프리미엄 고기세트?"」, 《노컷뉴스》, 2021년 2월 6일, https://www.nocutnews.co.kr/news/5496015.
4 안소영, 「英 휩쓴 초저가 광풍…테스코 위협하는 알디 · 프라이마크」, 《조선비즈》, 2019년 11월 12일, https://biz.chosun.com/site/data/html_dir/2019/11/12/2019111200361.html.
5 mhugos, "Zara Clothing Company Supply Chain," SCM Globe, January 4, 2020, https://www.scmglobe.com/zara-clothing-company-supply-chain.
6 손경국 · 이봉희, 「코로나19 발생 이후 우리 집 소비는 어떻게 바뀌었는가?」, 통계청 통계개발원, 《KOSTAT 통계플러스》 2022년 겨울, 48쪽.
7 레베카 솔닛, 『이 폐허를 응시하라: 대재난 속에서 피어나는 혁명적 공동체에 대한 정치사회적 탐사』, 정해영, 펜타그램, 2012년, 166쪽.
8 조상인, 「사느냐(buy) 사느냐(live) 그것이 문제로다…과잉소비의 절규」, 《서울경제》, 2022년 12월 15일, https://www.sedaily.com/NewsView/26EWV54248.
9 편은지, 「中 광군제 성장률 '주춤'했지만… K-뷰티는 올해도 '초대박'」, 《이코노믹리뷰》, 2021년 11월 12일, https://www.econovill.com/news/articleV-

iew.html?idxno=555370.
10 송란, 「중국 '광군제' 열기 갈수록 식어 '외면하는 소비자 급증' 이유는?」, 《코스인》, 2021년 11월 2일, https://cosinkorea.com/news/article.html?no=41706.
11 J. B. 매키넌, 『디컨슈머: 소비하지 않는 소비자들이 온다』, 문학동네, 2022년, 17쪽.

3장 유행은 어떻게 만들어지는가

1 성낙환, 「패션기업? 데이터기업! 스티치 픽스, 업을 재정의하다」, LG경제연구원, 2020년 6월 11일.
2 최영지, 「의류업계 종사자들 몰카 찍는 속사정」, 《일요신문》, 2015년 12월 15일, https://ilyo.co.kr/?ac=article_view&entry_id=155610.
3 하윤, 「디자이너의 의무 'COPY'」, 2019년 3월 16일, https://brunch.co.kr/@artemis0078/2.
4 임소연, 「불법 카피에 맞선 '경고문' vs 눈 깜짝 안하는 '도둑 고객'」, 《매일경제》, 2013년 11월 1일, https://www.mk.co.kr/news/all/5773978.
5 구하나, 「K-패션, '디자인 카피'가 발목 잡는다」, 《패션인서울》, 2015년 9월 24일, https://fashionseoul.com/93517.
6 텐시 E. 호스킨스, 『런웨이 위의 자본주의』, 김지선 옮김, 문학동네, 2016.
7 Kai Schultz, Phyllida Jay and Elizabeth Paton, "Luxury's Hidden Indian Supply Chain," *The New York Times*, March 11, 2010, https://www.nytimes.com/2020/03/11/style/dior-saint-laurent-indian-labor-exploitation.html.
8 이준성, 「한해 800억벌 쏟아내는 패스트패션…의류쓰레기 처리는 '뒷짐'」, 《뉴스트리》, 2021년 9월 28일, https://www.newstree.kr/newsView/ntr202109170003.
9 박성은, 「옷 한벌 만드는데 고작 1주일…환경파괴 부른다」, 《연합뉴스》, 2017년 9월 9일, https://www.yna.co.kr/view/AKR20170908163300797
10 Shopflo, "The largest online fashion company in the world: Shein", a2z of d2c, May 18, 2022, https://blog.shopflo.co/p/the-largest-online-fashion-company.
11 로라 존스, 「쉬인: 패스트 패션이 전 세계 패션을 휘어잡은 이유」, BBC 뉴스 코리아, 2021년 11월 10일, https://www.bbc.com/korean/international-59217566.
12 밀라논나 Milanonna, 「60대 명품바이어가 고른 자라ZARA 꿀템」, 유튜브,

2019년 10월 10일, https://www.youtube.com/watch?v=1gYdJbCzrnY.

13 알렉산드라 슐먼, 『옷의 말들』, 김수민 옮김, 현암사, 2022, 266쪽.

14 최보윤, 「명품은 럭셔리가 아닙니다」, 《조선일보》, 2017년 4월 4일, https://premium.chosun.com/site/data/html_dir/2017/04/04/2017040402021.html.

15 김현진 · 김현수, 「명품 상륙 30년」, 《동아일보》, 2013년 5월 25일, https://www.donga.com/news/Economy/article/all/20130525/55397682/1.

16 김난도, 『사치의 나라 럭셔리 코리아: 심층 인터뷰를 통해 알아본 대한민국 '명품소비 증후군'』, 미래의창, 2007.

17 김지미, 「명품과 사치품의 차이」, 《매일경제》, 2011년 1월 16일, https://www.mk.co.kr/news/journalist/4843729.

18 변연배, 「여성을 해방시킨 코코 샤넬과 와인」, 《파이낸셜뉴스》, 2021년 10월 2일, https://www.fnnews.com/news/202110020601121343.

19 오렌지망고, 「지금, 샤넬은 가짜다」, 브런치, 2019년 7월 18일, https://brunch.co.kr/@ireneadler72/50.

20 Nichelle Cole, "Fashion History: The Palazzo Pant," *The Fashion Plate Magazine*, June 2, 2016, https://thefashionplatemag.com/2016/06/02/fashion-history-the-palazzo-pant.

21 알렉산드라 슐먼, 『옷의 말들』, 김수민 옮김, 현암사, 2022, 75쪽.

22 텐시 E. 호스킨스, 『런웨이 위의 자본주의』, 김지선 옮김, 문학동네, 2016, 92쪽.

23 R.T. Naylor, *Crass Struggle: Greed, Glitz, and Gluttony in a Wanna-Have World*, McGill-Queen's University Press, 2013, p. 372.

24 스콧 갤러웨이, 『플랫폼 제국의 미래: 구글, 아마존, 페이스북, 애플 그리고 새로운 승자』, 이경식 옮김, 비즈니스북스, 2018, 122쪽.

25 텐시 E. 호스킨스, 『런웨이 위의 자본주의』, 김지선 옮김, 문학동네, 2016, 107쪽.

26 「대화의 희열 3」 11회, KBS2, 2021년 7월 15일.

27 이지원, 「올해의 트렌드 컬러는 '클래식 블루'.."누가, 왜 정하는 건가요?"」, 《데일리팝》, 2020년 1월 17일, https://www.dailypop.kr/news/articleView.html?idxno=43081.

28 도리 · 서비, 「1020이 디자이너 브랜드를 사랑하는 이유」, 애드유어, 2023년 4월 12일, https://e-ruda.net/adure/trenddetail/134.

29 박수호, 「마르디메크르디, 커버낫, 디네댓…작년 무신사서 대박난 브랜드 공통점은?」, 《매일경제》, 2023년 1월 18일, https://www.mk.co.kr/economy/view.php?sc=50000001&year=2023&no=52945.

30 황연희, 「꽃 한 송이가 가져온 '마르디 플라워' 열풍」, 《패션인사이트》, 2021년 6월 1일, https://www.fi.co.kr/main/view.asp?idx=71736.

31 박수호, 「마르디메크르디, 커버낫, 디네댓…작년 무신사서 대박난 브랜드 공통점은?」, 《매일경제》, 2023년 1월 18일, https://www.mk.co.kr/economy/view.php?sc=50000001&year=2023&no=52945.

4장 옷장 안에 사람 있어요

1 Kate Hodal, "Revealed: women making clothes for west face sexual abuse", *The Guardian*, April 7, 2019, https://www.theguardian.com/global-development/2019/apr/07/violence-sexual-abuse-vietnam-garment-factory.

2 American Apparel and Footwear Association, *ApparelStats* 2014, 2015.

3 텐시 E. 호스킨스, 『런웨이 위의 자본주의』, 김지선 옮김, 문학동네, 2016, 118쪽.

4 주선영, 「하루 1100개의 셔츠 만들다 다친 소녀… 가족을 위해선 다시 그 공장에 가야 합니다」, 《더나은미래》, 2013년 6월 11일, https://futurechosun.com/archives/5293.

5 조유빈, 「화려한 패션 뒤에 숨은 '노동 착취' 문제」, 《시사저널》, 2021년 1월 6일, https://www.sisajournal.com/news/articleView.html?idxno=210078.

6 유신재, 「작업 5분 만에 공장 건물이 와르르…동생이 안 보였다」, 《한겨레》, 2014년 8월 26일, https://www.hani.co.kr/arti/economy/economy_general/652879.html.

7 김형민, 「그 죽음이 헛되지 않으려면」, 《시사IN》, 2016년 6월 15일, https://www.sisain.co.kr/news/articleView.html?idxno=26248.

8 Alex Proshkin (et al.), "The Triangle Shirtwaist Factory Fire," Sutori, 2019, https://www.sutori.com/en/story/the-triangle-shirtwaist-factory-fire--ewi4UtCfPDhrCA7WF18N4Z3s.

9 양민용, 「세계의 '봉제 기지' 방글라데시, 진정한 의류 생산 기지로 도약 중」, 주방글라데시 대한민국 대사관, 2018, https://eiec.kdi.re.kr/publish/naraView.do?cidx=11148.

10 J. B. 매키넌, 『디컨슈머: 소비하지 않는 소비자들이 온다』, 김하현 옮김, 문학동네, 2022, 42쪽.

11 유재부, 「14세 청소년을 근로자로 고용해 세계적 비판에 직면」, 《월드패션》, 2016년 8월 23일, https://www.fashionn.com/board/read_new.php?table=1025&number=17195.

12 안혜원·신용현, 「노스페이스 패딩이 뭐길래…밀치고 욕하고 '아수라장'」, 《한국경제》, 2022년 12월 23일, https://www.hankyung.com/life/article/202212236005g.
13 백창훈, 「겨울은 거위에겐 '죽음의 계절'…구스다운 롱패딩 한 벌에 20마리 산 채로 털 뽑혀」, 《시빅뉴스》, 2018년 12월 23일, http://www.civicnews.com/news/articleView.html?idxno=19548.
14 백희연, 「"착한 패딩" 홍보해놓고…손님 오면 "그건 싸구려"」, 《중앙일보》, 2019년 1월 1일, https://www.joongang.co.kr/article/23252247.
15 백창훈, 「겨울은 거위에겐 '죽음의 계절'…구스다운 롱패딩 한 벌에 20마리 산 채로 털 뽑혀」, 《시빅뉴스》, 2018년 12월 23일, http://www.civicnews.com/news/articleView.html?idxno=19548.
16 Lee Mi-ra, "Features of Down by Region in China," PRAUDEN, June 13, 2019, https://prauden.co.kr/en/vol-13_3.
17 이형주, 「'평창 롱패딩' 열풍 속 떠오르는 슬픈 이면」, 《한국일보》, 2017년 11월 29일, https://www.hankookilbo.com/News/Read/201711291415327198.
18 휴먼라이츠워치, 「공장에서의 노동 착취를 부추기는 의류 브랜드사들의 사업관행」, 2019년 4월 23일, https://www.hrw.org/ko/news/2019/04/23/329296.
19 "Fashion's dirty secret: how sexual assault took hold in jeans factories," *The Reporter*, August 20, 2020, https://www.thereporter.co.ls/2020/08/20/fashions-dirty-secret-how-sexual-assault-took-hold-in-jeans-factories.
20 하랄트 벨처, 『저항안내서: 스스로 생각하라』, 원성철 옮김, 오롯, 2015, 강준만, 『쇼핑은 투표보다 중요하다: 정치적 소비자 운동을 위하여』, 인물과사상사, 2020, 179쪽에서 재인용.

5장 옷 안 사면 우리 경제 다 망한다?

1 주선영, 「하루 1100개의 셔츠 만들다 다친 소녀… 가족을 위해선 다시 그 공장에 가야 합니다」, 《더나은미래》, 2013년 6월 11일, https://futurechosun.com/archives/5293.
2 LVHM, "LVMH: 2016 record results," *GlobeNewswire*, January 26, 2017, https://www.globenewswire.com/news-release/2017/01/26/911296/0/en/LVMH-2016-record-results.html.
3 스콧 갤러웨이, 『플랫폼 제국의 미래: 구글, 아마존, 페이스북, 애플 그리고

새로운 승자』, 이경식 옮김, 비즈니스북스, 2018, 39쪽.
4 전영선 · 배정원 · 김연주, 「한번 입고 버리는 옷까지…ZARA보다 더한 패스트패션의 민폐」, 《중앙일보》, 2022년 1월 11일, https://www.joongang.co.kr/article/25039703.
5 "Paul Pressler Discusses The Impact of Terrorist Attacks on Theme Park Industry," CNN Saturday Morning News, October 6, 2001, https://transcripts.cnn.com/show/smn/date/2001-10-06/segment/26.
6 김원중, 「한국과 일본의 재난지원금 법제 개선 방안」, 《유럽헌법연구》 33호, 2020년 1월, 336쪽.
7 박가영, 「"카드 긁는 맛에 산다"…당신의 '홧김비용'은 얼마인가요?」, 《머니투데이》, 2019년 4월 21일, https://news.mt.co.kr/mtview.php?no=2019041713340159409.

6장 죽겠다는 게 아니라 옷만 안 산다는 건데요

1 임성민 · 박민여, 「패션에서 유행을 따르게 되는 내적 에너지에 대한 연구: Masochism을 중심으로」, 《한국의류학회지》 32권 3호, 2008년 1월, 362~372쪽.
2 Thomas Gilovich, Victoria Husted Medvec and Kenneth Savitsky, "The spotlight effect in social judgment: An egocentric bias in estimates of the salience of one's own actions and appearance," *Journal of Personality and Social Psychology*, Vol. 28, No. 2, pp. 211-222.
3 채수한, 「2025년 전 세계 명품 소비 절반 '아시아'가 차지한다」, 《패션포스트》, 2022년 11월 7일, https://fpost.co.kr/board/bbs/board.php?bo_table=special&wr_id=1030.
4 안혜원, 「작년 6번, 올해만 4번째…프라다 '또' 가격 올렸다」, 《한국경제》, 2022년 7월 1일, https://www.hankyung.com/life/article/202207011262g.
5 김대기, 「아시아 소비자는 호구?…유럽보다 50% 비싸도 잘 팔린다」, 《매일경제》, 2021년 5월 23일, https://www.mk.co.kr/news/business/9883130.
6 J. B. 매키넌, 『디컨슈머: 소비하지 않는 소비자들이 온다』, 김하현 옮김, 문학동네, 2022, 133쪽.
7 김정미, 「스키니진 길들이기」, 김정미 외, 『스키니진 길들이기』, 푸른책들, 2014, 31~56쪽.
8 지아 톨렌티노, 『트릭 미러: 우리가 보기로 한 것과 보지 않기로 한 것들』, 생각의힘, 2021년, 137쪽.

9 김태홍 등, 『국격 제고를 위한 차별없는 사회기반 구축』, 한국여성정책연구원, 2011.

10 최기영, 「목화에서 옷 키우기…에코페미니스트들의 '슬로패션'」, 《일다》, 2021년 10월 27일, https://www.ildaro.com/9184.

11 Yasmin Ahram and Slow Factory Foundation, "Fast Fashion Is a Feminist Issue," *Teen Vogue*, March 2, 2020, https://www.teenvogue.com/story/fast-fashion-is-a-feminist-issue.

12 주선영, 「하루 1100개의 셔츠 만들다 다친 소녀… 가족을 위해선 다시 그 공장에 가야 합니다」, 《더나은미래》, 2013년 6월 11일, https://futurechosun.com/archives/5293.

13 Leah Rodriguez, "Women Factory Workers in Vietnam Face High Levels of Sexual Abuse: Report," Global Citizen, April 9, 2019, https://www.globalcitizen.org/en/content/sexual-abuse-fast-fashion-factories-vietnam-study.

14 Kate Hodal, "Revealed: women making clothes for west face sexual abuse," *The Guardian*, April 7, 2019, https://www.theguardian.com/global-development/2019/apr/07/violence-sexual-abuse-vietnam-garment-factory.

15 Humanity United, "Worker at H&M supply factory was killed after months of harassment, claims family," *The Guardian*, February 1, 2021, https://www.theguardian.com/global-development/2021/feb/01/worker-at-hm-supply-factory-was-killed-after-months-of-harassment-claims-family.

16 휴먼라이츠워치, 「공장에서의 노동 착취를 부추기는 의류 브랜드사들의 사업관행」, 2019년 4월 23일, https://www.hrw.org/ko/news/2019/04/23/329296.

17 안데르스 한센, 『인스타 브레인: 몰입을 빼앗긴 시대, 똑똑한 뇌 사용법』, 김아영 옮김, 동양북스, 2020, 161쪽; 234쪽.

18 Sherry Wu, Ray Yu, Olof Darpö, Yunling Zhou, Lin An, and Thomas Zou, "Social Commerce Is Remaking Online Shopping," Boston Consulting Group, March 14, 2023, https://www.bcg.com/publications/2023/social-commerce-is-remaking-online-shopping.

19 박소현, 『옷으로 마음을 만지다: 자존감을 포근히 감싸는 나다운 패션 테라피』, 여름, 2019, 129쪽.

20 이학수, 「잠자고 꾸미는 시간 늘고 일 · 학습시간 줄어」, MBC, 2020년 7월 30일, https://imnews.imbc.com/news/2020/econo/article/5858903_32647.html.

7장 친환경처럼 보이지만 친환경이 아닌 것

1 전영선 · 배정원 · 김연주, 「한번 입고 버리는 옷까지…ZARA보다 더한 패스트패션의 민폐」, 《중앙일보》, 2022년 1월 11일, https://www.joongang.co.kr/article/25039703.

2 이용준, 「"헌옷으로 새옷 만든다"… 유니클로의 '리유니클로(REUNIQLO)' 눈길」, 《녹색경제신문》, 2022년 7월 19일, https://www.greened.kr/news/articleView.html?idxno=296726.

3 Olaf Storbeck, "Fast fashion must be shelved within a decade, says Zalando CEO," *Financial Times*, October 23, 2021, https://www.ft.com/content/afdf9568-d9ac-4021-adb2-ab9bf80d24eb.

4 Jura Koncius, "Marie Kondo's life is messier now — and she's fine with it," *The Washington Post*, January 26, 2023, https://www.washingtonpost.com/home/2023/01/26/marie-kondo-kurashi-inner-calm.

5 J. B. 매키넌, 『디컨슈머: 소비하지 않는 소비자들이 온다』, 김하현 옮김, 문학동네, 2022, 103쪽.

6 리베카 헌틀리, 『기후변화, 이제는 감정적으로 이야기할 때: 우리 일상을 바꾸려면 기후변화를 어떻게 말해야 할까』, 양철북, 2022, 전자책; George Marshall, *Don't Even Think About It: Why Our Brains Are Wired to Ignore Climate Change*, Bloomsbury USA, 2014, pp. 148-149.

8장 그럼에도 불구하고

1 김용섭, 『라이프 트렌드 2023: 과시적 비소비』, 부키, 2022, 10쪽.

2 Micheline Maynard, "Say 'Hybrid' and Many People Will Hear 'Prius,'" *The New York Times*, July 4, 2007, https://www.nytimes.com/2007/07/04/business/04hybrid.html.

3 강준만, 『쇼핑은 투표보다 중요하다: 정치적 소비자 운동을 위하여』, 인물과사상사, 2020, 182쪽.

4 Yara van Heugten, "Patagonia exploits textile workers and produces in fast fashion factories," *Follow The Money*, June 10, 2023, https://www.ftm.eu/articles/sustainable-clothing-brand-patagonia-uses-same-suppliers-fast-fashion-brands-do-workers-exploited.

5 정하정 · 박주희, 「파츠파츠 임선옥(PartspARTs IMSEONOC)의 제로 웨이

스트(Zero-Waste) 디자인 연구」,《한국패션디자인학회지》 15권 4호, 2015년 12월, 171~186쪽.

6 최아영,「"한국 명품족 잡아야"…패션쇼 서울서 먼저 여는 이유」,《매일경제》, 2023년 3월 13일, https://www.mk.co.kr/news/business/10679310.

7 유지연,「'기부금 0원' 명품의 변신…ESG 챙기는 디올·구찌·프라다 왜」,《중앙일보》, 2022년 3월 18일, https://www.joongang.co.kr/article/25056413.

8 정민경,「MZ세대 '착한 소비'는 일상… "취업 때도 ESG 경영 고려"」,《부산제일경제》, 2022년 11월 2일, https://www.busaneconomy.com/news/articleView.html?idxno=291505.

9 김용섭,『라이프 트렌드 2023: 과시적 비소비』, 부키, 2022, 110쪽.

10 Abigail Beall, "Why clothes are so hard to recycle," BBC Future, July 13, 2020, https://www.bbc.com/future/article/20200710-why-clothes-are-so-hard-to-recycle.

11 김정수·최우리,「독일 헌재 "온실가스 감축 부담, 미래세대로 넘기면 위헌"」,《한겨레》, 2021년 4월 30일, https://www.hani.co.kr/arti/society/environment/993404.

12 Cecilia Keating, "A look at Mulberry's plans to develop world's 'lowest carbon leather,'" Greenbiz, April 23, 2021, https://www.greenbiz.com/article/look-mulberrys-plans-develop-worlds-lowest-carbon-leather.

9장 새 옷을 사지 않고도 새 옷을 입는 법

1 한승곤,「"싸고 예쁘니까요" 새 옷 대신 '헌 옷' 찾는 20·30」,《아시아경제》, 2023년 6월 17일, https://www.asiae.co.kr/article/2023061610272225450.

2 이보현,「정리 정돈이 자기 돌봄에 중요한 이유」,《코메디닷컴》, 2022년 3월 1일, https://kormedi.com/1386056/정리정돈이-자기돌봄에-중요한-이유.

3 아누슈카 리스,『내 옷장 속의 미니멀리즘』, 스타일북스, 2018, 172쪽.

4 Katie Grant, "Sustainable fashion: Renting clothes can be worse for the environment than buying new, scientists say", i, July 5, 2021, https://inews.co.uk/news/consumer/sustainable-fashion-clothes-rental-worse-environment-buying-new-science-1086497.

옷을 사지 않기로 했습니다

기후위기와 패스트패션에 맞서는 제로웨이스트 의생활

초판 1쇄 발행 2023년 10월 30일

초판 7쇄 발행 2024년 7월 19일

지은이 이소연

발행인 김희진

편집 김지운

마케팅 이혜인

디자인 이지선

제작 제이오

인쇄 민언프린텍

발행처 돌고래

출판등록 2021년 5월 20일

등록번호 제2021-000173호

주소 서울시 강남구 선릉로 704 12층 282호

이메일 info@dolgoraebooks.com

ISBN 979-11-983809-2-0